上海市公共交通发展研究

朱　鲤　编著

中国财富出版社

图书在版编目（CIP）数据

上海市公共交通发展研究／朱鲤编著．—北京：中国财富出版社，2014.6
ISBN 978-7-5047-5254-3

Ⅰ．①上…　Ⅱ．①朱…　Ⅲ．①城市交通运输—研究—上海市　Ⅳ．①F572.885.1

中国版本图书馆 CIP 数据核字（2014）第 124537 号

策划编辑　司昌静　　**责任印制**　何崇杭
责任编辑　司昌静　　**责任校对**　杨小静

出版发行　中国财富出版社
社　　址　北京市丰台区南四环西路 188 号 5 区 20 楼　　**邮政编码**　100070
电　　话　010-52227568（发行部）　　010-52227588 转 307（总编室）
　　　　　　010-68589540（读者服务部）　　010-52227588 转 305（质检部）
网　　址　http://www.cfpress.com.cn
经　　销　新华书店
印　　刷　北京京都六环印刷厂
书　　号　ISBN 978-7-5047-5254-3/F·2167
开　　本　787mm×1092mm　1/16　　**版　　次**　2014 年 6 月第 1 版
印　　张　13.75　　**印　　次**　2014 年 6 月第 1 次印刷
字　　数　285 千字　　**定　　价**　58.00 元

前 言

交通是城市的命脉。公共交通与人民群众生产生活息息相关，是关系国计民生的社会公益事业，是城市经济社会全面、协调、可持续发展的重要基础。建设一流的公共交通系统是建设社会主义和谐社会的重要内容，是增强城市国际竞争力、实现创新驱动、转型发展的重要支撑，是建设资源节约型和环境友好型社会的重要途径，是加快调整交通运输结构、构建现代综合交通运输体系的重要保证。

近年来，随着我国城镇化进程的不断加快，城市规模迅速增长，人口规模不断扩大，城市居民的出行总量和出行距离呈现大幅增长。近几年，上海市人口增长迅速。截至2012年年底，上海市常住人口已达2380万人，与2000年相比增加了42.2%。同时，城市交通结构也发生了显著变化，机动化出行迅速上升，城市中心区的交通拥堵日益严重，环境污染和能源消耗压力不断加剧。这些因素对城市交通设施承载能力和安全运行带来了巨大压力，公共交通优先发展战略已成为上海市各级政府部门的共识。这项共识在《上海市公共交通“十二五”发展规划》中得到了充分的体现，并纳入了《上海市城市总体规划》、《上海综合交通发展“十二五”规划》等相关规划中。

上海市一直重视公共交通规划工作，出台了大量的规划编制规范和导则，强调规划引领城市公共交通发展和建设。为确保公共交通优先发展战略的贯彻实施，近阶段上海市先后修订了《上海市公共汽车和电车客运管理条例》、《上海市轨道交通管理条例》、《上海市人民政府关于贯彻〈国务院关于城市优先发展公共交通的指导意见〉的意见》等一系列法规、规章，同时，市政府还明确，本市车辆牌照额度拍卖的资金全部用于支持公共交通的发展。

回顾上海市公共交通发展历程，从诞生到现在已有百年，特别最近二十年更是发展迅速，有了长足的发展，因此特编著此书供读者参考一二。首先，上海市国际地位影响力大，作为世界特大型城市，区位优势明显，成为中国对外交流贸易的门户，经济实力雄厚，现代化发展速度快，具有较高的国际地位和影响力。其次，上海市的经验对国内大城市示范性较强，作为长三角地区的中心城市，国内四个中央直辖市之一，在国内具有较好的示范意义。最后，综合性公共交通发展示范意义大，基本形成轨道交通、常规地面公交等多种客运交通方式高效衔接、运行可靠的服务网络，基本确立以轨道交通为骨干、以交通枢纽为支点的设施体系，努力为广大市民提供快捷、安全、方便、舒适的公共交通服务，整体服务水平基本达到亚洲先进水平。在各种公共交通方式的规划、衔接、管理、运营等方面均具备较好的示范意义。

本书的顺利出版，首先要感谢行业主管部门上海市交通委员会的全面指导，感谢交委相关处室及企事业单位的大力支持。其次，要感谢上海城市交通设计院有限公司，感谢董明峰院长的教导和培养，感谢张品立、姚瑶、吴明松、李永、陆磊、许佳、黄芸同志为本书编撰工作提供了大量宝贵资料，感谢张纯为本书绘图提供了支撑。同时，感谢杨东援教授，感谢国内外诸多专家、学者和专业人员长期以来的关心和帮助。

城市公共交通是关系人民群众“行有所乘”的重大民生工程，直接服务于广大人民群众的生产生活。公共交通优先是转变城市交通发展模式的重要抓手，是以“公共交通引领城市发展”的战略导向。公共交通优先战略的深入贯彻和实施，是建立以公共交通为主体的城市交通体系，扭转城市公共交通被动适应城市发展的局面，实现公共交通与城市的良性互动、协调发展的关键。衷心希望通过此书的出版发行，为业内同行开展相关工作提供一些借鉴和参考。

作　者

2014 年 6 月

目 录

01

发　展　篇

1 公共汽电车

1.1 总体规模[1]

上海开埠时，曾有几条马路，人们的出行主要依靠中国古代传统的代步工具轿子，后来逐步有了人力车。随着生产的发展，汽车、电车引进到上海。在很长一段时间里，机动车与人力车都占有市场。1873 年法国人米拉从日本引进人力车（黄包车），曾风靡一时。19 世纪 50 年代至 20 世纪初，马车也曾在上海流行。19 世纪末以后，马车逐渐由私人代步工具或城市公共交通工具代替。

上海的城市公共交通事业，从诞生到现在的一百多年历程中，发生了巨大的变化[1]。1908 年 3 月 5 日，上海第一条公共交通有轨电车线路正式通车营业，线路设置由静安寺至外洋泾桥上海总会（今广东路外滩），长度 6 公里，由法商上海电车有限公司经营，它标志着上海近代公共交通的诞生。

1913 年，南市华商电车公司的有轨电车线路通车。1914 年，英商上海电车公司第一条无轨电车线路通车。1922 年，华商公利汽车公司经营的第一条公共汽车线路开通。20 世纪 20 年代还成立了 5 家公司，组成了上海公共交通初期网络，并且有了航行于黄浦江两岸的轮渡。

1901 年第一辆进口汽车到上海。1908 年上海出租汽车行问世，1926 年发展至 51 家，成为当时一个新兴行业。1928 年，成立上海出租汽车同业联合会。至 1935 年，上海有了拥有 200 辆以上汽车的大出租车行。此时的公共交通从公共租界扩展到全上海市区。1927 年，上海经营的公共交通线路覆盖面更大，双层公共汽车出现。

抗日战争期间，公共交通业无法营业。1949 年上海刚解放时，公共交通行业拥有公共汽车 402 辆、有轨电车 331 辆、无轨电车 166 辆、小火车 35 辆，营业线路 44 条，其中，公共汽车线路 23 条，无轨电车线路 7 条，线路总长度 352 公里，线路密度每平方公里 0.5 公里，每天平均载客 66 万人次。全市出租汽车 370 辆，营业三轮车 26570 辆、人力车 3659 辆。

20 世纪 50 年代，上海公共交通增辟线路 17 条，开展了保养场等后方基地建设。

经过新中国成立初到1957年的恢复性发展，打通了南北公交干线，新辟了51路、52路、53路等市通郊公交线路，开通了第一条将市中心与曹杨新村连通的工人新村线路。人民政府于1952年、1953年先后征用、代管了英商电车公司和法商电车公司，1954年实现对几家华商公交企业的公私合营，完成了公共交通的社会主义改造。1958年上海市公交公司成立，全市公交实行统一经营管理，上海公交进入新的发展时期。1958—1965年，上海公共交通业重点开发研制自制的大型客车，公交线路和场、站向市区边缘扩展。铰接式无轨电车和公共汽车试制成功并推广应用，大大提高了客运能力。1960年下半年，上海的公共汽车大部分被改装成煤气车。一直到1963年我国汽油自给后，公共汽车才恢复使用汽油。

到1965年年底，全市公交车数量已增至2282辆，是1949年的2.5倍，线路118条，是1949年的2.7倍。无轨电车线路增至15条，电车线路占公交线路总数的20.3%，车辆规模达到598辆，占汽电车配车总数的26.2%。并在全市逐步形成了市区、主要工人新村同工业区、车站、码头间的通宵公共交通线网，不仅为大批三班倒职工提供了上下班的方便，而且还填补了工人新村和新发展工业区线网的空白。郊区各县新辟线路41条，形成了向郊县和卫星城镇辐射的公交线路网络。场站建设逐步向郊县伸展。“文化大革命”期间，公共交通发展速度下降，主要公交线路拥挤，行车秩序不正常。当时建成了北区客运站和西区客运站。有轨电车因运行中存在诸多制约因素，于1975年淘汰。

20世纪七八十年代公共汽电车进入了发展期，后于90年代初期步入鼎盛时期，特别是1991年以后，发展速度和成就超过历史上任何时期。其间建立股份制企业，向社会发行股票，建立内部股份制企业和集体股份制企业等。为鼓励多家经营，发挥社会积极性，上海开辟了许多专线，在解决“叫车难”、“乘车难”、“公交线网空白点”、新建居住小区和边远地区的交通中起了相当大的作用。1990年5月1日，开辟了隧道五线，这是我国唯一的无轨电车越江隧道线路，至此上海无轨电车线路发展至22条，营运车辆达923辆。1992年以后城市建设快速发展，调整电车线路2条，汽改电线路7条。至1995年，上海公共汽电车已有11637辆。至1999年，上海已有公共汽电车16928辆，其中空调车2469辆；公共汽车16362辆、无轨电车566辆；公交营运线路976条；公交运营里程83665万公里；公交客运量241853万人次。上海城市公共交通业的发展，体现了市民生活质量的提高。乘车已不再拥挤不堪，公交车的服务质量大大提高。

1996—2009年，上海市公交运营规模基本上呈现稳中有升的趋势。1996年的车辆总数为13323辆、线路总数为951条，到2001年车辆总数和线路总数总体上达到几年来的峰值，车辆总数达到18083辆，线路总数达到991条。2001—2002年，车辆总数有微小上升，但线路总数出现明显下降的趋势。到2003年车辆总数达到峰值18625辆，但线路总数下降至952条。2003—2005年，车辆和线路总数上呈现微小下降现象，主要是因为城市轨道交通的发展，使城市客运交通的结构发生了变化。2005—2009年，车辆总数略有下降，但线路总数出现明显上升的趋势。

1.2 基础设施[1]

车辆是公交的运营之本。[1] 新中国成立前上海公交所用车辆全部依赖进口。1951年造出了全国第一辆无轨电车，1957年制造了全国第一辆国产公共汽车。半个多世纪过去了，上海公交自主生产制造了120多种型号、成系列的公共汽车、电车，研发制造了可控硅电车、大型柴油车、空调车等新车型。

场站设施是公交的立身之基。1905年，英商在赫德路（今常德路）动工兴建静安寺电车车栈，成为上海第一座电车停车场。新中国成立后建设了一批车辆保养场，其中四平路公共汽车保养场在很长时间里一直是远东最大的公共汽车保养场。改革开放后新建了多座大容量停车场，其中共和新路停车场是国内第一座双层汽车停车场，内江路停车场是国内第一座双层无轨电车停车场。20世纪80年代兴建了漕溪路、南浦大桥、共和新路、鲁班路等大型公交枢纽站和一批郊县公交中心站，上海城乡出现了美观的公交候车亭。

上海公交花大力气解决在“文化大革命”十年中积累下来的“乘车难”矛盾。推出了“大篷车”，“巨龙车”、双层大客车、大客车和中小面包车等车型公交车，并采取了区间、大站、调头、高峰以及超长线路等多种运营方式，以保障市民的出行需求。公交线路除正常班次外，还有高峰车、母婴专车、中小学生专车、定班车、专线车、通宵车等。都在上下班高峰时段发挥了作用。此外，大力发展公交专线车，在一定程度上弥补了当时公交线路的不足。20世纪90年代，上海公交“一年一个样、三年大变样”，发展速度超过了历史上任何时期。

1.3 管理体制[1]

1995年上海公交“三制”改革[1]。1987年上海公交出现了亏损，到1995年亏损已高达约八亿元，而且“乘车难”矛盾依然突出。为从根本上解决这些问题，1995年12月，上海公交实施了以体制、机制、票制为主要内容的“三制”改革。

改革管理体制，撤销了公交总公司，将其下辖的13个公司营运企业全部实行独立核算。上海公交从国有独资、独家经营转向了多元投资、多家经营的局面。

改革财政补贴机制，改暗补为明补，并逐步取消政府对公交运营企业的财政补贴，将公交企业推向市场，促进公交运营企业进入市场自主经营。

改革公交票制。从1996年元旦起，上海沿用了87年的公交月票被取消，实行了普票，打破了长期以来公交运营企业和司售人员吃“大锅饭”的局面，上海公交开始走上自主经营、自负盈亏的市场化之路。

1998年，上海公交连续八年的巨额亏损得到了有效遏制。公交行业管理与改革相适应得到加强。1996年7月，上海公共交通客运管理处正式成立，《上海市公共汽车和电车管理条例》等一系列规范市场经营和行业服务的法规和标准相继出台，通过实行公交线路经营权公开招投标的进入机制和线路经营权管理的退出机制，彻底打破了公交线路服务好坏一个样的“大锅饭”。公交行业依法管理、依法经营，适度竞争，主动服务的格局基本形成。

2001年上海公交又进行了第二轮改革。整个公交行业彻底改体制改机制，转观念转思路，引入股份制的经营机制，巴士实业股份公司成为全国首家经营公共交通的上市公司。由巴士集团和大众集团通过重组形式，将原来在公交总公司体制下的十几家公司予以资产重组，巴士集团、大众交通集团成为公共交通的骨干企业。经过广大公交干部职工的共同努力，上海公交行业改革取得了预期目标，上海公共交通走上了行业公益性、运作市场化相结合的发展道路。改革激发了企业和职工的服务热情，企业争相开辟新线，增加、更新车辆，司售人员主动招呼赶到乘客，客运市场全面搞活，多年来困扰上海市民“乘车难”的矛盾得到了根本缓解，服务质量有了明显改善。

2006年按照市委市政府的要求，本市城市交通管理体制改革，市区和远郊区实行“两级政府、两级管理”的区域化差别政策，促进远郊区公共交通发展。实践证明这一政策显现出强劲的活力。两级管理充分调动了远郊区政府发展公共交通的积极性，上海郊区各区县根据经济、市政发展的实际情况，制定了各自区域公共交通规划，加大对公交的投资力度，浦东新区、松江区、奉贤区等郊区政府相继在区财政中专门设置公交优先发展基金，对延时、延线、城乡巴士进行资金补贴，初步形成了扶持公交发展的长效机制，并对区域内公交中心站、车辆、候车亭等设施进行大规模改造。在各区县公共交通发展规划的指导下，沪郊区域城乡公交发展迅速。在金山区廊下乡开通了本市首条城乡巴士后，松江区九亭镇一路、二路通车，率先成为沪郊第一个“村村通公交”的镇。随着238个行政村开通公交线，浦东新区成为第一个“村村通公交”的区域。各区县中心城区出现了越来越多的公交夜班车。截至目前，郊区行政村公交通达率达100%。

1.4 公交服务[1]

不断更新车辆，改善乘车环境[1]。公交车辆人性化设施不断出现，车辆采用集中润滑系统、空调设施、新风流通装置、宽客门、低踏板以及无障碍设施，全面提升了上海公交车辆的技术档次和乘坐舒适度。今天乘车与以往相比有了全新的感受，乘客出行前可以先上网或者电话查询所需乘坐的线路和换乘站点。站在漂亮的候车亭边候车，看新颖的电子站牌预报车辆到站，在国内率先投入使用的电子语音助盲系统，体现出以人为本的和谐理念。上车时只需潇洒刷一下公交卡，乘上冬暖夏凉空调车，行驶在通畅的公交专用道上，观看车载电视节目，车辆到站时电脑报站器和电子显示屏会及时提醒。公交智能化调度正在逐步推行，GPS 卫星定位系统，现已在巴士集团、大众集团乃至郊区的公交车上推广应用。在给广大乘客出行带来方便的同时，也使传统的公交运营调度方式发生了革命性的变革。

政府支持公交发展改善市民出行的措施越来越实在。政府花钱“购买”公共服务，设立公交专项资金。对公交实行油价补贴，给予税费优惠等政策支持，轨道交通实现“一票通”，2007 年上半年，公交线路实施换乘优惠，公交与轨道交通换乘优惠，降低了市民出行成本。从 2007 年 10 月 19 日起，上海实行 70 岁以上老人非高峰时段可免费乘车优惠举措，受到老人和社会的欢迎。这种关注民生和购买公共服务的措施，让广大乘客得到实惠。

进一步优化调整公交线网，根据轨道交通网络建设的规划，对上海的公交线路进行梳理调整。减少重复线路，增加驳运线路。增强公交为轨道交通的接驳能力。大力发展外环外新城、新市镇和远郊区公交线路，完善与内外环线的轨道交通站点或客运枢纽衔接，实现轨道交通网络与地面公交网络的优化整合。加快交通枢纽的建设步伐。按照“依规划思路调整，支持区县公共交通发展、方便市民换乘满足高峰时段出行需求、配套市政重大工程调整”等四项原则，根据区县公共交通发展规划，尤其是建设新农村的需要，大力发展市通郊公共交线路以及城乡巴士，方便郊区居民出行。

2 轨道交通[2][3][4][5]

新兴的轨道交通将上海公共交通引入了全新发展期，20 世纪 80 年代末上海开始现代轨道交通建设。1993 年轨道交通 1 号线部分路段试运行，拉开了上海轨道交通高速建设发展的帷幕。随后轨道交通 2 号线、3 号线、5 号线、4 号线相继投入运营。2002 年年底，世界第一条磁悬浮轨道线在上海浦东开始试运行。不到 20 年上海轨道交通创造了当今世界轨道交通发展的奇迹。目前，上海的轨道交通已经从单线运营、骨架网络逐步发展到网络化状态。

1. **轨道交通 1 号线**

轨道交通 1 号线南段于 1993 年 4 月起试运营，1997 年 7 月，上海火车站—莘庄站贯通试运营，2004 年 12 月 28 日，北延伸段投入运营。2007 年 12 月 29 日 1 号线北北延伸段（富锦路停车场）开通运营。

2. **轨道交通 2 号线**

轨道交通 2 号线于 1999 年 10 月试运营；2000 年 12 月 26 日，张江高科站开通；2006 年 12 月 30 日，2 号线西延伸段开通。2010 年 3 月 16 日西西延伸段开通；2010 年 4 月 8 日，2 号线东延伸段开通试运营。

3. **轨道交通 3 号线**

轨道交通 3 号线于 2000 年 12 月 26 日试运营，2006 年 12 月 18 日北延伸段开通。

4. **轨道交通 4 号线**

轨道交通 4 号线于 2005 年 12 月 31 日试运营，2007 年 12 月 29 日实现环通。

5. **轨道交通 5 号线**

轨道交通 5 号线于 2003 年 11 月 25 日试运营。

6. **轨道交通 6 号线**

轨道交通 6 号线于 2007 年 12 月 29 日试运营。济阳路站 2011 年 4 月 12 日对外开站。

7. **轨道交通 7 号线**

轨道交通 7 号线于 2009 年 12 月 5 日试运营。2010 年 12 月 28 日北延伸段开通，潘广路站、刘行站 2011 年 6 月 30 日对外开通运营。

8. **轨道交通 8 号线**

轨道交通 8 号线于 2007 年 12 月 29 日试运营。8 号线二期（耀华路—航天博物馆）于 2009 年 7 月 5 日开通运营。济阳路 2011 年 4 月 12 日对外开通运营。

9. **轨道交通 9 号线**

轨道交通 9 号线于 2007 年 12 月 29 日试运营。2008 年 12 月 28 日宜山路开通。9 号线二期（宜山路—世纪大道）于 2009 年 12 月 31 日开通运营。

10. **轨道交通 10 号线**

轨道交通 10 号线（支线段）于 2010 年 4 月 10 日试运营。主线段于 2010 年 11 月 30 日开通运营。

11. **轨道交通 11 号线**

轨道交通 11 号线主线段于 2009 年 12 月 31 日试运营，支线段于 2010 年 3 月 29 日开通试运营。

“十一五”期间，轨道交通经历了大规模的建设与开通阶段，2010年全年实现线路规模十次扩容，开通里程近120公里，成为历年通车里程之最。上海市已基本形成轨道交通网络化经营格局，截至2012年年底，运营线路13条（含磁悬浮）。运营线路长度468.2公里，运营线网长度456.6公里。

3 出租汽车[6][7][8][9]

在实行公共交通优先战略的背景下，作为城市公共客运交通体系中不可替代的组成部分，出租汽车应该得到继续发展。出租汽车行业发展主要是指“质”的发展，才更符合科学发展观的要求。公共交通优先战略的好处在于节约土地、燃料等资源，减少汽车尾气排放，满足市民日常活动出行，具体表现在“人均水平”低。最能体现这些好处的是大容量公共客运交通方式，如轨道交通、公共汽电车等。而具有私家车重要替代功能的出租汽车，在节能减排方面不具有明显优势，只能作为轨道交通、地面公交的补充和完善，主要用于城市中短距离出行，满足较高消费能力需求的特殊出行服务。这样的行业定位，加上出租汽车具有的窗口性、社会性的服务特点，就要求在决策时予以充分考虑。如在需求管理上，考虑遵循行业定位特点和节能减排要求，当轨道交通和地面公交服务供应能力水平不够高时，出租汽车客运量比例可允许略高些；而当轨道交通成网络、地面公交基础接驳功能较完善时，出租汽车客运量比例要引导降低，尽可能满足特殊出行需求。在供应组织上，坚持实行公司化管理，有组织地贯彻落实规范服务要求，更利于擦亮“服务窗口”。

1908年9月10日，美商环球供应公司百货商场为购买商品的顾客提供出租汽车服务，上海街头出现出租汽车。1911年上海租界当局开始批准美商等出租汽车公司营业申请。1912年，飞隆、亿泰等公司相继成立。1913年，出租汽车公司9家，车辆43辆。

1928年，上海汽车出租同业联合会成立，参加联合会企业46家，车辆500余辆。抗战前夕，仅公共租界登记的出租汽车企业已增至107家，车辆1003辆，市场供求两旺，第二次世界大战中太平洋战争爆发，日军进占租界，汽油短缺，出租汽车全部停驶。个别企业曾试用木炭瓦斯替代汽车，维持营业。至1949年，企业尚剩29家，出租汽车 370 辆。1956 年出租汽车行业实行公私合营。祥生汽车公司吸收 16 家汽车行，改名为上海市出租汽车公司，统一经营全市出租汽车。1983 年，打破垄断局面，出现社会办出租汽车新局面。1985 年，成立上海市公共客运管理处，统一管理客运市场。1988 年进行出租汽车市场整顿。1995 年年末，全市出租汽车公司 596 家，个体工商户 1067 家，出租汽车 3.7 万辆，日均服务 42.6 万车次。

1993 年统一出租汽车车辆技术标准时同步统一运价。1998 年实施运价结构调整，共分起步价，超起步公里后每公里单价，超 10 公里后每公里单价加价 50%、当日 23 时至次日 5 时起步费每公里单价上浮 30%。同时实行时距合一方式，即等候和时速低于 12 公里时，每 5 分钟均计收 1 公里单价。2006 年为应对油价波动，建立运价油价联动机制。2009 年 11 月 1 日再次启动联动机制。起步价 3 公里 12 元，每公里单价 2.4 元。地面公交、轨道交通、出租汽车的比价关系为 1∶1.8∶5.5。

上海出租汽车实行总量控制。建立了规模调控的量化指标，其中核心指标为里程利用率，参考指标有主要站点侯乘时间、后备司机供应能力和驾驶员收入水平等。推动企业打造服务品牌，展示良好社会形象。通过联合、购并、托管等形式的资产重组，促使资源向优质企业集聚，发展规模经营，以品牌化与集约化，凸显公司化经营优势。

4 轮渡[10][11][12]

上海轮渡作为联系黄浦江两岸的交通工具创始于 1910 年，在此之前浦江两岸一直靠人力小木船摆渡。1910 年 9 月上海地方自治机构“塘工善后局”因浦东东沟上宝界浜口沙涨水浅阻碍航行，乃详准浚浦疏浚，以畅船舶交通。为便利办公起见，租赁小火轮行驶浦江东西，并附载旅客、酌收渡资，籍资挹注，经禀准县道各机关立案。于 1911 年 1 月 5 日正式试航，标志“官办”上海轮渡正式诞生。初驶航线为南京路外滩铜人码头直驶浦东东沟码头。1927 年 7 月上海特别市政府成立。10 月 3 日，设立浦东办事处，原塘工善后局所办轮渡归该处暂管。12 月，浦东办事处撤销，轮渡业务由市公用、财政两局会同接办，成立浦东轮渡管理处，轮渡开始纳入市政当局统一管理范畴。次年 7 月，为统一事权起见，市财政局将轮渡营业事务移交公用局办理，改称为“浦江轮渡管理处”。9 月，上海特别市政府颁布商办济渡规则规定“本市区济渡事宜，以市办为原则”，从此，上海市民习惯将浦江轮渡称为“市轮渡”，体现了城市交通对市轮渡的需求。

1930年，浦江轮渡管理处改称轮渡总管理处。同年，公用局实施第一次市轮渡扩展计划，先后添置渡轮、钢质浮码头、浮桥及水陆固定码头；开辟对江渡航线，5月6日，开办庆定线（庆宁寺至定海桥）；8月10日，接办其威线（今其昌栈至秦皇岛路）；12月24日，开办东门路至陆家渡对江航线。1933年2月，公用局为适应浦江两岸日增的渡运能力，实施第二次轮渡扩展计划。经过二次扩展的市轮渡已成为上海渡运中的主要力量，形成了一个以市属轮渡为主，商办民渡为辅的渡运体系，为市民提供了越江交通的安全和便利。

上海轮渡在抗战前有渡轮14艘，航线6条，并兼办“水上饭店”、“高桥海滨浴场”等副业。在抗战中，轮渡悉被日寇控制征用。市轮渡管理处被改组为“上海特别市轮渡公司”。抗战胜利后市公用局接收了“上海特别市轮渡公司”的全部资产，于1945年10月15日成立了上海市轮渡公司筹备处，并着手恢复长渡淞沪线、对江渡东东线等航线。1947年2月15日，由官商合办成立上海市轮渡公司，公司设在北苏州路434号。公司成立后，上海的渡运业形成了一个以市轮渡为龙头，民营济渡为基础的渡运格局，为此后上海的渡运业奠定了基础。上海解放后，市轮渡拥有航线6条，其中长渡沪淞线1条、对江渡东东线、塘董线、庆定线、其秦线4条，汽车渡南陆线1条。渡轮共有19艘。1954年10月上海市交通运输局设立私营轮渡管理科，先后对黄浦江上的13家私营轮渡有计划地管理和改造，引导私营轮渡走上公私合营的道路。1956年2月1日，私营轮渡企业全部以资产入股方式并入市轮渡公司。同年5月，苏州河上私营船渡申请公私合营批准后一同并入公私合营上海市轮渡公司。全市轮渡业完成了对私改造，走上了统一经营管理的轨道。公私合营后的渡船、渡口和码头设施得到更新和改造，渡运结构的改善和调整，延长了部分对江渡营运时间，合理安排了通宵航线，满足了市民夜间过江交通的需求。1957年市轮渡客运量达到了7768万人次，是1949年的7倍多；机动车辆过江量达19.3万辆次，比1950年增长约6倍，这是上海解放后渡运发展史上的第一个黄金时期。

20世纪80年代，随着城市建设和发展，“过江难”矛盾日益突出，过江客运量从日均30多万人次增到100多万人次。每天早晚上下班高峰，百万市民过江的场面甚是壮观。市轮渡为缓解过江难矛盾，至1986年9月，市中心已有3条双线客渡航线建成投运，客渡船从500客位到1000客位，发展到1400客位。汽车渡轮从8车位发展到14车位。为了提高早高峰渡运的运力，经主管部门批准于1988年5月1日起，早高峰临时采用汽车渡轮作载运自行车乘客过江的专渡。1993年市轮渡客运量达3.7亿人次。机动车辆运量达671.45万辆次。上海轮渡几乎是当时黄浦江上越江的唯一方式，是衔接上海浦东浦西的城市交通命脉。至20世纪90年代，市轮渡已发展到东起吴淞口，西至米市渡沿江80余公里的黄浦江区域内设有对江客渡航线22条，汽车渡航线5条，交通艇航线6条。随着黄浦江大桥、隧道、轨道交通等立体多元格局的逐渐形成，轮渡仍是黄浦江越江立体交通系统中的重要组成部分，是广大市民日常越江的主要交通工具，轮渡起到了“多拉快跑”的作用。这种以岸到岸最为便捷的越江交通方式，深受市民的欢迎。

面对轮渡传统交通功能逐渐缩减、日客流量逐年下跌的现状，上海轮渡加快调整经营结构，投资改善轮渡条件。2003年9月19日，全国第一艘冬暖夏凉的空调轮渡在市内东金线（东昌路—金陵东路）投入试运行。双层式客舱、落地式空调、高背航空椅，体现了舒适化、人性化。为摆渡过江的市民和游客带来全新的感受。特别是在上海轮渡纪念建渡100周年之际，通过迎世博的综合整治，沿江渡口建筑立面、栈桥码头、候船室等服务设施设备已焕然一新。统一蓝底白字的“上海轮渡”标识标牌，大红色似市轮渡的“市”字在绿色浪花中前进，体现了上海轮渡的特色。新建的22艘世博客渡船和东昌路世博水门，专为世博会期间的宾客提供水门航线和园区内对江轮渡两种服务。为2010年上海世博会增添一道独特的风景，让宾客亲身体验“城市，让生活更美好”的世博会主题。为期184天的上海世博会期间，上海轮渡通过园区外东昌路水门和园区内5条越江航线，为方便游客参观世博园展馆的同时游览浦江两岸景色，展望各个场馆的风采，在休闲中感受世博园区的浦江美景，将浦东与浦西的展馆连接在一起交织成一条水上彩带，形成了上海世博会的一大特色，共运送观博游客2400万人次。圆满完成了服务保障世博的光荣使命。上海轮渡百年积淀成为上海市民的经典记忆，同时也深深地烙印在这个城市的记忆里。

注：本篇数据截至时间为2012年年底。

02

现 状 篇

1 发展概述

①本市公共交通客运量继续保持良好的增长态势，日均客运总量达到1701万乘次/日，同比增长2.0%，其中，轨道交通为客运量主要增长源。

至2012年年底，轨道交通客运量保持快速增长，日均客运量622万乘次/日，占全市公共交通客运量的36.5%；公共汽电车客运量基本保持稳定，日均客运量766万乘次/日，占全市公共交通客运量的45.0%；出租汽车客运量略有下降，日均客运量294万乘次/日，占全市公共交通客运量的17.3%。

②全市基本形成轨道交通网络化经营格局，轨道交通实现多批次多线路增能计划，轨道高峰运营压力依旧较大。

2012年全市轨道交通运营线路13条（含磁浮线，不含金山支线），建成运营车站289座，较上一年新增9座站点。轨道交通站点内环内600米服务半径覆盖率68%，站点服务水平较高。轨道交通进一步增能扩容，但客流快速增长，工作日高峰时段部分线路满载率超过100%，高峰运营压力依旧较大。

③公共汽电车服务范围进一步延伸，运营线路长度和站点数量进一步增长，两网合一和城乡融合取得进展，各种交通方式之间衔接进一步改善。

2012年全市公交站点19800个左右，公交站点密度达到3.1个/km^2，内环内公交站点500米覆盖率100%。公共汽电车运营线路1257条，全市公交线网密度1.20km/km^2，其中，内环以内线路资源较为集中，线网密度达到4.49km/km^2。2012年累计调整公交线路262条（次），其中新辟线路81条、调整155条、撤销线路26条，两网合一和城乡融合取得进展。

④全市出租汽车日均客运量294万乘次，行业运营保持平稳。

2012年全市包含对外交通枢纽和主要宾馆、饭店、办公等设施在内的出租汽车候客站共62处，可以提供约5550个候客（蓄车）泊位。全市出租汽车总量小幅增加达50683辆，客运量略有下降，里程利用率达到60%以上，行业运营保持平稳。

⑤轮渡日均客运量20万乘次，延续近年下降趋势。

2012年黄浦江两岸轮渡航线17条，在册营运船舶54艘，日均客运量20万乘次。

2 服务供应

2.1 基础设施

2012年围绕方便市民出行的总体目标，公共交通基础设施体系逐步完善，为进一步实施公交线网优化调整，完善大型居住社区及新建小区公交线网布设，推进“最后一公里”公交线路的基本成网提供了重要基础。

图 2-2-1　全市公共交通站点分布

2.1.1　轨道交通

1. 站点总量

截至2012年年底，上海已经建成通车13条轨道交通线路（含磁浮线，不含金山支线），建成运营车站289座，较2011年新增9座站点。

表2-2-1　　已建轨道交通站点情况

线路	范围	车站数（个）			
		小计	地下	地面	高架
1号线	莘庄站—富锦路站	28	15	6	7
2号线	浦东国际机场站—徐泾东站	30	27	1	2
3号线	上海南站站—江杨北路站	29	1	4	24
4号线	宜山路站—宜山路站	17	17	0	0
5号线	莘庄站—闵行开发区站	11	0	1	10
6号线	东方体育中心—港城路站	28	20	0	8
7号线	美兰湖站—花木路站	32	30	0	2
8号线	航天博物馆站—市光路站	30	23	0	7
9号线	松江南站站—杨高中路站	26	21	0	5
10号线	新江湾城站—虹桥火车站	31	31	0	0
11号线	嘉定北站—江苏路站	20	11	0	9
13号线	金运路站—金沙江路站	5	5	0	0
磁浮线	龙阳路站—浦东国际机场站	2	0	1	1
合计		289	201	13	75

2. 换乘站点

全市轨道交通换乘站枢纽格局已经基本形成，按同名车站不重复统计，轨道交通换乘站共计37个，其中四线换乘站1个、三线换乘站9个、二线换乘站27个，轨道交通换乘便捷性和可达性大幅提高。

表2-2-2　　轨道交通换乘站情况

序号	换乘车站名称	可换线路
1	南京东路	2号线、10号线
2	四平路	8号线、10号线
3	上海体育馆	1号线、4号线
4	徐家汇	1号线、9号线
5	常熟路	1号线、7号线
6	陕西南路	1号线、10号线
7	静安寺	2号线、7号线

续 表

序号	换乘车站名称	可换线路
8	江苏路	2 号线、11 号线
9	东安路	4 号线、7 号线
10	肇嘉浜路	7 号线、9 号线
11	蓝村路	4 号线、6 号线
12	西藏南路	4 号线、8 号线
13	陆家浜路	8 号线、9 号线
14	老西门	8 号线、10 号线
15	虹口足球场	3 号线、8 号线
16	海伦路	4 号线、10 号线
17	上海南站	1 号线、3 号线
18	高科西路	6 号线、7 号线
19	耀华路	7 号线、8 号线
20	东方体育中心	6 号线、8 号线
21	浦东国际机场	2 号线、磁浮线
22	莘庄	1 号线、5 号线
23	虹桥 2 号航站楼	2 号线、10 号线
24	虹桥火车站	2 号线、10 号线
25	上海火车站	1 号线、3 号线、4 号线
26	中山公园	2 号线、3 号线、4 号线
27	镇坪路	3 号线、4 号线、7 号线
28	虹桥路	3 号线、4 号线、10 号线
29	曹杨路	3 号线、4 号线、11 号线
30	宜山路	3 号线、4 号线、9 号线
31	人民广场	1 号线、2 号线、8 号线
32	龙阳路	2 号线、7 号线、磁浮线
33	世纪大道	2 号线、4 号线、6 号线、9 号线
34	宝山路	3 号线、4 号线
35	中潭路	3 号线、4 号线
36	金沙江路	3 号线、4 号线、13 号线
37	延安西路	3 号线、4 号线

3. 站点评价

全市所有轨道线路平均站距为 1.5 公里，中心城外站距比中心城内长，其中，以 2 号线和 11 号线尤为突出。由于部分站点尚未开通，13 号线站距较长。

表 2-2-3　　轨道交通站点平均站距

线路	平均站距（km）		
	中心城内	中心城外	全线
地铁 1 号线	1.4	1.4	1.4
地铁 2 号线	1.6	2.8	2.0
地铁 3 号线	1.4	1.6	1.4
地铁 4 号线	1.3	—	1.3
地铁 5 号线	—	1.7	1.7
地铁 6 号线	1.2	—	1.2
地铁 7 号线	1.3	1.8	1.4
地铁 8 号线	1.2	1.6	1.3
地铁 9 号线	1.5	2.6	2.0
地铁 10 号线	1.2	1.3	1.2
地铁 11 号线	1.3	3.2	2.3
地铁 13 号线	2.9	1.7	2.3
所有线路	1.3	2.2	1.5

以 600 米服务半径计算，全市轨道站点服务覆盖率 4%，中心城轨道站点服务覆盖率 29%。

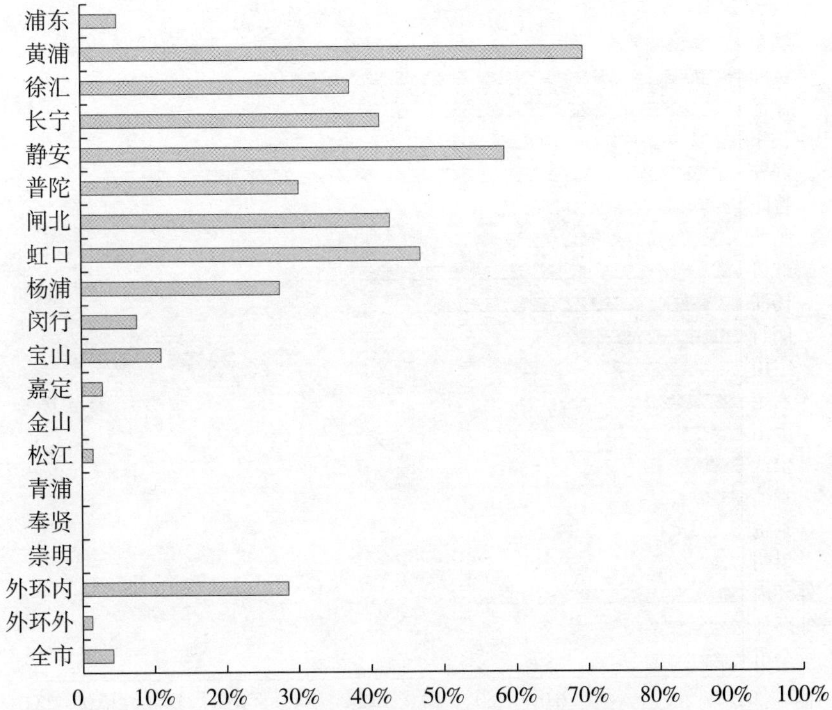

图 2-2-2　轨道交通站点 600 米半径覆盖率

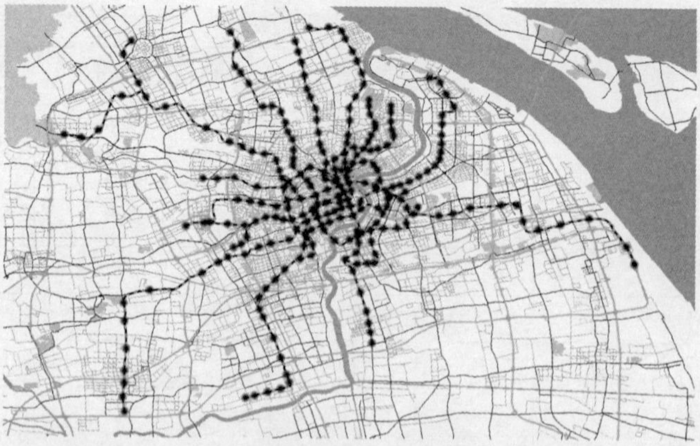

图 2-2-3　轨道交通站点 600 米服务半径覆盖率

2.1.2　公共汽电车

全市公交站点共计近 19800 个，同比增加 0.9%。其中枢纽站（始发线路 3 条及以上）200 余个，首末站（始发线路 1～2 条）1000 余个，中途站 18500 余个。外环内和外环外的站点数量分别占到总量的 31.0% 和 69.0%。

1. 公交站点密度

全市公交站点密度达到 3.1 个/km^2，中心城达到 9.2 个/km^2。区县中静安区、黄浦区和虹口区站点密度较高。

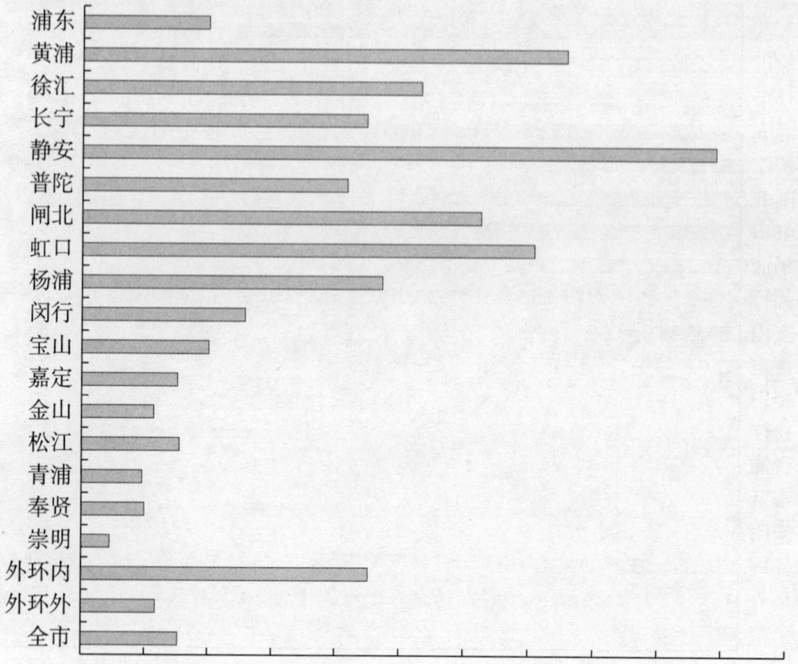

图 2-2-4　公交站点密度

2. **公交站点覆盖率**

全市公交站点（包括枢纽、首末站和中途站）300 米半径的服务覆盖率可以达到 32%，其中，内环内达到 95%；全市公交站点 500 米半径的服务覆盖率达到 55%，其中，内环内达到 100%。

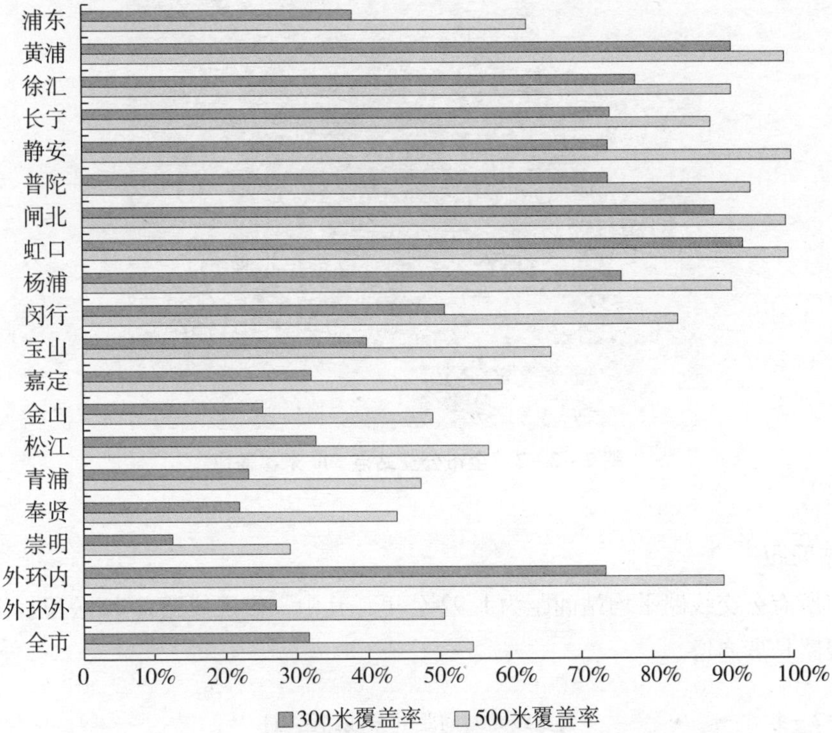

图 2－2－5　公交站点覆盖率

图 2－2－6　中心城公交站点 300 米覆盖率

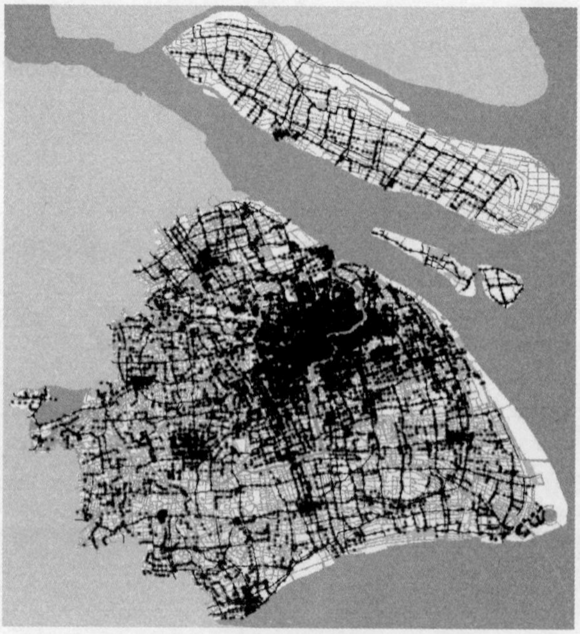

图2-2-7　全市公交站点500米覆盖率

3. 站间距

全市所有公交线路平均站间距为1.92公里，其中，市区线路0.76公里。线路站间距随着线路长度递增。

表2-2-4　　公交线路站间距（分线路区域）

线路区域	站间距（km）
市区线	0.76
市通郊	4.26
郊通郊	3.42
郊区线	1.10

表2-2-5　　公交线路站间距（分线路长度）

线路长度（km）	站间距（km）
0＜L≤10	0.67
10＜L≤20	0.85
20＜L≤30	1.46
30＜L≤40	3.04
40＜L≤50	5.42
L＞50	13.39

4. **公交专用道**

公交专用道是体现公交优先和集约化公交服务的重要标志，中心城已经完成 161. 8 公里长的公交专用道。

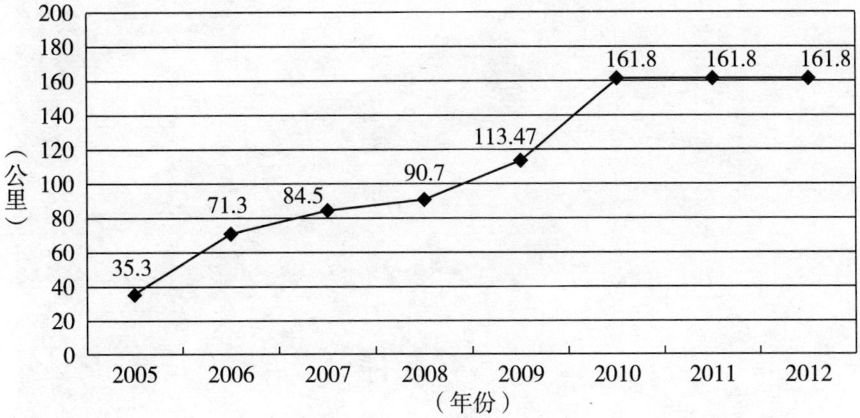

图 2-2-8　中心城公交专用道各年度建设情况

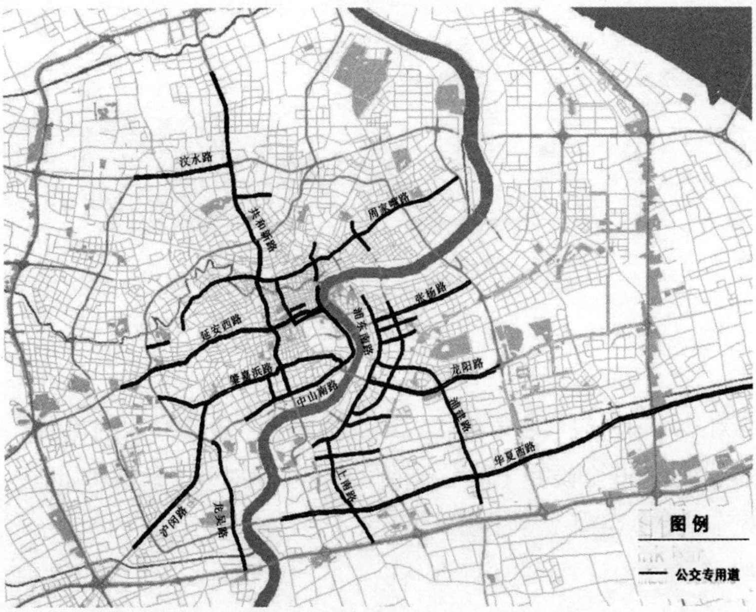

图 2-2-9　中心城已建公交专用道分布

5. **公交停保场**

全市已建公交停车保养场共 150 座。公交停车保养场停车区面积共约 168. 9 万平方米（其中，公交保养场面积 43. 4 万平方米，停车场、站面积 125. 5 万平方米），停车场、站设计停车能力约 11160 辆。

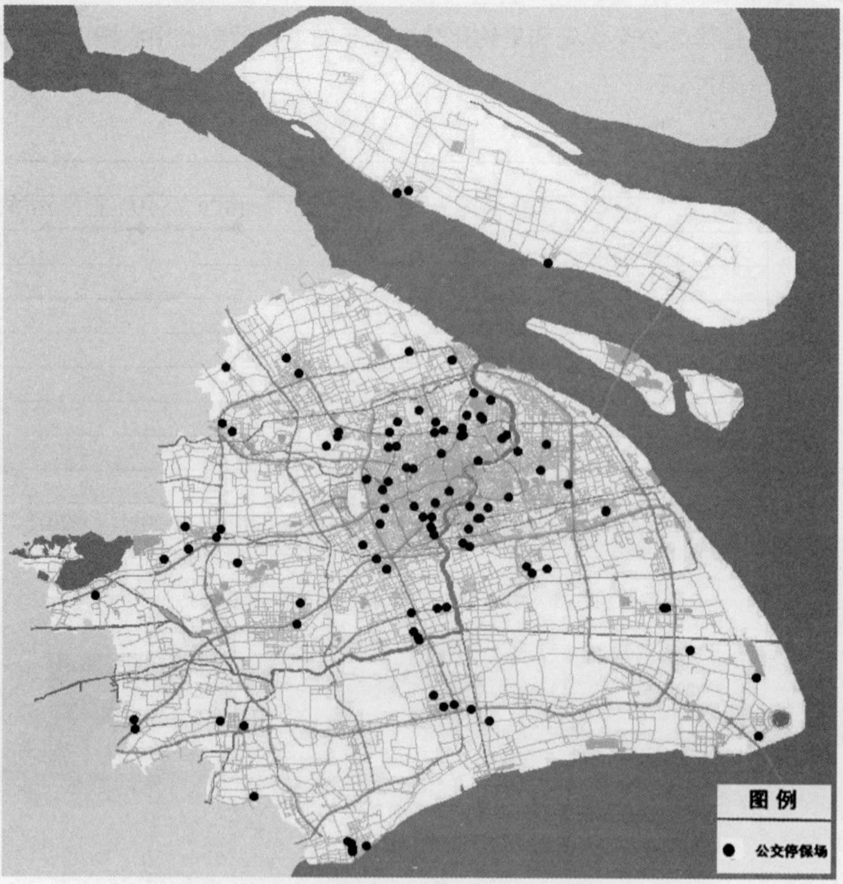

图 2－2－10　全市公交停保场分布

2.1.3　出租汽车

全市包含对外交通枢纽和主要宾馆、饭店、办公等设施在内的出租汽车候客站共62处，可以提供约5550个候客（蓄车）泊位。其中，对外交通枢纽如浦东机场、虹桥机场、上海火车站和铁路南站等配套出租汽车候客站共10处（约361个泊位），蓄车场地6处（约4735个泊位），这些候客站供车有序，设施健全；徐家汇地区试行高峰时段站内供车、周边道路禁止“扬招”的营运方式；其他主要宾馆、饭店、办公场所的自建出租汽车候客站共46处。已有出租汽车候客站主要集中在内环线以内，沿延安高架、沪闵高架、世纪大道周边商业、办公设施设置，呈明显的沿中心轴线带状分布特征。

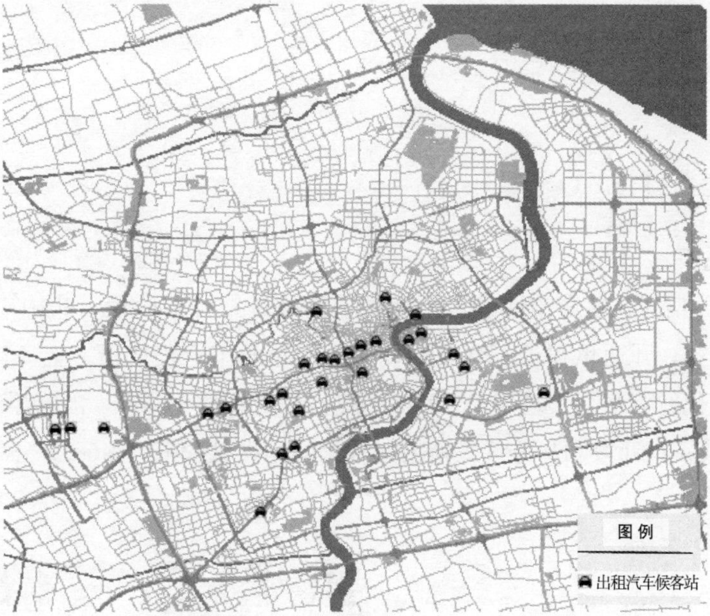

图 2-2-11　全市出租汽车候客站分布

2.1.4　轮渡

全市共设黄浦江两岸轮渡站36个，总占地面积67695平方米，岸线长2367米，泊位62个。

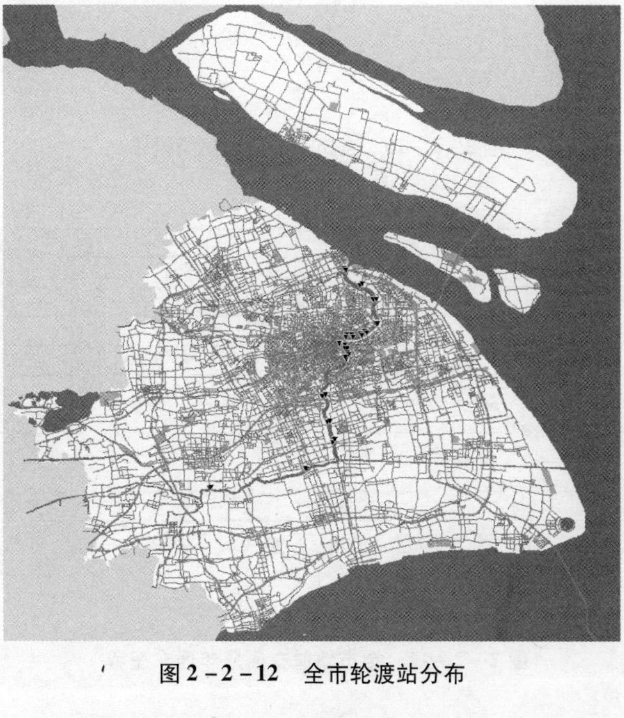

图 2-2-12　全市轮渡站分布

2.2 线网布局

2.2.1 轨道交通

1. 线网规模

“十一五”期间，轨道交通经历了大规模的建设与开通阶段，2010 年全年实现线路规模十次扩容，开通里程近 120 公里，成为历年通车里程之最。上海市已基本形成轨道交通网络化经营格局，截至 2012 年年底，运营线路 13 条（含磁浮线），较 2011 年新增 13 号线一期西段和 9 号线三期南延伸段。运营线路长度 468.2 公里，运营线网长度 456.6 公里。

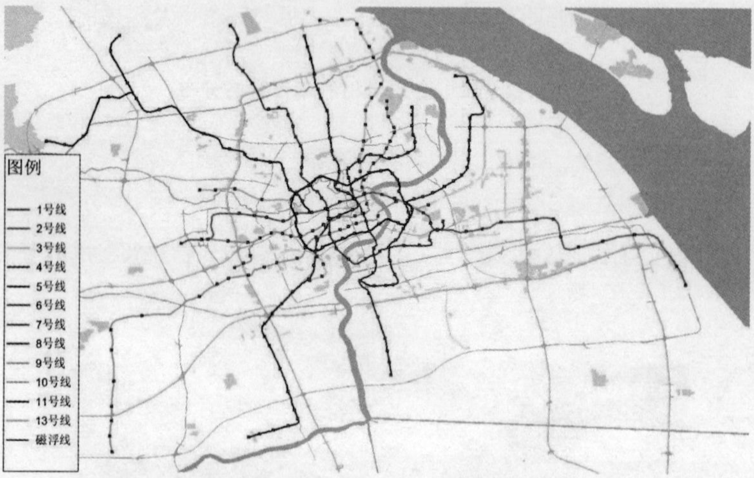

图 2-2-13　全市轨道交通运营网络

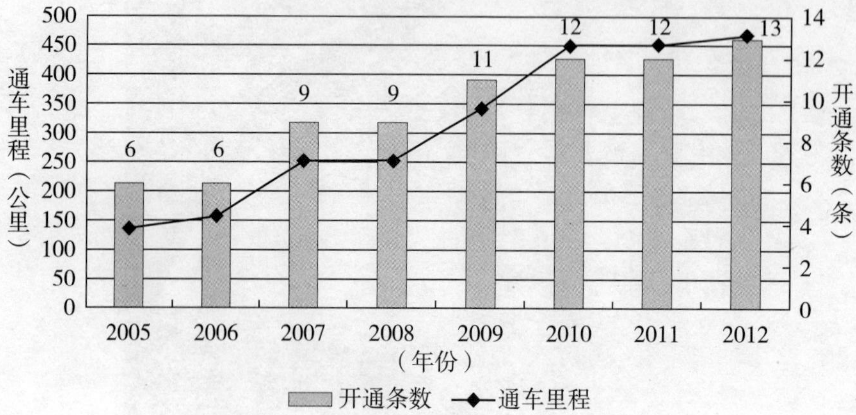

图 2-2-14　全市轨道交通历年通车里程

2. 线网分布

表 2-2-6　　全市轨道交通运营线路情况

线路	范围	运营线路长度（km）
1 号线	莘庄站—富锦路站	36.89
2 号线	浦东国际机场站—徐泾东站	60.34
3 号线	上海南站站—江杨北路站	40.15
4 号线	宜山路站—宜山路站	33.84
5 号线	莘庄站—闵行开发区站	16.61
6 号线	东方体育中心—港城路站	32.66
7 号线	美兰湖站—花木路站	43.93
8 号线	航天博物馆站—市光路站	36.96
9 号线	松江南站站—杨高中路站	49.79
10 号线	新江湾城站—虹桥火车站	35.2
11 号线	嘉定北站—江苏路站	43.75
13 号线	金运路站—金沙江路站	8.96
磁浮线	龙阳路站—浦东国际机场站	29.11
合计		468.2

3. 线网评价

轨道线路资源主要集中在外环以内中心城区，外环外以单线延伸形式为主。全市轨道交通线网密度为 0.07km/km²，其中，外环内轨道线网密度 0.5km/km²。区县中，黄浦区线网密度最高，有 6 条轨道线路服务。

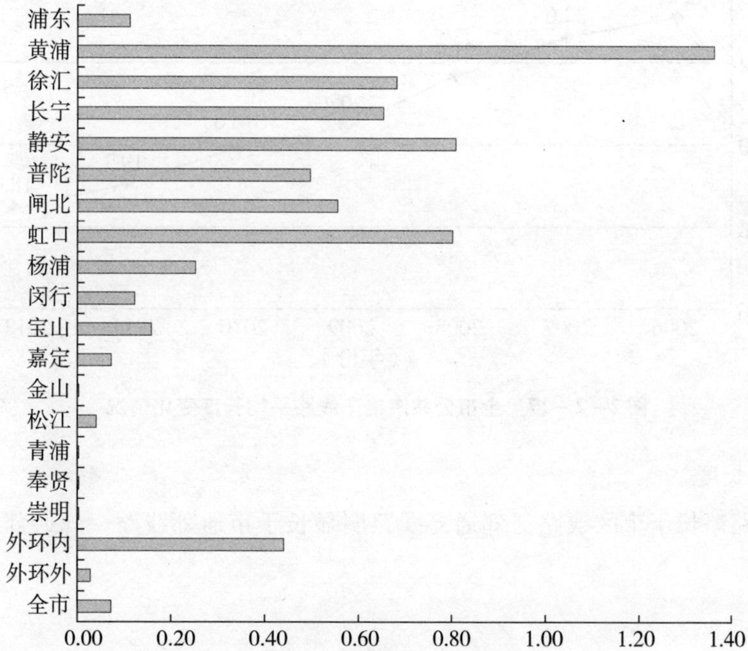

图 2-2-15　全市轨道交通线网密度

2.2.2　公共汽电车

1. 线网规模

全市公共汽电车运营线路条数达到1257条，线路变动262条（次），其中，新辟81条（次）、调整155条（次）、撤销26条（次）。运营线路长度达到23190公里，较2011年增加284公里。线路平均长度18.4公里，继续呈下降趋势。

2. 线网分布

除不具备通车条件外的郊区行政村公交线路通达率达到100%。

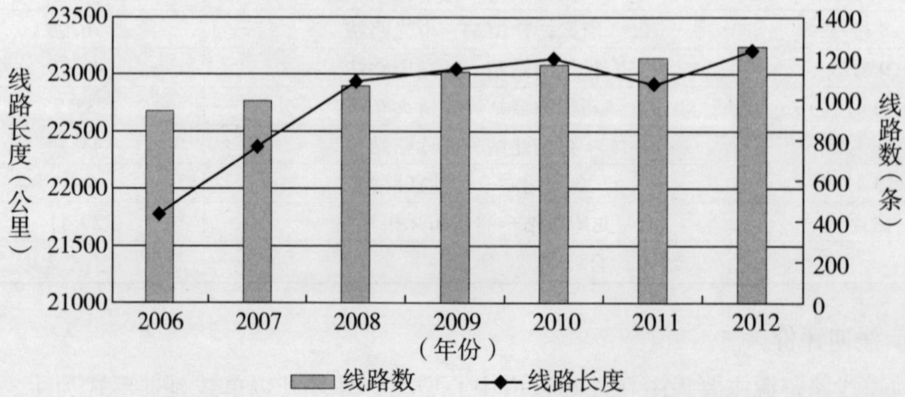

图2-2-16　全市公共汽电车线网变化情况

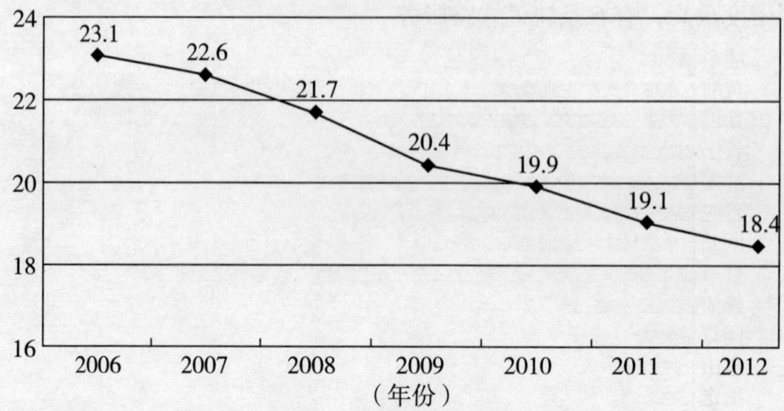

图2-2-17　全市公共汽电车线路平均长度变化情况

3. 线路长度

郊区线路略长于市区线路，郊通郊线路明显长于市通郊线路。郊通郊线路最长可达115公里。

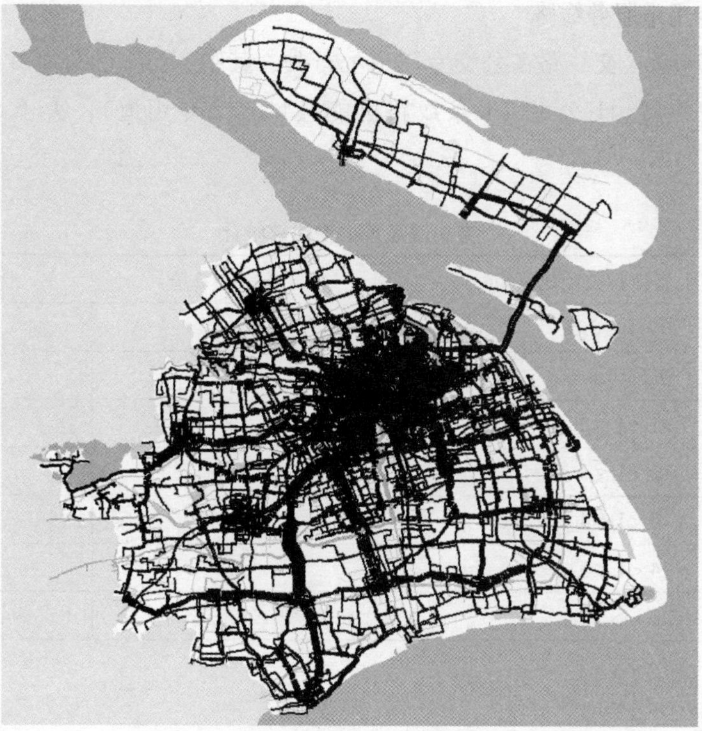

图 2-2-18 公交线网分布

表 2-2-7 公交线路平均长度（分线路区域）

线路区域	线路长度（km）
市区线	13.3
市通郊	29.3
郊通郊	40.7
郊区线	14.3
所有线路	18.4

4. 线网密度

全市公共汽电车线网密度为 1.20km/km^2，其中，外环内公交线网密度达到 2.88km/km^2。

表 2-2-8 公交线网密度

线路区域	线网密度（km/km^2）
外环内	2.88
外环外	0.99
全市	1.20

5. 公交专用道服务线路

总计有474条公交线路在公交专用道上行驶，其中，23%的公交线路在公交专用道上累计行驶距离≤1公里（1条线路可能经过多个专用道），大于5公里的线路占28%。

表2-2-9　　专用道运营公交线路统计

专用道上累计行驶距离（km）	线路数量（条）	比重（%）
0 < L≤0.5	51	11
0.5 < L≤1	57	12
1 < L≤2	78	16
2 < L≤3	74	16
3 < L≤4	44	9
4 < L≤5	35	7
L > 5	135	28

2.2.3　轮渡

全市黄浦江轮渡共计17条，平均航线长度0.61公里。

表2-2-10　　对江轮渡线路名称和航线长度

航线名称	航线长度（km）	始发站	终点站
西闵线	0.41	闵行渡口	西渡渡口
杜吴线	0.57	吴泾渡口	杜行渡口
陈车线	0.69	车沟桥渡口	陈行路渡口
三港线	0.7	港口渡口	三林路渡口
南陆线	0.53	陆家浜路渡口	南码头路渡口
塘董线	0.43	董家渡渡口	塘桥渡口
杨复线	0.47	复兴东路1号渡口	杨家渡渡口
东复线	0.8	复兴东路2号渡口	东昌路渡口
东金线	0.9	金陵东路渡口	东昌路渡口
泰公线	0.63	公平路渡口	泰同栈渡口
其秦线	0.61	秦皇岛路渡口	其昌栈渡口
民丹线	0.57	丹东路渡口	民生路渡口

续 表

航线名称	航线长度（km）	始发站	终点站
歇宁线	0.58	宁国路渡口	民生路渡口
金定线	0.53	定海桥渡口	金桥路渡口
东嫩线	0.69	嫩江路渡口	东塘路渡口
草临线	0.65	临江路渡口	草镇渡口
三淞线	0.57	吴淞渡口	三岔港渡口

2.3 车船规模

2.3.1 轨道交通

全市轨道交通运营车辆3110辆（含磁浮线），列车编组504列，按运营线路长度计算，平均每公里配备运力达1.08列。

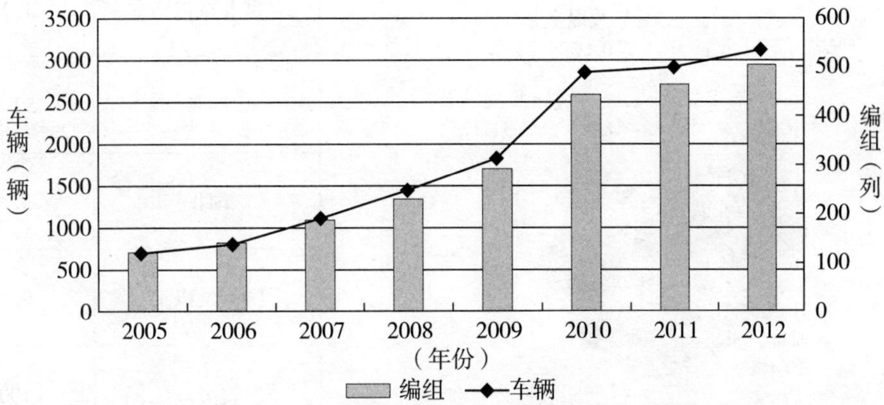

图2-2-19 历年轨道交通运营车辆规模变化情况

2.3.2 公共汽电车

全市公共汽电车拥有车辆总数达16693辆，其中，空调车辆16522辆，占比99.0%。

2012年全市16693辆公共汽电车中，按排放标准分类，符合国Ⅲ及以上排放标准的公交车辆占68.8%；按车辆类型分类，大型车辆占77.2%，中型车占21.7%，其他车型占1.5%左右。按燃料类型分类，普通汽柴油车占97%，电车占2%，CNG等新能源车辆占1%。

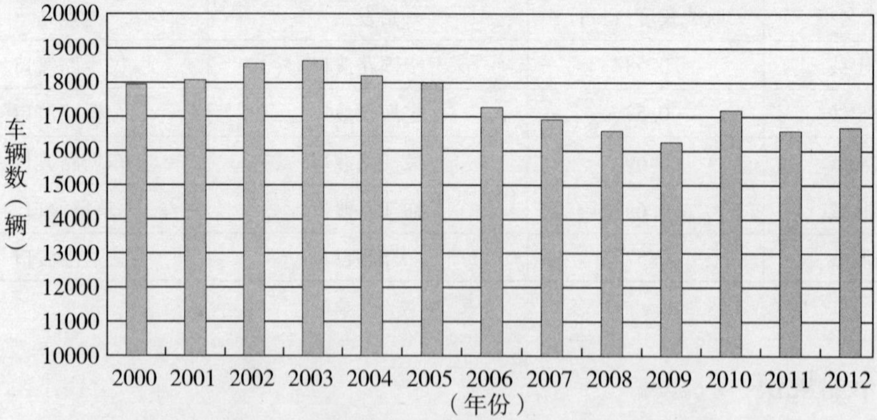

图 2－2－20　历年公交车辆规模变化情况

表 2－2－11　　　　公共汽电车结构组成

车辆组成		占比（%）
按排放标准分	国Ⅱ及以下	31.2
	国Ⅲ	59.3
	国Ⅳ	9.4
	国Ⅴ及以上	0.1
	合计	100
按车型分	双层	0.1
	大型（13 米以上）	0.2
	大型（10～13 米）	76.9
	中型（7～10 米）	21.6
	轻型（7 米以下）	1.2
	合计	100

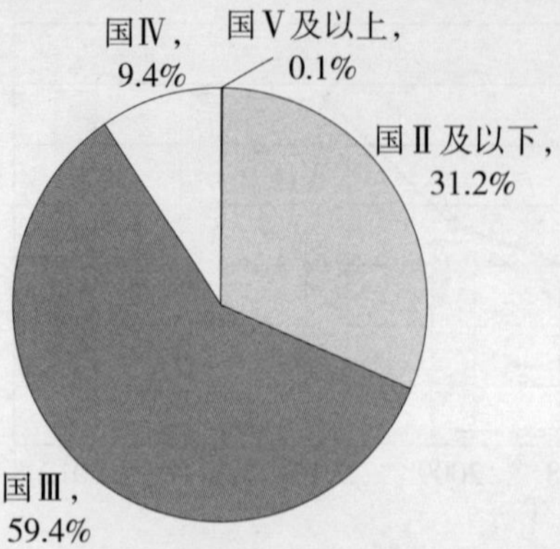

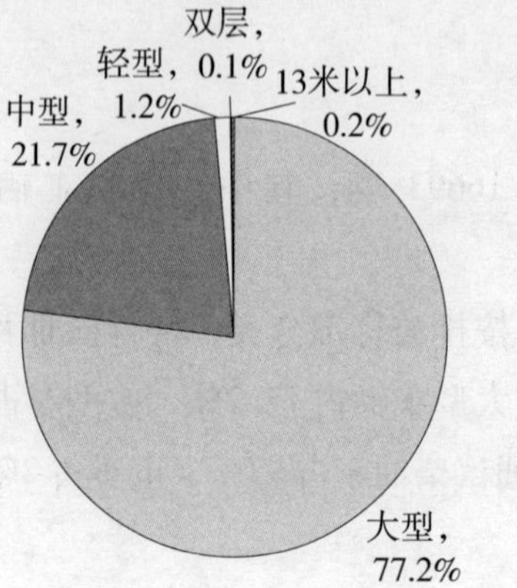

续 表

车辆组成			占比（%）
按燃料分	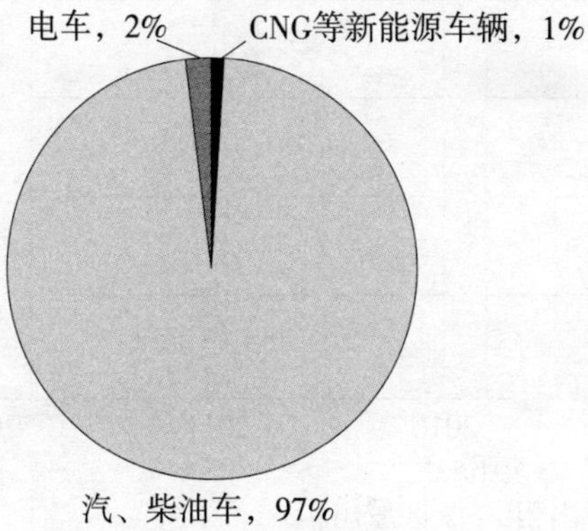	电车	2
		CNG 等新能源车辆	1
		汽、柴油车	97.0
		合计	100

2.3.3 出租汽车

全市出租汽车总量呈小幅上升趋势，共计 50683 辆，其中，顶灯出租汽车 49697 辆（包括区域性出租汽车 5226 辆），特准车辆 986 辆。特准车辆数较 2011 年减少了 5.6%。市域出租车规模较上年增加 0.4%，区域出租车较上年增加 2.3%。

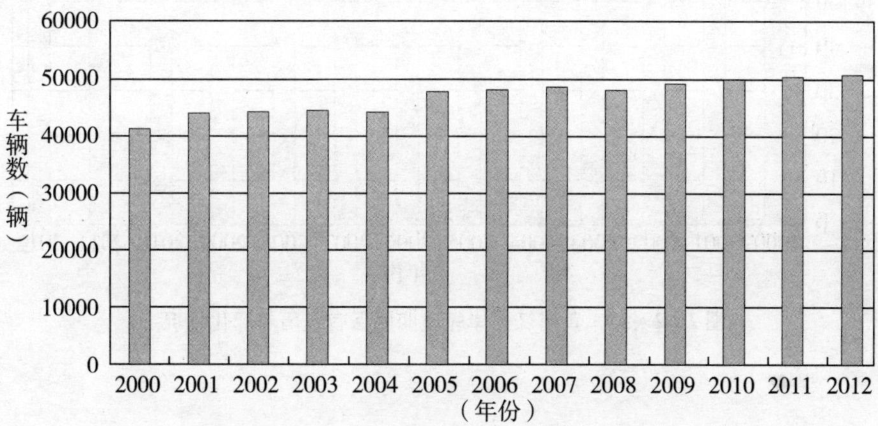

图 2－2－21 全市出租汽车规模历年变化情况

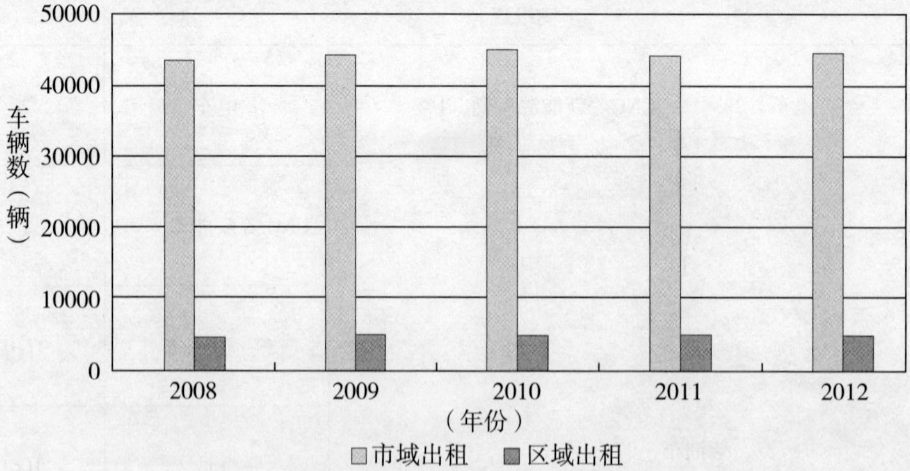

图 2－2－22　市域和区域（顶灯）出租汽车规模

2.3.4　轮渡

全市黄浦江两岸轮渡在册营运船舶 54 艘，同比下降 6.9%。

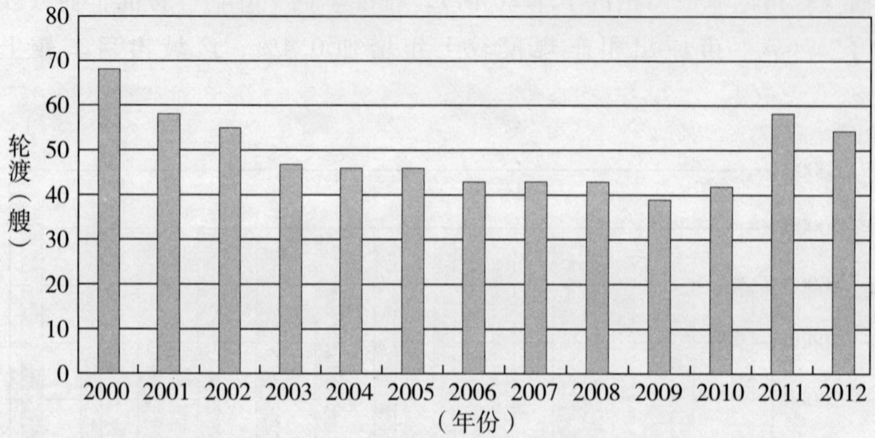

图 2－2－23　黄浦江两岸轮渡船舶保有量历年变化情况

3 客流特征

3.1 发展概况

2012 年本市公共交通客运量继续保持良好的增长态势，日均客运总量达到 1701 万乘次/日，同比增长 2.0%，其中轨道交通为客运量主要增长极。

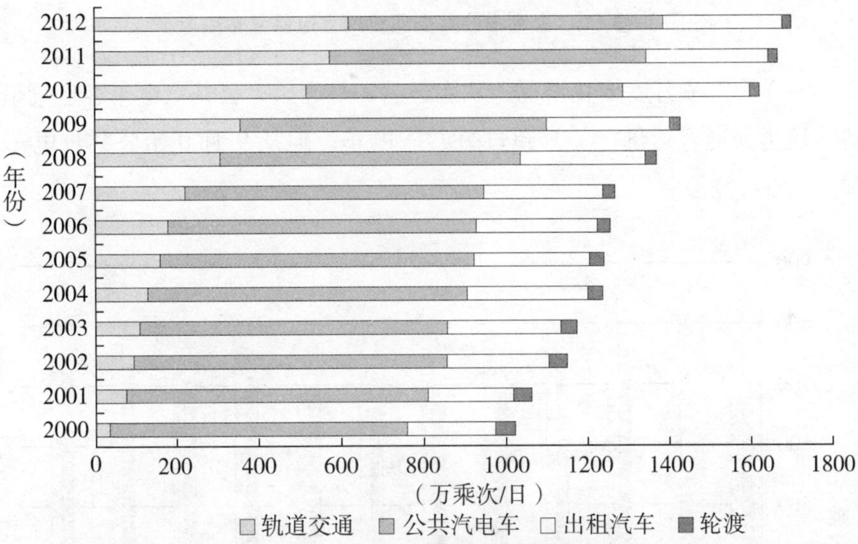

图 2-3-1　上海市公共交通历年客运量变化情况

轨道交通客运量保持快速增长，日均客运量 622 万乘次/日，占全市公共交通客运量的 36.5%；公共汽电车客运量保持基本稳定，日均客运量 766 万乘次/日，占全市公共交通客运量的 45.0%；出租汽车客运量略有下降，日均客运量 294 万乘次/日，占全市公共交通客运量的 17.3%；轮渡客运量继续保持下降趋势，日均客运量 20 万乘次/日，占全市公共交通客运量的 1.2%。

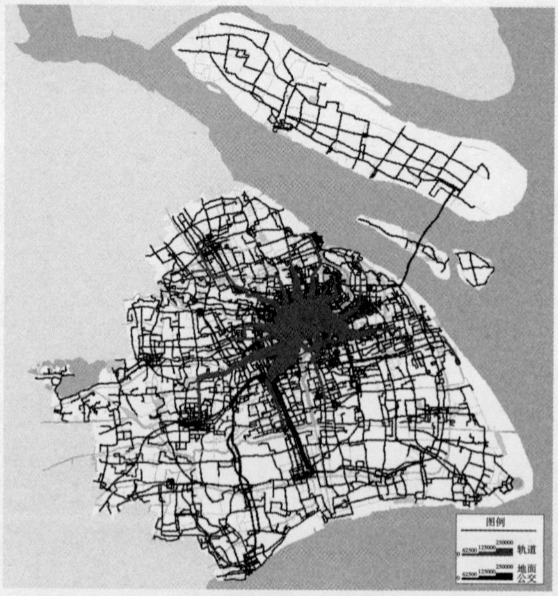

图 2－3－2 上海市公共交通日均客运量分布情况

图2－3－3为客流月度变化情况，从春运后3月开始，公共汽电车客运量呈现逐月下降趋势，轨道交通客运量在7月超过公共汽电车，但从9月开始公共汽电车客运量有所反弹。

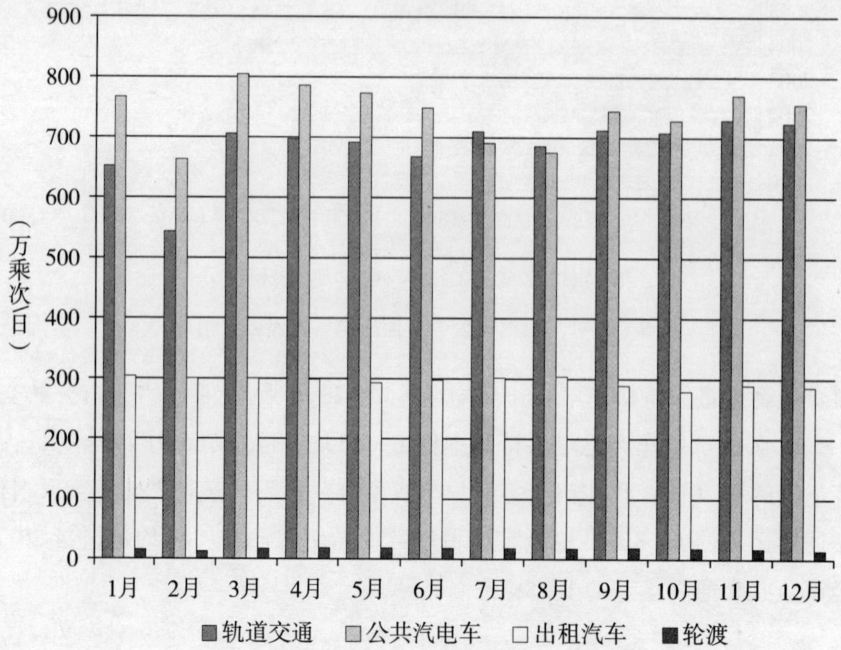

图 2－3－3 上海市公共交通客运量月度变化情况

3.2 轨道交通

2012 年全市轨道交通客运量继续保持快速增长，日均客运量达 622 万乘次/日。1 号线、2 号线、4 号线、8 号线继续承担大部分轨道交通客流，四线客流占总量 55% 以上。除 1 号线、5 号线、磁浮线客运量无显著变化外，其他线路客运量增幅明显，受人口增加、居住区外移等因素影响，其中，2 号线、7 号线、10 号线等线路客运量增幅最为显著。

表 2-3-1　2012 年轨道交通分线路日均客流　单位：万乘次/日

线路	范围	2011 年	2012 年
1 号线	莘庄站—富锦路站	102	103
2 号线	浦东国际机场站—徐泾东站	112	120
3 号线	上海南站站—江杨北路站	45	47
4 号线	宜山路站—宜山路站	65	68
5 号线	莘庄站—闵行开发区站	12	12
6 号线	东方体育中心—港城路站	24	26
7 号线	美兰湖站—花木路站	47	54
8 号线	航天博物馆站—市光路站	59	64
9 号线	松江新城站—杨高中路站	47	54
10 号线	新江湾城站—虹桥火车站	43	50
11 号线	嘉定北站—江苏路站	19	23
13 号线	金运路站—金沙江路站	—	2
磁浮线	龙阳路站—浦东国际机场站	1	1
合计		576	624

1. 时间分布

（1）年度变化情况

轨道交通日均客运量继续呈现逐年递增态势，轨道交通日均客运量达 622 万乘次/日，同比增长 8.0%。

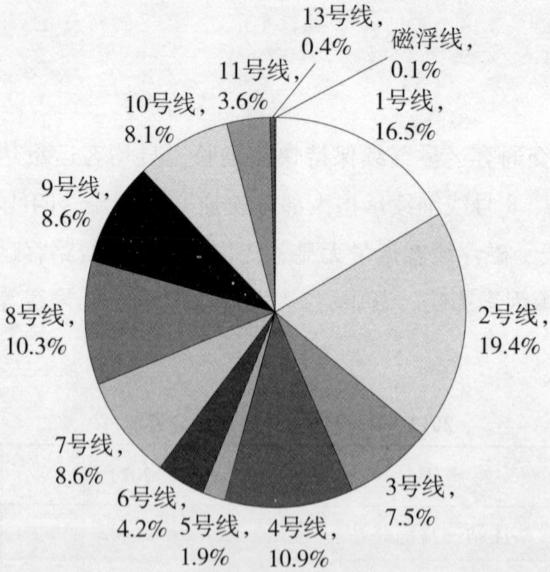

图 2－3－4　2012 年轨道交通线路日均客流构成

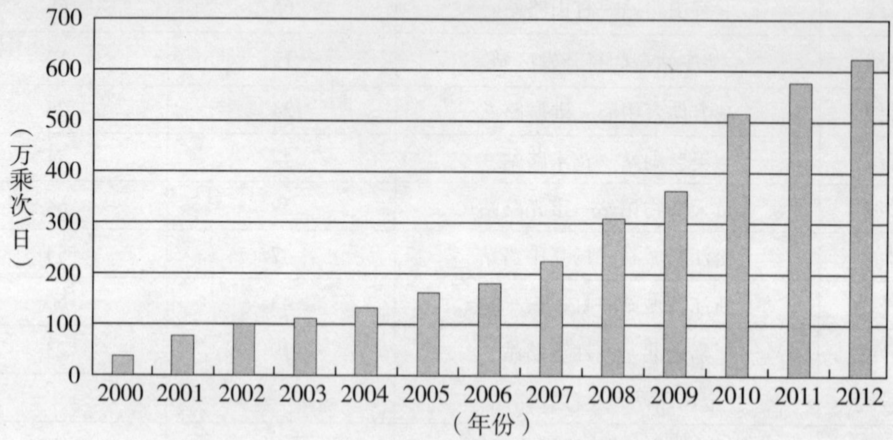

图 2－3－5　轨道交通历年日均客流变化情况

（2）月度变化情况

轨道交通客流受春节长假影响波动较为明显。其中，春节长假轨道交通客流明显减少，当月日均客流不足 500 万乘次/日，其余月份客运量稳中有升，同比增幅在 7% ~10%；黄金周当月日均客流保持在 630 万乘次/日左右的较高水平。

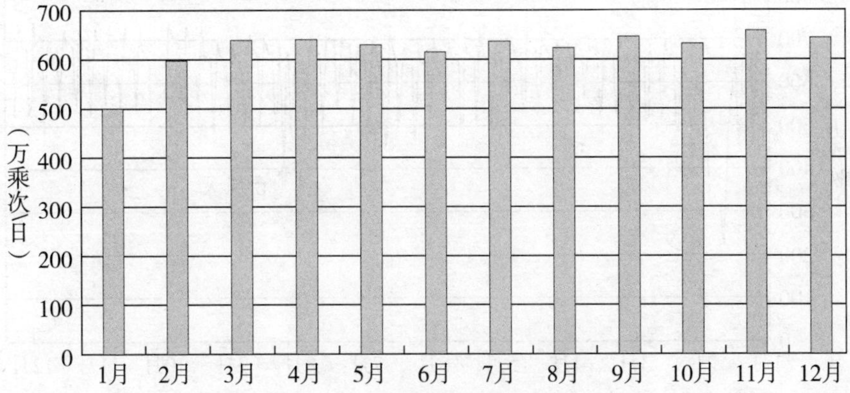

图 2－3－6　轨道交通日均客流月变化情况

（3）周变化情况

轨道交通工作日（周一至周五）客流逐日递增，于周五达到峰值，日均客流达到687 万乘次/日。周末市民通勤交通量减小，客运量有所下降，其中，周日客运量最小，日均客流约 505 万乘次/日。

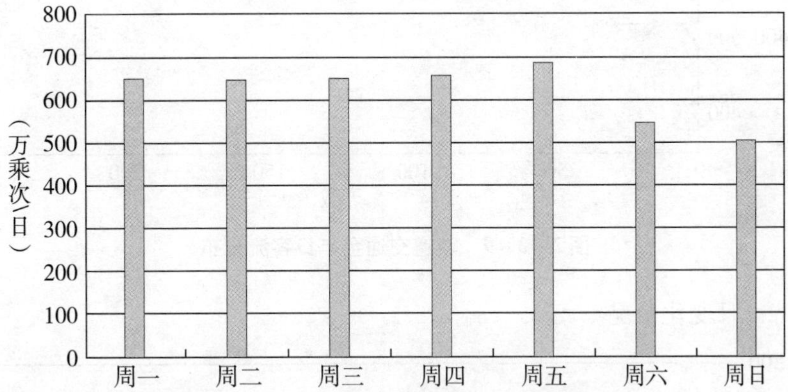

图 2－3－7　轨道交通日均客流周变化情况

（4）日变化情况

轨道交通日客流以周为单位呈现较为显著的波动趋势，除恶劣天气、节假日等影响外，全年客运量保持在较高水平，日客运量集中在 600 万～700 万乘次区间内，有 193 天，700 万乘次以上的大客流有 46 天。

全年最高值出现在 2012 年 11 月 30 日，日客运量达 745 万乘次/日；除夕当天轨道交通客流最低，仅 214 万乘次/日；台风天气影响轨道交通线路运营，市民出行量减小，客流显著下降，2012 年 8 月 8 日强台风"海葵"影响上海，轨道交通客流创下全年第二低值，日客流 387 万乘次/日。

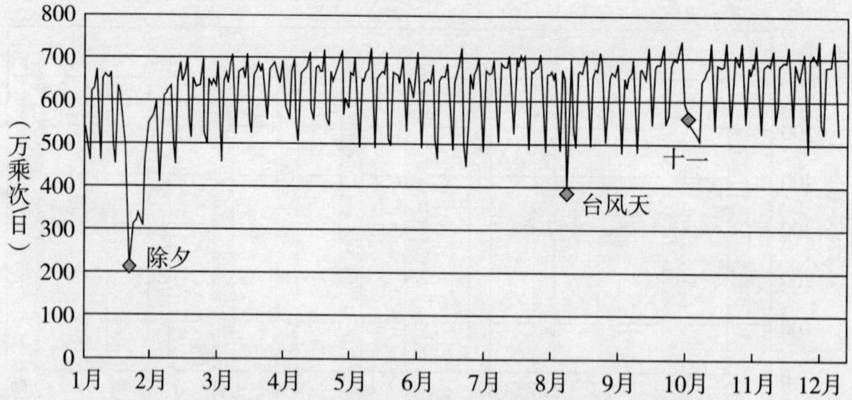

图 2-3-8　轨道交通全年日客流变化情况

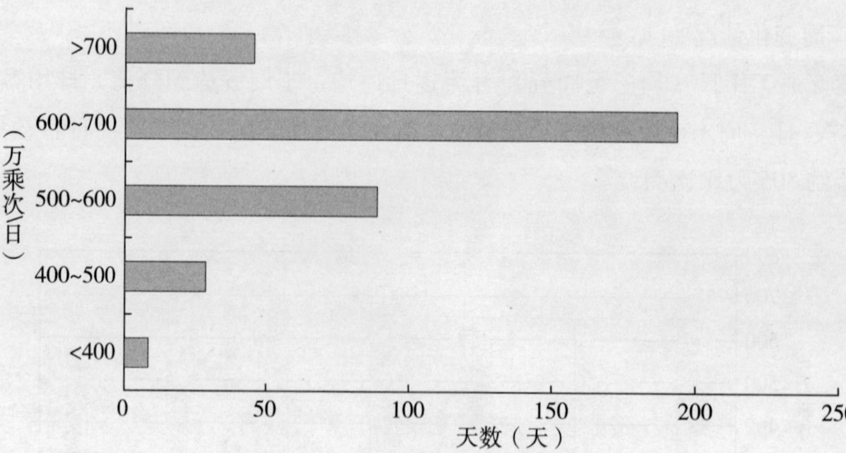

图 2-3-9　轨道交通全年日客流分布

（5）特征日变化情况

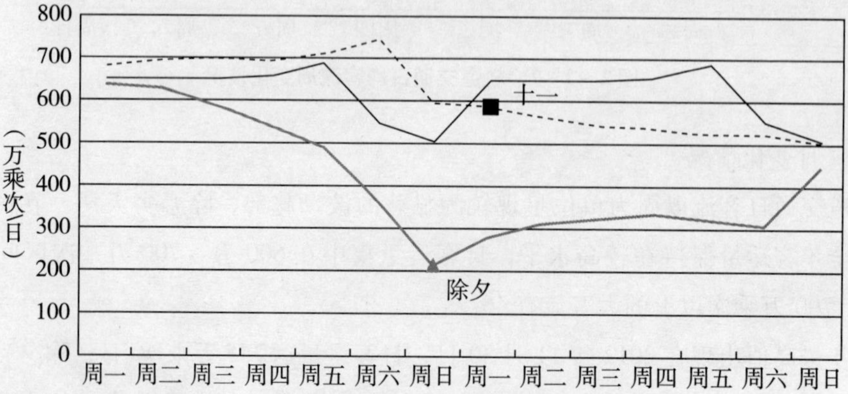

图 2-3-10　轨道交通节日前后日客流变化情况

受在沪务工人员过节返家影响，春节期间轨道交通客流量较小。其中，节前轨道交通客流逐渐减少，在除夕当天达全年最低，其间客流量小幅增加，节后客流量明显回升。

国庆黄金周期间，过节返家客流与来沪旅游客流互相重叠，在节前客流量有显著增长，其中，1 号线、2 号线、10 号线等连接对外客运枢纽的线路客流增幅明显。

（6）时段变化情况

轨道客流呈现较为明显的早晚高峰特征，早、晚高峰小时分别为早 7:30—8:29、晚 17:30—18:29，早高峰较晚高峰客流更为集中。

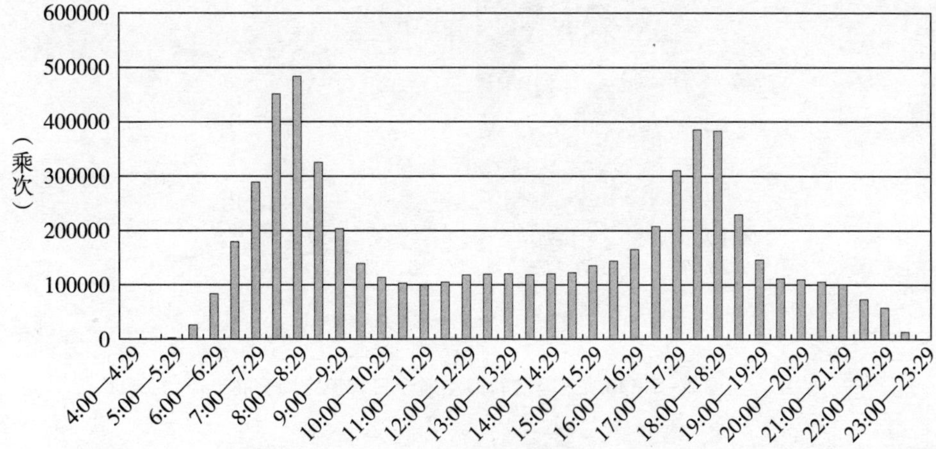

图 2－3－11　轨道交通抽样日客流时段变化情况

2. 空间分布

轨道交通主要连接各区域主要办公区、商业区、住宅区等人口密集区域，在城市交通中发挥骨干线网作用，多为乘客市域内长距离交通方式的首选。截至 2012 年上半年，全市轨道交通日客运量已超过 600 万乘次，线路客流量大且增长迅速，早晚高峰等特殊时段客流相对集中，潮汐现象较为显著。

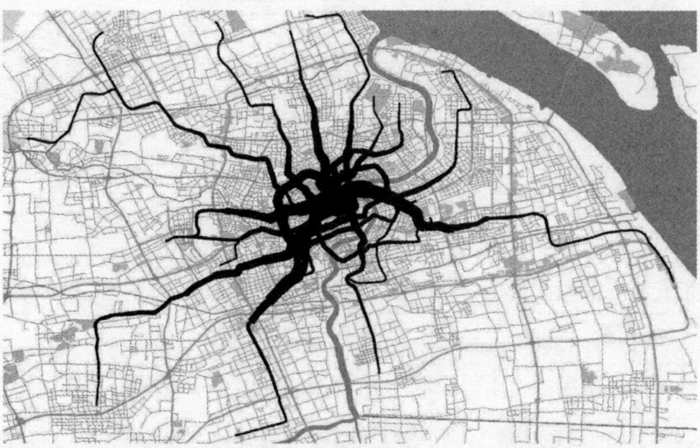

图 2－3－12　轨道交通全日客流空间分布

（1）分区域客流分布

轨道交通是客流增长最快的公共交通方式，但是在空间分布上极不均衡，90%以上的轨道客流集中在外环线以内地区。调查显示，全日轨道交通客流有超过一半集中于内环内，达到56.8%；其次为内中环间客流，占23.0%；中外环间客流量占比10.5%。

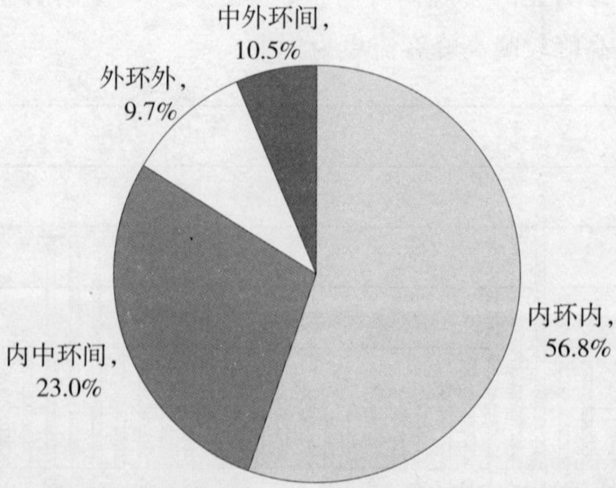

图2-3-13　分区域轨道交通全日客流空间分布

（2）分线路客流分布

轨道交通早高峰最高断面一般出现于换乘站附近，高峰断面位置与2011年相同。早高峰期间1号线漕宝路往上海体育馆方向、2号线人民广场往南京东路方向高峰小时断面量双双超过4万乘次/时，7号线岚皋路往镇坪路方向、9号线桂林路往宜山路方向高峰小时断面通过量超过3万乘次/时。其中，7号线、8号线、10号线、11号线早高峰最高断面通过量增长较为显著。

表2-3-2　2012年轨道交通各线三高断面分布

线路名称	全日高单向高断面	早高峰高单向高断面	
		断面名称	高峰小时断面通过量（万乘次）
1号线	上海体育馆—漕宝路	漕宝路—上海体育馆	4.7
2号线	南京东路—人民广场	人民广场—南京东路	4.5
3号线	东宝兴路—宝山路	赤峰路—虹口足球场	2.5
4号线	东安路—上海体育场	杨树浦路—浦东大道	2.0
5号线	春申路—莘庄	春申路—莘庄	1.2
6号线	世纪大道—源深体育中心	源深体育中心—世纪大道	1.8
7号线	昌平路—静安寺	岚皋路—镇坪路	3.3

续 表

线路名称	全日高单向高断面	早高峰高单向高断面	
		断面名称	高峰小时断面通过量（万乘次）
8 号线	陆家浜路—老西门	陆家浜路—老西门	2.6
9 号线	桂林路—宜山路	合川路—漕河泾开发区	3.1
10 号线	天潼路—南京东路	海伦路—四川北路	2.3
11 号线	枫桥路—曹杨路	枫桥路—曹杨路	2.0

3.3 公共汽电车

1. 时间分布

（1）年度变化情况

公共汽电车客运量主要来自固定客源，临时性变化不大，客流保持相对平衡，十年来稳定在 720 万～780 万乘次/日，波动幅度小于 10%。从 2004 年至 2007 年，公交客流逐年小幅下降，2008 年开始，优惠换乘补贴政策在市中心 506 条公交线路开始试点，2009 年 4 月优惠补贴政策全面实施，政策实施效果较为明显，当年客流趋势转为上升态势。截至 2012 年年底，公共汽电车日均客流量 766 万乘次/日，同比下降 0.5%。

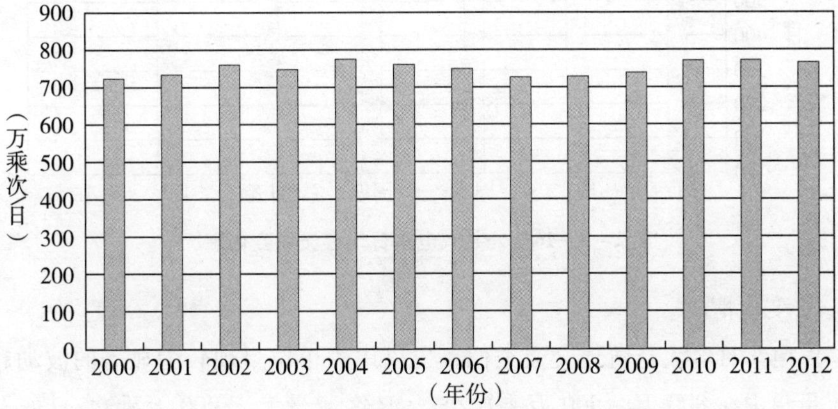

图 2－3－14　公共汽电车历年日均客流变化情况

（2）月度变化情况

公共汽电车客流随季节有小幅波动，出现较为明显的三个低谷：一是春节所在月，在沪务工人员过节返家，客流量为全年最低；二是 6～8 月夏季，正值中考、高考及暑假期间，高温降低了部分市民的出行，单客流降低幅度小于春节所在月；三是10月国庆所在月，受黄金周过节返家与外来旅游人员共同影响，该月客流呈现小低谷。

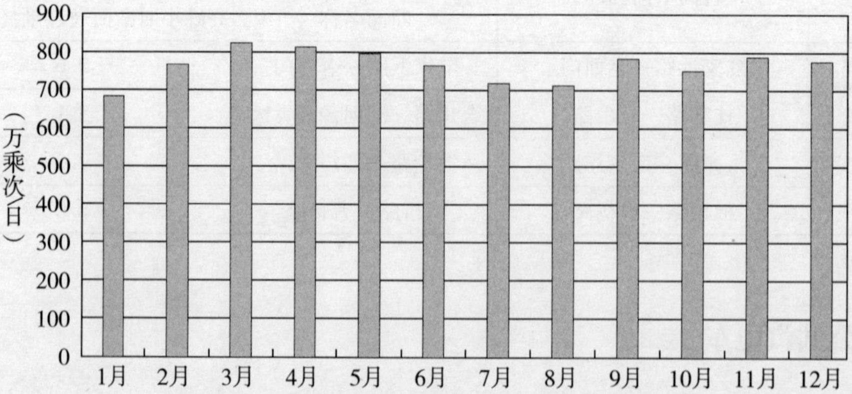

图2－3－15　公共汽电车日均客流月变化情况

（3）周变化情况

公共汽电车工作日（周一至周五）客流较为平稳，周五有小幅上升，日均客流达到839万乘次/日。周末客运量有所下降，其中，周日客运量最小，日均客流646万乘次/日。

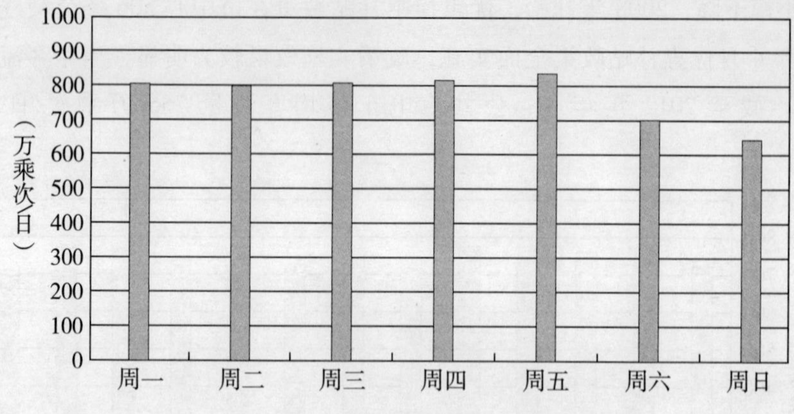

图2－3－16　公共汽电车日均客流周变化情况

（4）日变化情况

公共汽电车日客流与轨道交通类似，也以周为单位呈现较为显著的波动趋势。全年日客流量集中在800万～900万乘次/日，日客流量大于900万乘次/日的有17天，多出现在周五，小于500万乘次/日的最低客流出现在春节所在周及台风影响当天。全年最高值出现在2012年3月9日，日客流量达927万乘次/日；除夕当日客流最低，仅383万乘次/日。

（5）特征日变化情况

受在沪务工人员过节返家影响，春节前公交客流逐渐减少，在除夕当天达全

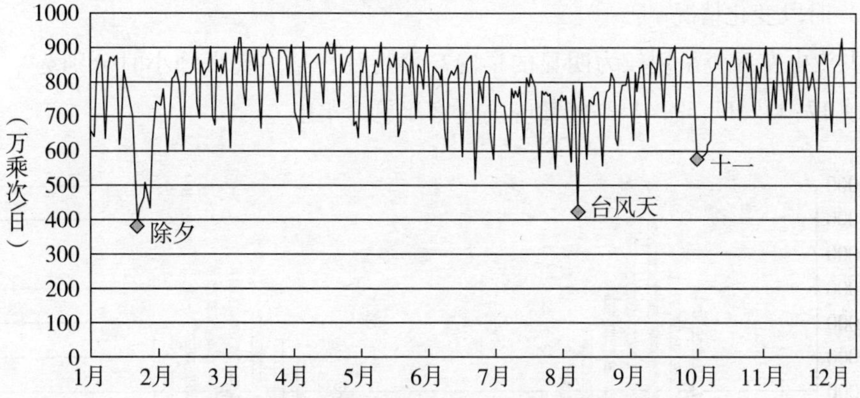

图 2-3-17　公共汽电车全年日客流变化情况

年最低，其间客流量小幅增加，节后客流量明显回升。国庆黄金周节前客流有显著增长，其间受在沪人员返家与来沪旅游客流共同作用，客流量略低于平均水平。

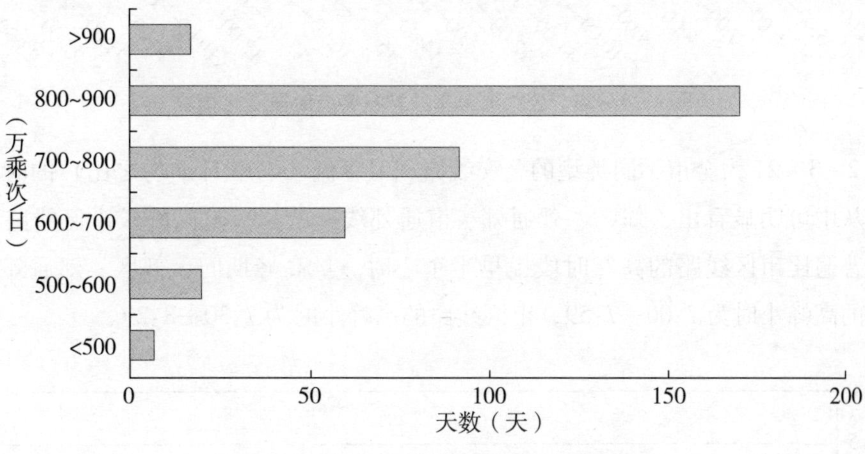

图 2-3-18　公共汽电车全年日客流分布

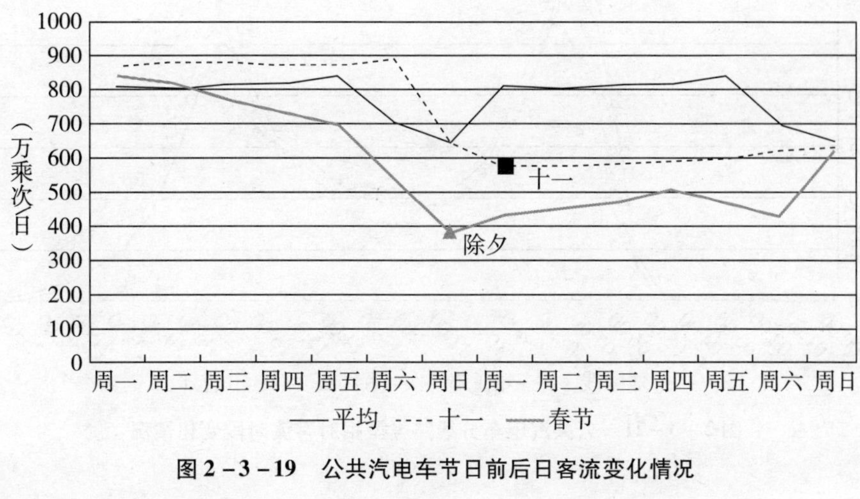

图 2-3-19　公共汽电车节日前后日客流变化情况

（6）时段变化情况

公共汽电车客流呈现较为明显的早晚高峰特征，早、晚高峰小时分别为早 7:00—7:59、晚 17:00—17:59，早高峰较晚高峰客流更为集中。

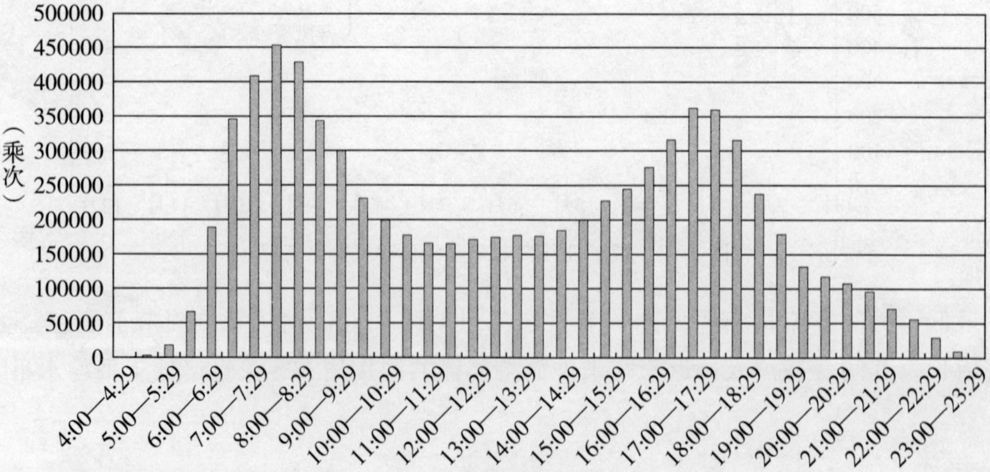

图 2-3-20　公共汽电车抽样日客流时段变化情况

图 2-3-21 为全市不同类型的公交线路相对客流（与全日平均之比）的时段变化特征，从中可明显看出，郊区、郊通郊、市通郊线路的早、晚高峰较市区线路更为集中，且普遍比市区线路的高峰时段提早半个小时。早高峰期间，郊区、郊通郊、市通郊线路的高峰小时为 7:00—7:59，市区线路的高峰小时为 7:30—8:29。

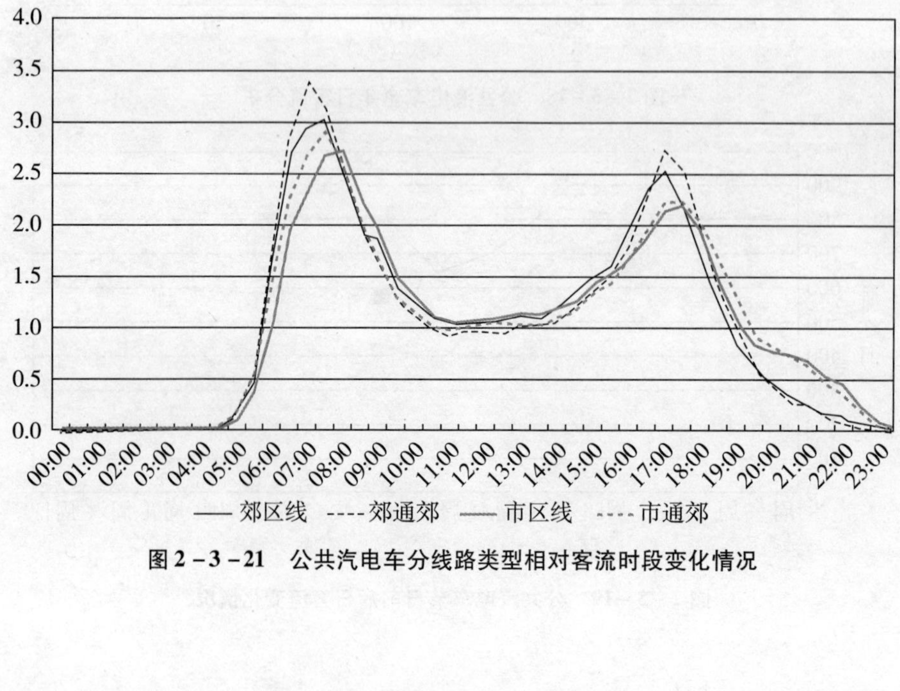

图 2-3-21　公共汽电车分线路类型相对客流时段变化情况

2. 空间分布

（1）分线路类型

由于城区功能布局和土地利用的调整，中心区居住人口逐步外移，作为居民日常出行主要交通方式的公共汽电车客流也发生了相应的变化。调查显示，市通郊线路客流强度最大，其次为市区线路，郊区线路客流量较小。

市区线路分布更为广泛，线路客流占全市客流近一半，达到47.9%。其次为市通郊线路，线路客流占全市客流的31.2%。郊通郊线路、郊区线路日客流分别占全日客流的16.0%和4.8%。

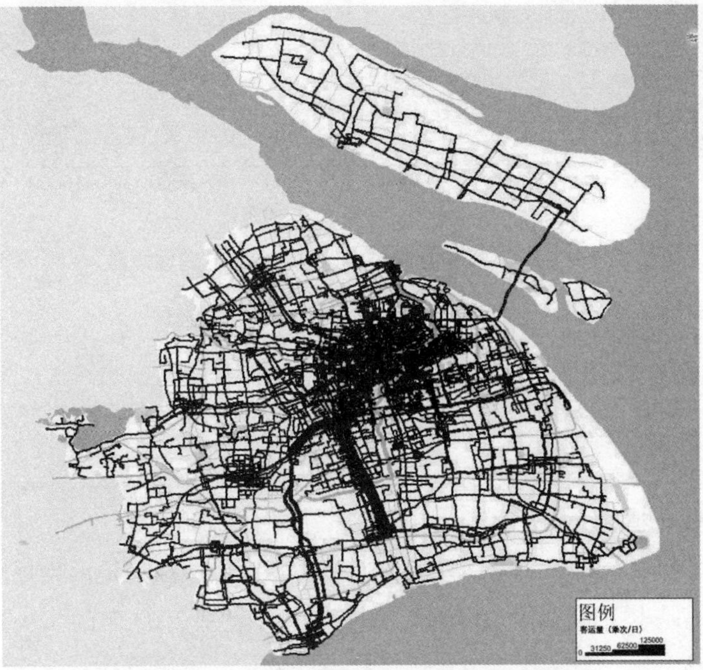

图2-3-22　公共汽电车全日客流空间分布

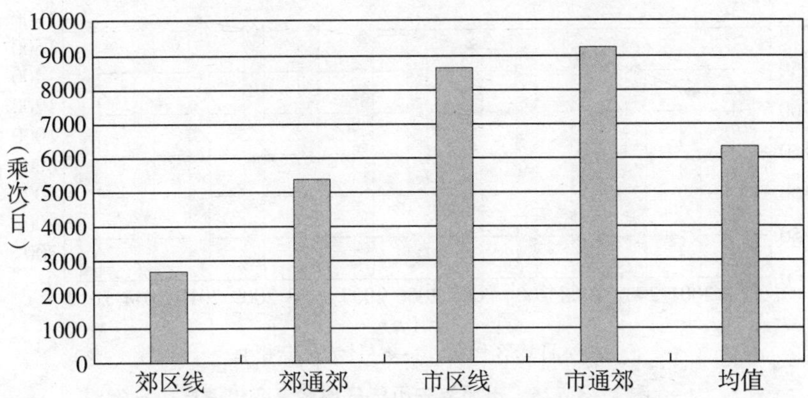

图2-3-23　分类型公共汽电车线路日均客流量

（2）分区域

随着居住人口逐步外移，城市外围与中心区交通需求逐渐增强，主要表现在公共汽电车客流量较为集中于市中心区与外围区域的连接线上。调查显示，内环内与外环外之间的公交线路单线日均客流量最高，外围区域内部交换量较为有限，外环外线路日均客流量最小。

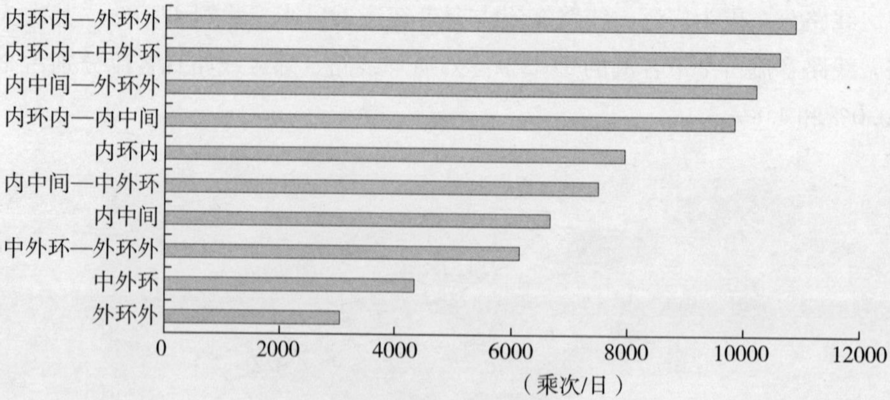

图 2－3－24　分区域公共汽电车线路日均客流量

3.4　出租汽车

1. 时间分布

（1）年度变化情况

近十年来出租汽车经历了先期客流快速增长、后期逐渐稳定的发展阶段，日客运量、运营里程等基本指标保持同步增长，里程利用率也从 2000 年的 52% 逐步提高到近年来的 60% 以上。

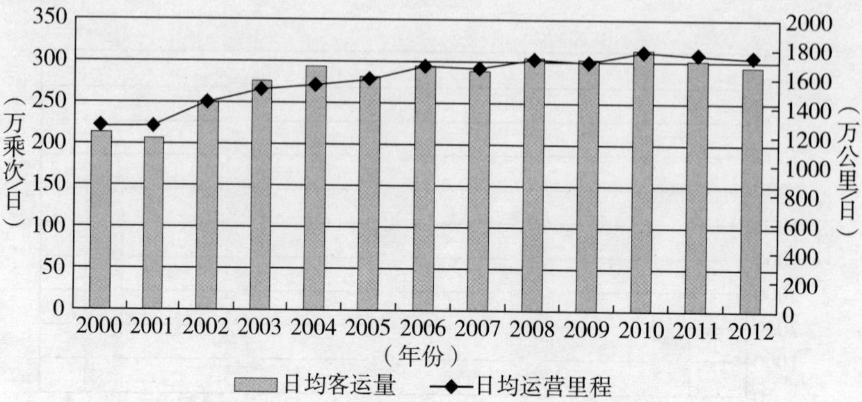

图 2－3－25　出租汽车历年日均客流变化情况

注：含顶灯车和特准车。

在2010年世博大客流之后，全市出租汽车（含顶灯车和特准车）日均客运量基本稳定在300万乘次/日左右。截至2012年年底，全市出租汽车（含顶灯车和特准车）日均客运量294万乘次/日，日均载客里程1080万公里，里程利用率达到62.3%，每车日载客车次32.1次，每车次载客里程为6.64公里。

（2）月度变化情况

出租车客运量全年都较为平稳，春夏季的日均客流略低于秋冬季，客流低谷基本出现在10月。

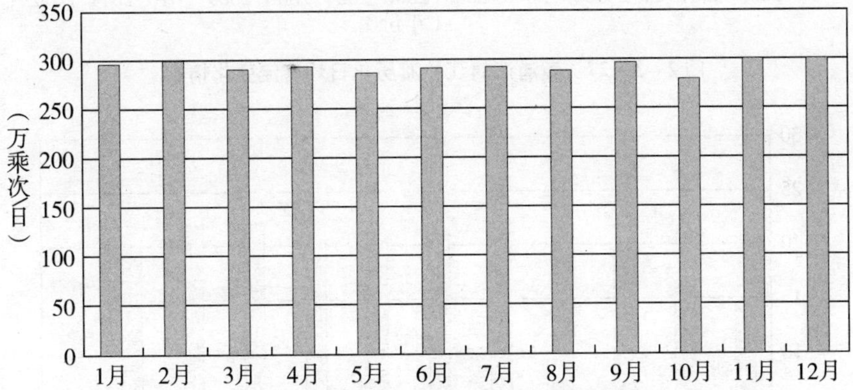

图2－3－26　出租汽车（顶灯车）客运量月度变化情况

2. 区域分布

根据区域分布情况，出租汽车客流以市区为主，区域客流比例在13%左右；里程利用率和每车次载客里程等运营指标较为稳定，每车日载客车次变化略大，2012年每车日载客车次42.9次，近五年呈逐步下降趋势。

3.5　轮渡

1. 时间分布

（1）年度变化情况

2012年全市黄浦江对江轮渡客运量继续保持下降态势，截至2012年年底，17条轮渡线路客运量约20万乘次/日，同比减少7.5%。

（2）月度变化情况

黄浦江对江轮渡客运量季节性差异明显，冬季客运量明显低于夏季，低谷出现在1月、2月和12月。

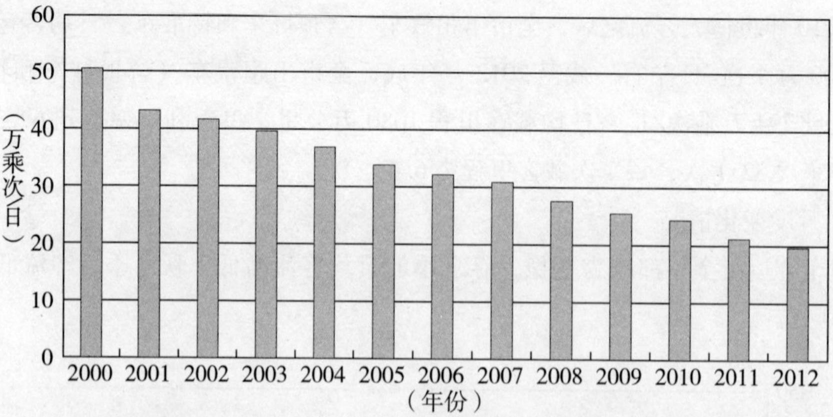

图 2－3－27　黄浦江对江轮渡历年日均客流变化情况

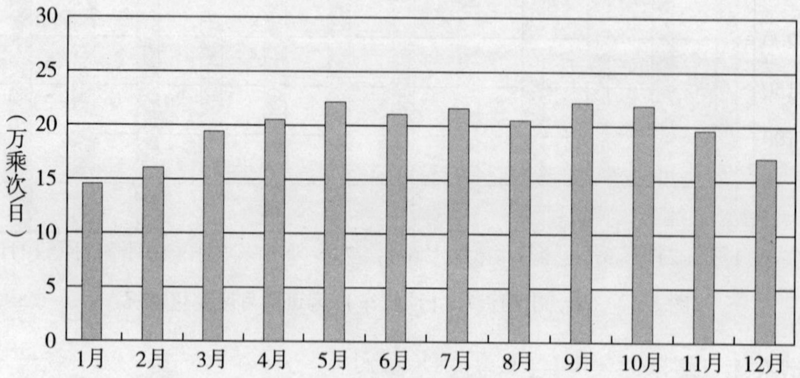

图 2－3－28　黄浦江对江轮渡日均客流月变化情况

2. 区域分布

黄浦江对江轮渡各线路客流较不平衡，闵行区内的杜吴线（吴泾渡口—杜行渡口）客流量最小，日均客流量仅 1220 乘次，与其相隔不远的的西闵线（闵行渡口—西渡渡口，连接闵行、奉贤区）客流量最大，两者日均客流相差 20 余倍。

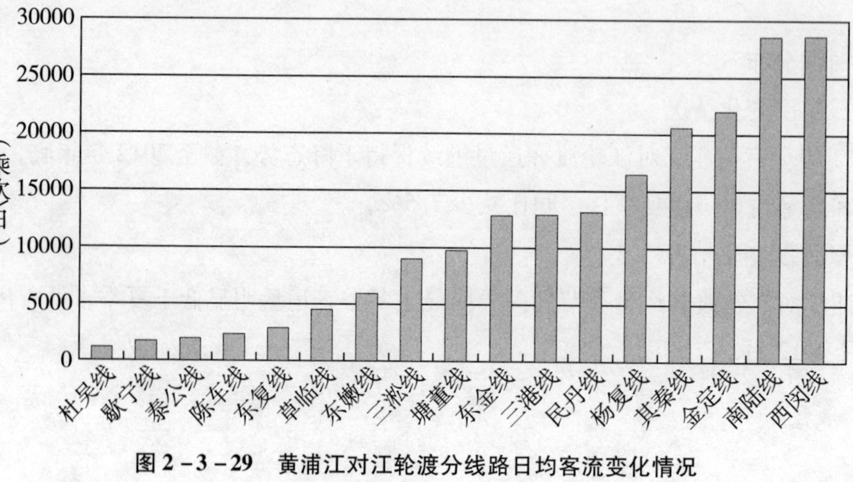

图 2－3－29　黄浦江对江轮渡分线路日均客流变化情况

4 运营效率

4.1 运营车速

由于道路条件较好，郊通郊线路的平均运营车速达 25km/h 以上。市区线路受道路条件和路况限制，平均运营车速 15km/h。全市所有公交线路平均运营车速为 18km/h。

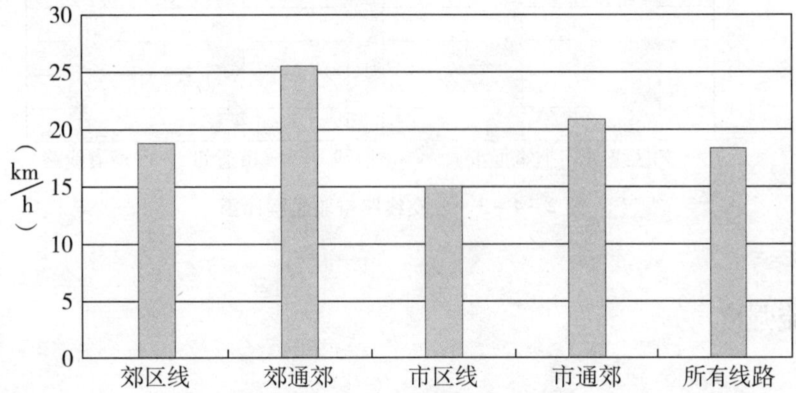

图 2－4－1 公交线路运营车速

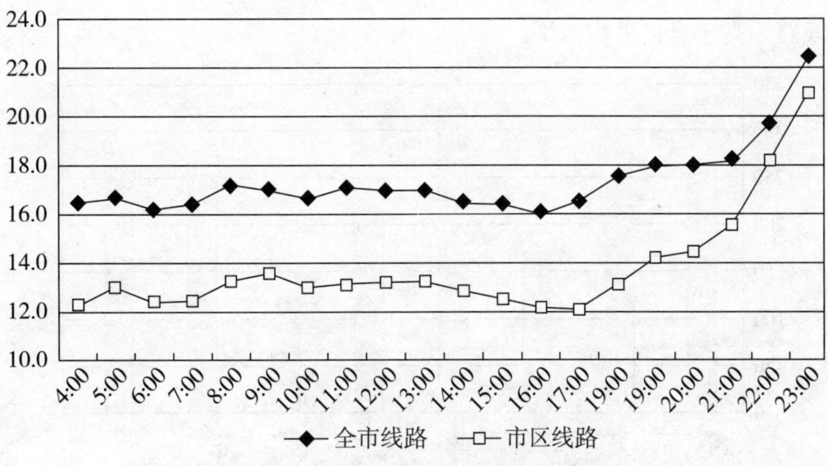

图 2－4－2 分时段公交线路车速稳定性

从全日分时段车速分析，各类线路运营车速在早晚高峰之间比较稳定，各时段车速差别在±10%之内，过了晚高峰之后车速直线上升，晚高峰的车速要略慢于早高峰。市区线路早高峰平均车速约为12km/h，全市线路约为16km/h。

4.2　空驶里程

全市公交线路平均空驶里程占运营里程比重为8.6%。郊区线路和郊通郊线路空驶里程比较低。

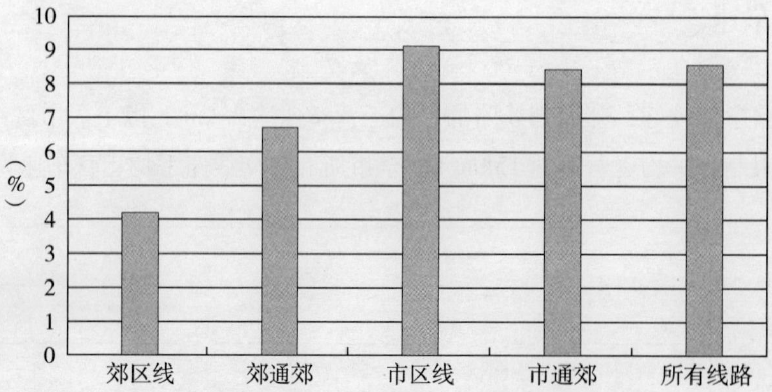

图2-4-3　公交线路空驶里程比重

4.3　客流强度

按区域划分，各类线路中市区线路百公里客流最高，达到325人次/百公里，郊通郊线路最低。按线路功能划分，最后一公里线路的百公里客流水平和全市平均相当，轨道接驳线路要高于全市平均水平。

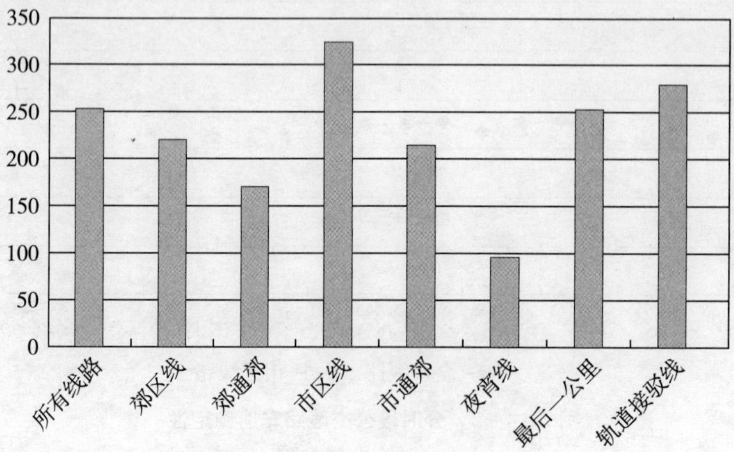

图2-4-4　公交线路百公里客流

4.4 经济效益

与客流强度对比，市通郊线路百公里客流较低，百公里营收较高；郊区线路百公里客流、百公里营收都较低。最后一公里线路客流强度与全市平均相当，百公里营收仅有全市平均的46%。

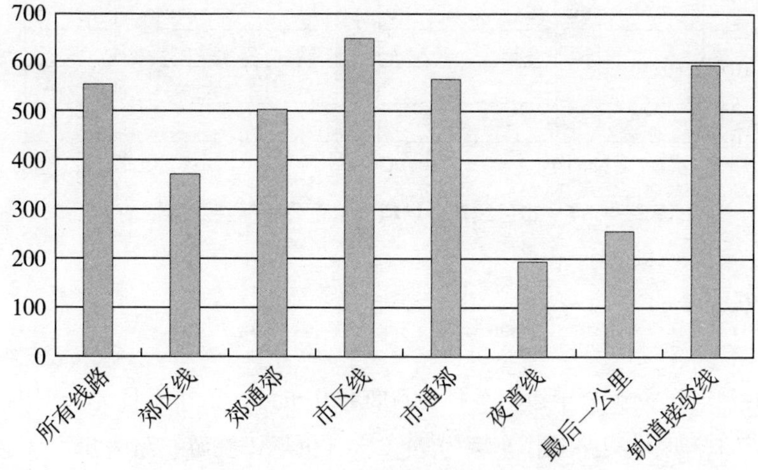

图2-4-5 公交线路百公里营收

4.5 能源效益

除最后一公里线路百公里能耗（折算成标准油）较低外，其他各类线路百公里能耗差异不明显。

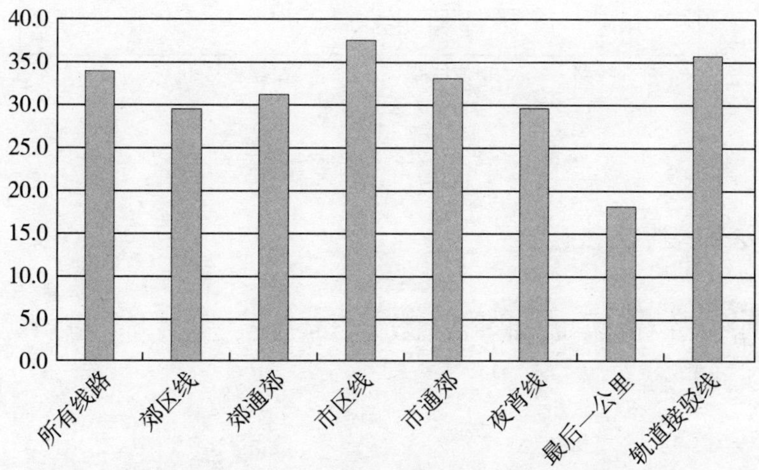

图2-4-6 公交线路百公里能耗（标准油）

在市区线路中，电车的百公里能耗最低，CNG 车百公里能耗最高。（仅比较同一区域线路，摒除区域因素）

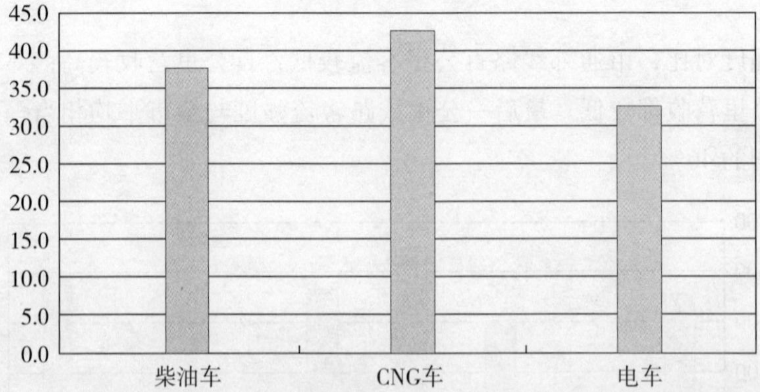

图 2-4-7　市区线路分燃料类型百公里能耗（标准油）

4.6　工作车率

全市公共汽电车行业全年运营车日为 6080080 车日，工作车日为 5391944 车日，工作车率为 88.7%，区域线路工作车率为 94.3%，机场、旅游线路为 85.5%。

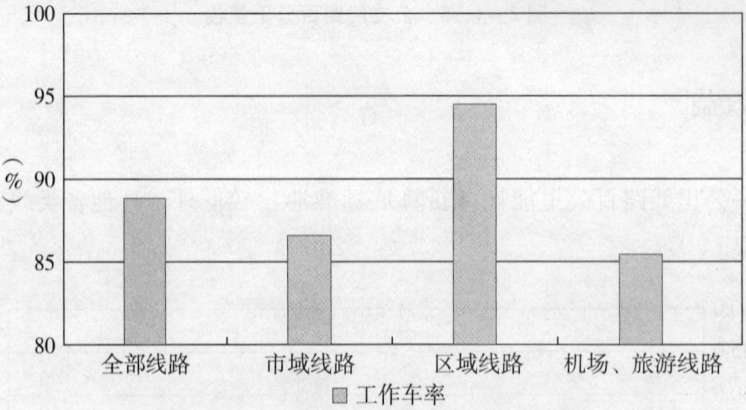

图 2-4-8　公共汽电车工作车率

4.7　交通安全

全市公共汽电车行业有责上报事故总数为 1134 次，公共汽电车责任事故率为 1.04 人/百万公里。

注：本篇数据截至时间为 2012 年年底。

03

特　征　篇

1 轨道交通便捷可达性大幅提高

自2005年以来上海轨道交通固定资产投资额累计达1601.4亿元，投资力度前所未有。截至2012年年底，全市已基本形成轨道交通网络化经营格局，已投入运营线路13条，运营线路长度达到468.2公里，日均客运量达622万人次，2005—2012年年均增长超过20%。轨道交通已成为公共交通运营中的中坚力量，极大地方便了市民的出行。

轨道交通供应能力集中在中心城内，郊区以单线延伸形式为主，服务较为薄弱。中心城轨道线网密度0.5km/km²，站点600米半径服务覆盖率为29%。

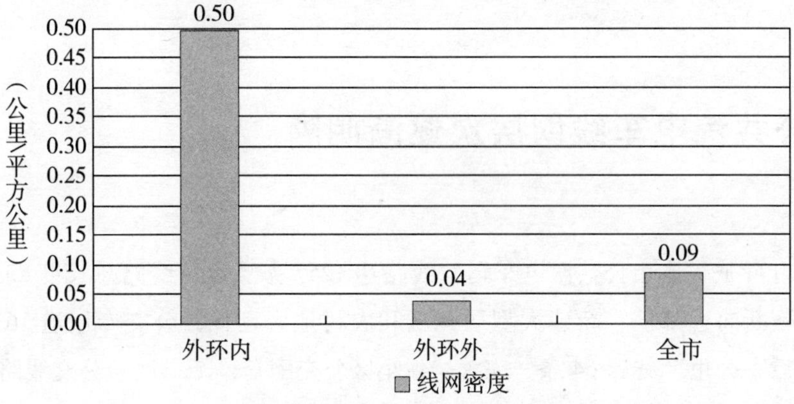

图3-1-1 轨道交通线网密度

2 轨道交通客运实现历史性突破

从春运后3月开始，公共汽电车客运量呈现逐月下降趋势，9月车客运量有所反弹。轨道交通单日最高客运量不断被刷新，客运量在2013年7月首次超过公共汽电车。出租汽车客运量基本稳定，轨道交通和公共汽电车客运量随季节变化较大。全面客运呈现“W”形的变化态势，春节和暑期为两个低谷。

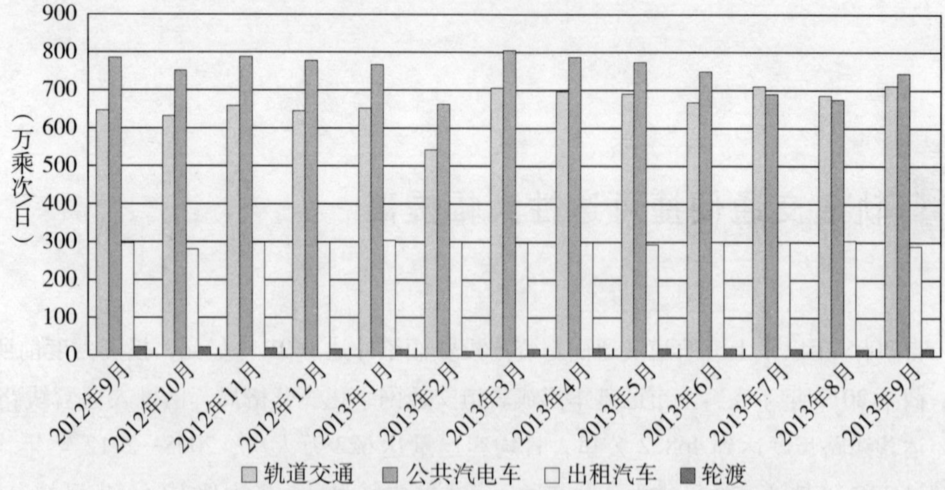

图 3－2－1　全市公共交通客运量变化

3　公共汽电车线网层次逐渐明晰

2012 年年底，本市公共汽电车运营线路达 1257 条，运营线路总长度 23190 公里，服务范围不断向远郊区、新建大型居住区和农村地区延伸，公交专用道 161.8 公里，新辟“最后一公里”线路 64 条，完善居住小区公交配套，新增区域公交线路，郊区行政村除道路、桥梁不具备通车条件外，公交线路通达率达 100%。

从现状线网看，结合轨道交通，公共汽电车逐步发展多层次线网。市区线路以轨道交通网络为脉络进行蛛网模式编织，主要通道为三横三纵等干道，平均线路长度为 13 公里；市通郊线路主要对轨道交通射线空白区域进行填补，主要通道为沪青平公路、沪闵路、车亭公路、亭枫公路、南奉公路、沪南路等，平均线路长度为 30 公里；区域内轨道交通设施较为薄弱，公交需求主要由区域线承当，最集中的需求一般体现在郊区新城，部分呈格网状布设，平均长度为 13 公里。

4 主要客运和客流通道基本匹配

主要客运通道客流较高，客运通道与客流通道总体匹配。中心城主要集中在三横三纵等干道，郊区县主要集中在沪青平公路、沪闵路、车亭公路、亭枫公路、南奉公路、沪南路、沪宜公路、沪太路等道路上。

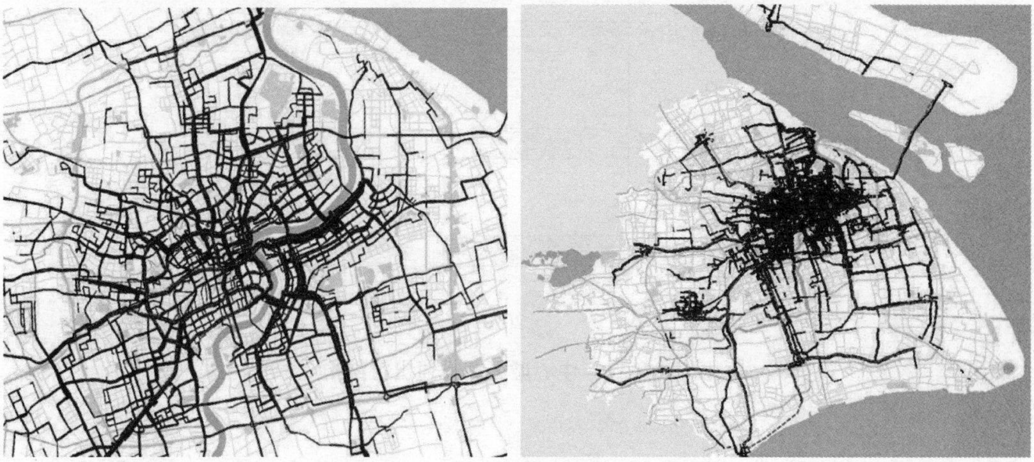

图 3－4－1　主要通道公交客流分布

5 公共交通出行比重稳步提高

中心城公共交通出行比重提高，2011 年使用公共交通工具出行的次数占所有出行总次数的 37.1%，占使用交通工具出行总次数比例 49.9%，占使用机动车出行总次数的 68.5%，各项比例较 2010 年均有 5% 以上的增长。通勤交通中，使用公共交通出行的比例更高，公共交通占出行总次数的 47%。

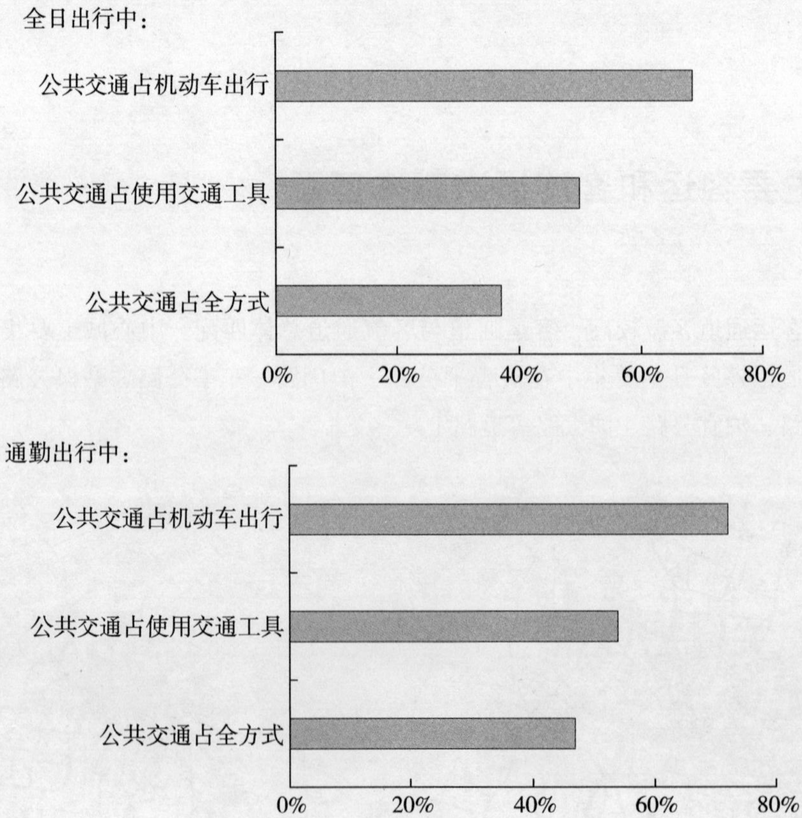

图 3－5－1　中心城公共交通出行结构

6 公共交通出行时耗逐步减少

2011 年中心城市民平均出行在途时耗为 32.58 分钟，60 分钟以内的出行占所有出行的 91.8%。其中，采用公共交通方式出行在途时耗为 50.83 分钟/次，与 2004 年相比，总时耗减少了 7.2 分钟，下降 14%。每次公共交通出行中，从出发点到上车平均耗时 8.51 分钟，从下车点到目的地平均耗时 8.21 分钟，车内平均耗时 34.11 分钟，两端接驳成为公共交通出行时耗的重要组成。

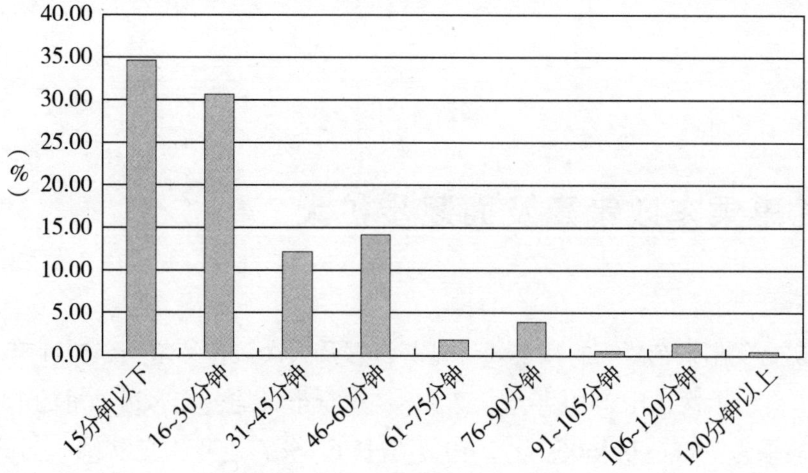

图 3－6－1　中心城出行时耗分布

7 公共交通出行成本逐步降低

2011 年中心城市民使用公共交通（除出租汽车外）平均出行成本为 3. 33 元/人次。其中，单一轨道出行平均成本是 4. 08 元/人次，单一公交车平均出行成本是 2. 26 元/人次，“公交＋轨道”的混合出行模式平均出行成本为 5. 88 元/人次。

近几年轨道交通和公共汽电车单乘次票价持续降低，其中 2011 年轨道交通单乘次票价 2. 40 元，较 2010 年下降 4. 4%；公共汽电车单乘次票价 1. 80 元，较 2010 年下降 3. 2%。

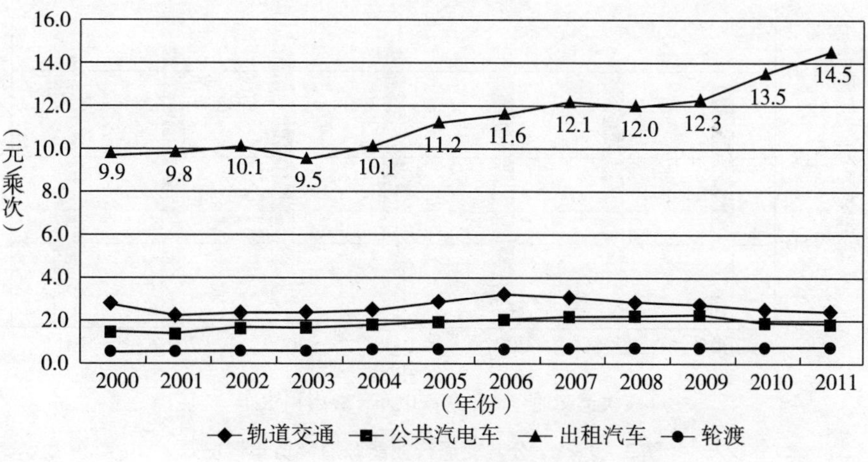

图 3－7－1　公共交通单乘次票价历年变化情况

8 优惠乘车政策惠及面逐步扩大

上海实行优惠乘车政策的社会效果显著，惠及人次数持续增长，2011 年优惠乘车日均达 306.1 万人次，比 2010 年增长 7.9%，占全市日均公交客运总量的 18.3%。其中，优惠换乘为 248.6 万人次，比 2010 年增长 6.8%；老年人免费乘车为 57.5 万人次，比 2010 年增长 13.1%。

9 能源消耗总量呈现下降趋势

2011 年公共交通行业累计消费各种能源 181.02 万吨标煤，同比下降 2.1%，能源消耗总量出现由刚性增长转为下降的变化趋势。其中：轨道交通 44.81 万吨标煤、公共汽电车 49.89 万吨标煤、出租汽车 86.32 万吨标煤。能源使用效率进一步提高，平均每消耗一吨标煤可运送乘客 3321 乘次。

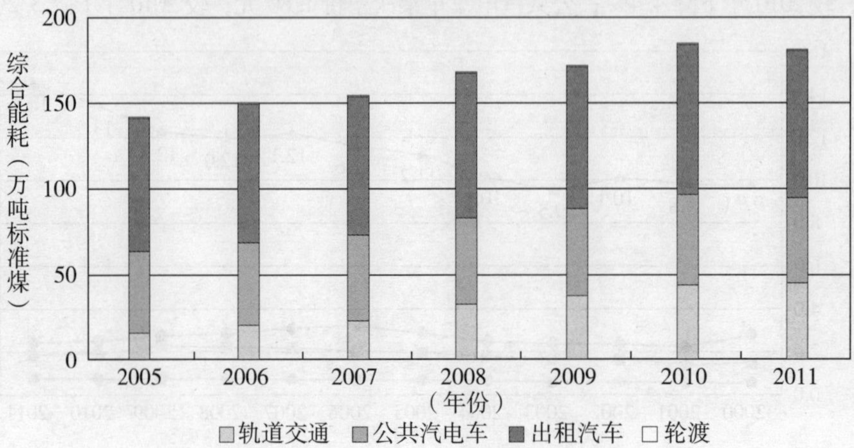

图 3－9－1　公共交通行业能源消耗历年情况

04

转　型　篇

大都市，是当今世界城市发展的高级阶段。聚集数百万的人口、岗位，具备大规模的经济实力，成为各国经济社会发展的强大动力。交通体系，在大都市的形成和发展过程中，功能已经从配套性的服务，转变为支撑和引导大都市发展的决定因素。进入21世纪的中国，上海等特大城市，伴随城市和经济的快速发展，交通问题日益突出。现有交通发展模式无法满足城市发展的多重需求，交通需求急剧增长，交通承载力逼近极限，各种交通方式亟须整合。现阶段城市在进行空间布局调整和转型发展时，面临的问题再也不是简单地解决“有”“无”的问题，而是供需、结构、整合、均衡、引导的问题，仅仅依靠“供给策略”这一剂良药已不能完全解决现有的城市交通问题，亟待深化和提升“以公共交通引导城市发展”的战略导向，扭转城市公共交通被动适应城市发展的局面，实现公共交通与城市的良性互动、协调发展。

1 面对转型[13]

为了解决城市交通问题，传统的解决方法主要是通过改造路网系统、拓宽路面、增添道路建设，建设完善轨道交通、常规公交、专用道和枢纽场站等交通基础设施，增加城市交通所必需的“硬件”建设来实现。然而，现在像上海这样的特大城市已陷入无地可用，无路可修之境，交通基础设施增能空间有限，而省会城市在10～15年也将不得不面对这样的情况。现阶段，尽管交通基础设施增长迅速，城市临界敏感状态还是逐渐显现。纵观各大城市，对于堵车恐怕并不陌生，但通常这种堵塞只会发生在一个点上，这种情况一般是一种用纯技术方法就可以解决的问题。但是，目前许多发生拥堵时路网的全部瘫痪，有时是因为交通事故，有时是很小的偶然事件，刮风不行下雪不行下雨也不行，城市交通在偶然事件突然袭击下束手无策。为何城市交通越来越弱不禁风，当这种情况不再成为偶然事件，这种现象所体现出的城市交通的脆弱性值得警觉。这种现象击中的除了城市气象服务、市政应变能力、城市交通疏导、防灾防害应急等多处软肋，一方面反映了城市以“单中心摊大饼”空间结构问题，城市的功能和土地划分过于清楚过于集中；另一方面也反映了优先发展公共交通，仅仅依靠“供给策略”这一剂良药已不能完全解决现有的城市交通问题。

图 4－1－1　城市交通拥堵

虽然上海机动车发展迅速，但是并没有经历小汽车导向的发展阶段（个体交通占20%左右），一个阶段以来，一直维持着单中心密集发展的模式，各种用地如商业、居住和办公混杂，旧城中心的密集开发，城市人口密度高，公共交通发展的潜力大。上海已经初步具备构建国际水准公交都市的条件。2400 万人口的特大城市和日超 1700 万人次公共交通客运量，形成了构建公交都市的客流基础。进一步网络化运营的轨道交通和已经较高覆盖率的常规公交，提供了基础设施条件。一体化的综合交通管理体制提供了体制机制保障。上海已经进入以创新发展、转型发展、低碳发展、和谐发展为导向的新阶段，深入贯彻公共交通优先战略，创建公共交通强市是新时期上海发展的必然选择。

2 积极转变[13][14][15][16][17][18][19][20]

1. 方式转变

（1）公共汽电车和自行车主导模型

20 世纪 80 年代，已经形成了中心区的城市重心，成为人口最密集区域。就业岗位、居住人口绝大部分聚集在浦西的中心区范围内，缺少快速交通支持，机动化出行比重偏低。公共汽电车和自行车出行是当时市区市民交通出行的主导方式。浦东和浦西之间缺乏必要的交通联络，而城市中心的极度单一，城市功能的集聚，也很大程度上制约了上海向国际大都市的发展进程。

（2）个体机动交通快速增长

1990 年中央提出“开发、开放浦东”，上海社会经济飞速发展。特别是城市交通设施大规模建设，有效支撑起了城市空间的拓展。个体机动交通进入快速增长阶段，机动车总量保持着年均 5 万 ~6 万辆的增速。

（3）注重优化交通结构

进入 21 世纪之后，上海城市规模不断扩大，全市人口分布呈现出从市区向郊区转移的趋势。机动车拥有量持续增长，私人小客车成为增长主力。公共交通客运能力提高，轨道交通网的建设和运营，使市民出行特征发生重大变化。依托轨道交通，整合各种公交方式，实现轨道与常规公交的一体化服务，方便市民出行，是面临的紧迫问题。

2. 理念转变

（1）由道路交通转向轨道交通的规划[14]

传统的交通规划是基于道路系统的综合交通规划，已经不太适应新的发展要求。近十年来，轨道交通在我国特大城市的建设已经从上海等少数特大型城市扩展至十几个。轨道交通在支撑城市用地规划、引导城市拓展，以及引导城市出行结构调整等方面与道路交通存在很大的差异。基于轨道交通的综合交通规划，更需要考虑土地利用的关系。研究分析轨道的网络、线路、通道、车站及枢纽、同城市用地结构、人口岗位密度、城市用地开发的关系。

（2）从单一结构转向结构多元化[15]

经济全球化和区域一体化背景下的上海，城市规模继续扩大，社会经济快速发展，市民生活水平持续提高，各种交流活动日益频繁，这些因素促进了交通需求总量的大幅增长。同时，推动需求特征发生显著变化，表现为客运主体出行目的、次数、方式、质量的变化，出行强度和服务要求的提高。

（3）基础设施建设转向现代化升级和体制创新

贯彻资源节约型和环境友好型“两型社会”的重要精神，大都市综合交通规划必须坚持向“集约型、环保型”的发展模式转变，大力发展公共交通、清洁能源。通过交通引导城市空间布局的拓展，由注重建设向建管并举的模式转变；通过信息化、法制化和新技术挖掘交通资源。

3 新的挑战[13][21][22][23][24]

百年公共交通，取得了长足进展，但公交供给和需求的矛盾尚未根本消除，现有交通发展模式仍无法满足城市发展的需求多重挑战[21]：

（1）交通需求急剧增长，基础设施建设空间有限

经过多年发展，目前除少数新拓展区外，全市路网格局基本定型，路网规模基本稳定。近年来随着城市更新和土地开发强度不断提高，交通出行需求迅猛增长，机动车年均增长迅猛。交通供需矛盾不断激化，拥挤范围不断扩大，拥堵时间从工作日向节假日蔓延，现有路网的交通承载力已经逼近极限。

根据2012年上海市人口普查，全市常住人口为2380万人，其中，城市近郊区成为近年来常住人口主要导入地区。根据历史发展趋势和城市发展方向，上海人口呈现由浦西向浦东、中心区向外围区、新城、集镇逐步导入的发展趋势，城市化水平逐步提高。

根据相关数据显示，2011年年底全市注册机动车总量达到251.6万辆，其中，汽车保有量174.6万辆。全市私人机动车注册量193.7万辆，其中私人汽车120.0万辆。随着社会经济的发展，人民生活水平的提高，上海市交通机动化水平将得到进一步提升。考虑到上海经济发展趋势，预计2015年，全市机动车保有量将达到350万辆，小汽车快速进入家庭、非机动车的快速化和摩托化对公共交通的服务水平提出了重大挑

战。迫切需要对交通发展模式和城市发展战略进行重大调整，否则将面临更为严峻的交通约束。

（2）城市空间结构单一，亟须交通引导发展

城市功能以“圈层扩展 + 区域推进”的形态向外围组团扩散。综合交通发展与城市功能布局缺乏协调，交通引导用地开发滞后。城市功能布局、土地利用与交通规划建设之间缺乏协调。中心城区功能高度集聚和土地高强度开发，而郊区新城的反磁力中心作用不明显。工作岗位集聚在中心城，居住人口向中心城外移，形成大量居住功能为主、功能单一的卧城，诱发大规模潮汐式跨区通勤交通。外围郊区县尚未完全作为二级城市在发展，围绕着市中心，所以或成为末梢或成为配套。

（3）高密度城市开发亟须大中运量快捷走廊

主要交通通道缺少复合交通走廊，难以支撑城市有序发展。未来的城市发展必须走复合开发、集约高效的道路。只有大运量、快速化、集约型的交通方式，才能适应高强度城市开发产生的交通需求，支撑城市的空间扩展和组团间的紧密衔接。

（4）构建枢纽场站体系，多元网络体系有待整合

轨道交通网的建设和运营，市民出行特征随之发生重大变化。单个系统的目标之和往往不是整个系统的目标，几个单个系统都很强，组织方式不紧密，关键是如何做好几网合一。多元网络体系优化有待推进，依托轨道交通，实现多模式客运交通全面整合，形成综合、协调、高效的客运交通体系。

（5）低碳环保，人性化的交通服务有待实践

交通行业已成为城市能源消耗和温室气体排放的重要来源。近年来，城市交通运输带来的碳排放逐年增长，目前碳排放量已仅次于工业领域，约占总量的20%。以人为本、低碳发展、健康出行，将是未来城市交通的重要特征，建设低碳生态城市和优质生活圈，亟须构建安全、便捷、生态的城市交通系统。

4 创新发展

在进行空间布局调整和城市转型发展时，现阶段仅仅依靠“供给策略”已空间有限。根据国际经验，上海应当针对自身的城市规模、人口规模、经济产业、土地利用、出行特征等特点，系统分析其他城市的成功机理，因地制宜，走“借鉴—吸收—再创

新”的路子，深化和提升“以公共交通引导城市发展”的战略导向，在“供给策略”的基础上，综合应用“需求策略、空间策略、整合策略”“一加三”四大策略[21]，建设一流的公共交通系统。

（1）需求策略

通过控制、转移和管理交通需求，从交通方式上抑制个体交通的需求管理策略，优先发展公共交通，通过实施“推”（即对小汽车限制拥有和调节使用）、“拉”（即优先发展公共交通）的策略，推动居民出行从小汽车转向公共交通。

通过实施科学的规划调控、线网优化、设施建设、信息服务等措施不断提高公共交通系统的吸引力，降低公众对小汽车的依赖，从源头上调控城市交通需求总量和出行结构，提高城市交通运行效率，从根本上缓解城市交通拥堵。

国内外经验表明，必须在小汽车大量进入居民家庭前，及早形成依赖公交的出行方式。错过了这一时机，被汽车化浪潮走在前面，则很难改变城市的交通出行结构。上海已进入小汽车高速发展阶段，建设公交都市已刻不容缓。必须把公交都市作为城市战略，突出公共交通引领，下大力气扭转交通出行的方式结构，促进城市的可持续发展。转变城市交通发展模式，以“公共交通引导城市发展”（TOD）为战略导向，通过科学规划和系统建设，建立以公共交通为主体的城市交通体系，扭转城市公共交通被动适应城市发展的局面，实现公共交通与城市的良性互动、协调发展。

（2）空间策略

以交通系统引导城市发展，达到“职住”相对平衡，从量上分散、减少交通需求，尤其是长距离交通，不诱增新的交通出行。以快速公交走廊引导职住集聚，促进人口居住和就业沿公交走廊两侧集聚，构建最佳“居住地＋公交走廊＋就业地”出行组合，转变交通被动适应城市发展模式为交通引领城市发展模式。

围绕轨道站点进行高强度开发，将交通出行聚集在轨道交通沿线。形成依托公交走廊的“珠链式”开发的线性城市带，减少面上的交通，转为线上，甚至是点上的交通，通过客运走廊以大运量公共交通解决。

（3）整合策略

除了需求策略、空间策略策略外，面临创新发展、转型发展的新阶段，亟须增加一个整合策略。一是网络的整合，近年来上海市公共交通客运量继续保持良好的增长态势，轨道交通客运量保持快速增长，全市基本形成轨道交通网络化经营格局。公共汽电车服务范围进一步延伸，运营线路长度和站点数量进一步增长。出租汽车、轮渡运营基本平稳。在完善轨道交通线网的基础上，进一步加强多元系统整合，强化轨道交通与公共汽电车“两网合一”，提升公共交通系统整体服务水平具有现实意义。二是站点体系的整合，随着重大市政交通工程的建设，上海市交通模式发生了转变，建设布局合理、结构完善的公共交通站点布局体系，是建设网络化、功能性立体交通的必要条件，是实现公共交通优先的重要保证，也是用地规划控制的依据。

特大城市自身在进行空间布局调整和城市转型发展时，面对不断增大的交通压力和不断提升的多样化的交通需求，行业管理部门一方面要切实增强社会的可接受度和减少负面影响，另一方面又要提升城市交通战略管理，城市管理水平面临严峻甚至近乎苛刻的考验。

而现阶段我们面临的问题再也不是简单地解决“有”“无”的问题，而是供需、结构、整合、均衡、引导的问题，这就要求我们把交通做成实事项目，而不是一个数据，一个分担比，老百姓搞不清楚也体会不到，一笔糊涂账试图让所有人说好话是不现实的。因此，必须通过提升公共交通服务水平和交通需求管理，引导城市交通模式进入一种可持续发展的轨道。

5 主要问题

5.1 郊区县 TOD 模式亟待建立

公共汽电车线网规模持续增长，线网密度和站点覆盖率逐步提高。2011 年年底，中心区公共汽电车线网密度为 4.49km/km^2，公交站点（包括枢纽、首末站和中途站）300 米半径服务覆盖率可以达到 94%，500 米半径的服务覆盖率达到 100%，公交站点密度达到 16.1 个/km^2。内环以内公交资源较为集中，随着人口外迁和郊区发展加速，外环外公共汽电车线网布局也有较快发展。中心城外区域公共汽电车线网密度为 0.96km/km^2，公交站点（包括枢纽、首末站和中途站）300 米半径服务覆盖率可以达到 26%，500 米半径的服务覆盖率达到 51%，公交站点密度达到 2.3 个/km^2。

区域公交客流快速发展，区域公交供应也相应增加，现阶段主要矛盾集中在各区县与中心城的联络通道上，已有单线轨道或者市通郊服务略显不足。对于已有轨道服务的区县，在其主要通道上如松江区的车亭公路、闵行区的沪闵路，公交客流仍高于市区平均水平；而对于无轨道服务的区县，在其主要通道上如青浦区沪青平公路、奉贤区南奉公路，公交客流也高于市区平均水平。

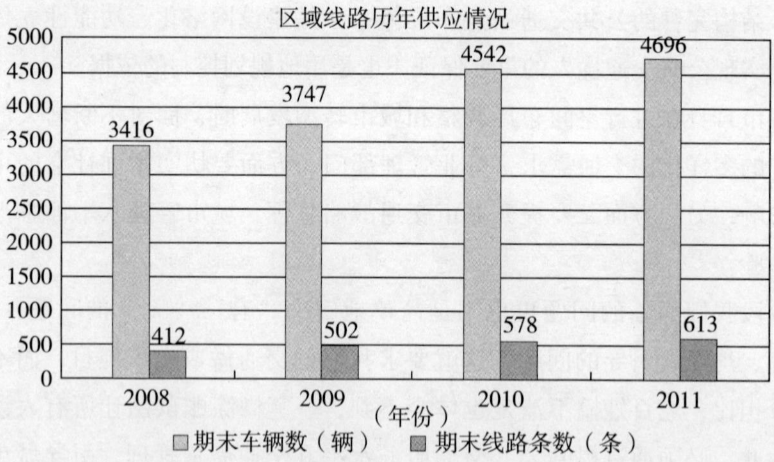

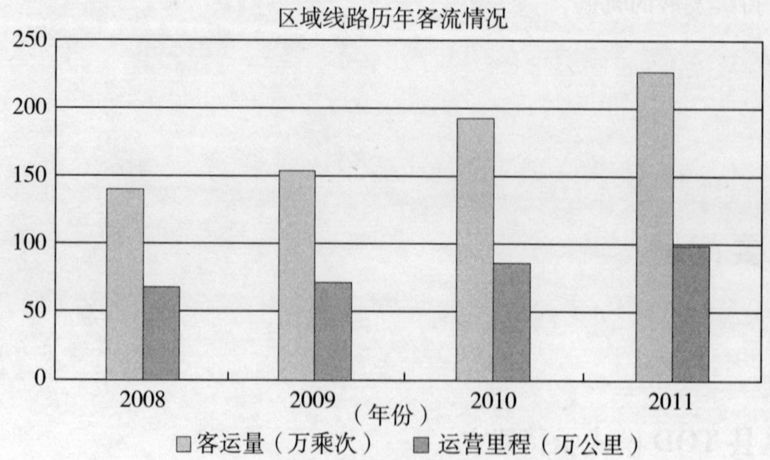

图 4－5－1　区域公交供需发展情况

5.2　多层次公交服务需求凸显

近年来，结合轨道交通发展，公共汽电车主要调整和撤销线路为与轨道交通线路相平行线路，主要考虑公共汽电车线路对轨道交通的接驳和延伸作用，多层次公交服务需求尚未完全得到满足。但是从客运通道看，与轨道交通平行或复线的主要客运通道上，公共汽电车客流依然较大。90%的轨道交通客流主要集中于中心城内，部分线路高峰供应略显不足，多层次公共交通需求依然强烈。另外，远郊区县目前主要仍以单一轨道交通线路或无轨道配套模式为主，公交需求量较大，有必要根据公共交通线网布局及客流分布，考虑发展快速公交、有轨电车等其他型式的中运量公共交通方式，以满足地区多样化的公共交通出行需求。另外，近年来轨道交通客运量快速增长，轨

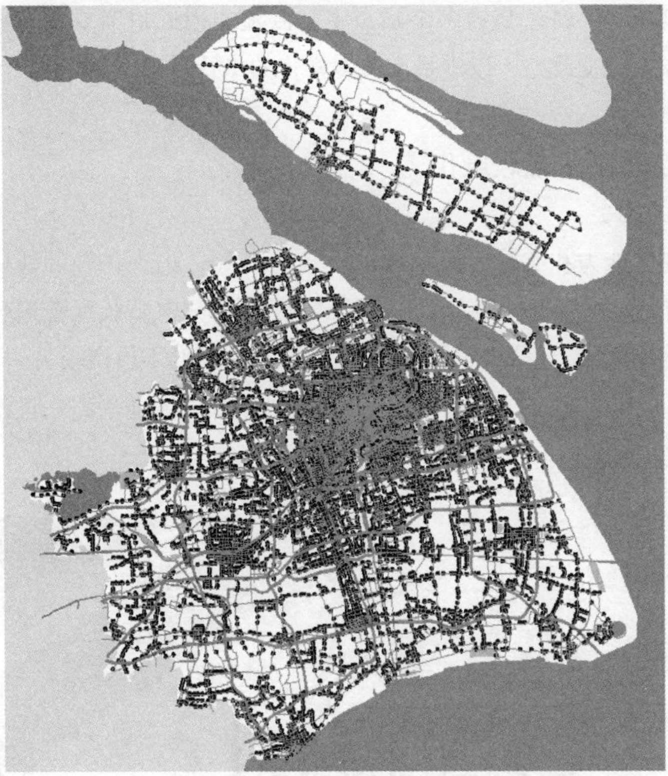

图 4－5－2　公交中途站 300 米服务覆盖率

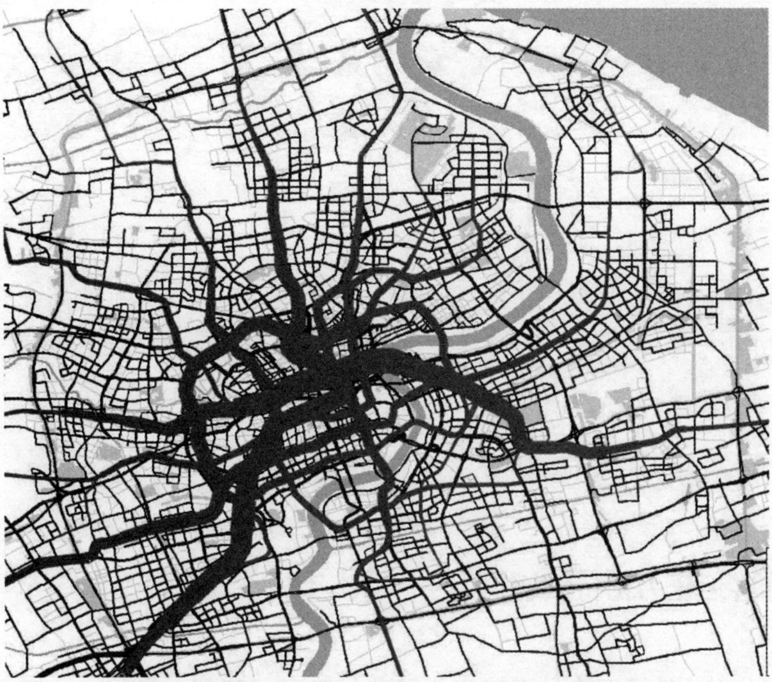

图 4－5－3　中心城轨道和公交全日客流分布

道局部区域出现瓶颈，轨道交通多个站点实行限流。因此也需要发展补充型、填补型和接驳型的多层次公交线路，以满足市民多样化的出行需求。

5.3 轨道供需矛盾依然较突出

轨道交通供应能力和实际客流在区域上较为匹配，集中在外环线以内，但是在时段上和方向上矛盾较为突出。轨道交通高峰时段中心城内满载率普遍较高，联络郊区线路出现单向拥堵区段。早高峰时段，轨道交通客流局部不均衡较为明显，其中，3 号线赤峰路—虹口足球场段、5 号线春申路—莘庄段、6 号线德平路—世纪大道段等早高峰时段满载率超过 100%，轨道高峰运营面临巨大挑战。

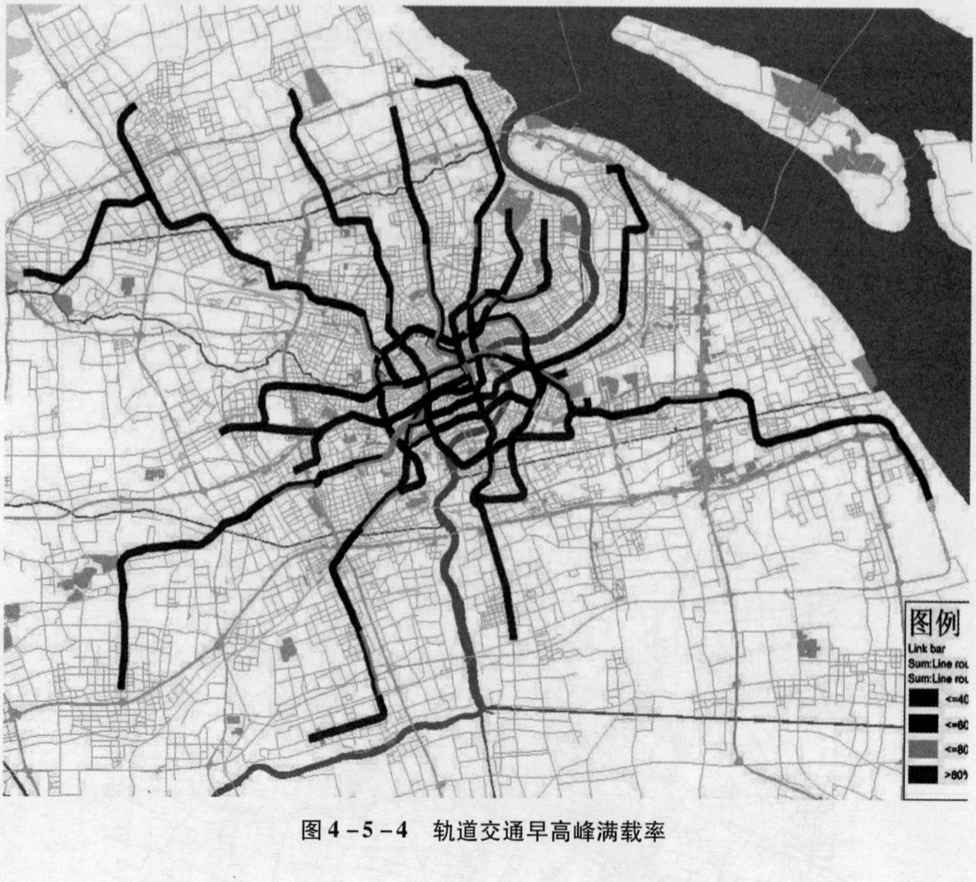

图 4－5－4　轨道交通早高峰满载率

5.4 高峰客运压力仍持续增长

轨道、公交、轮渡客流呈现较为明显的早晚高峰特征，出租全日客运量变化较为平稳。公交的高峰时段比轨道高峰提前约 15 分钟，轮渡又较公交提前约 15 分钟。公交早晚高峰小时分别为早 7:15—8:14、晚 17:00—17:59。轨道交通早晚高峰小时分别为早 7:30—8:29、晚 17:30—18:29。轮渡早晚高峰小时分别为早 7:00—7:59、晚 16:45—17:44。

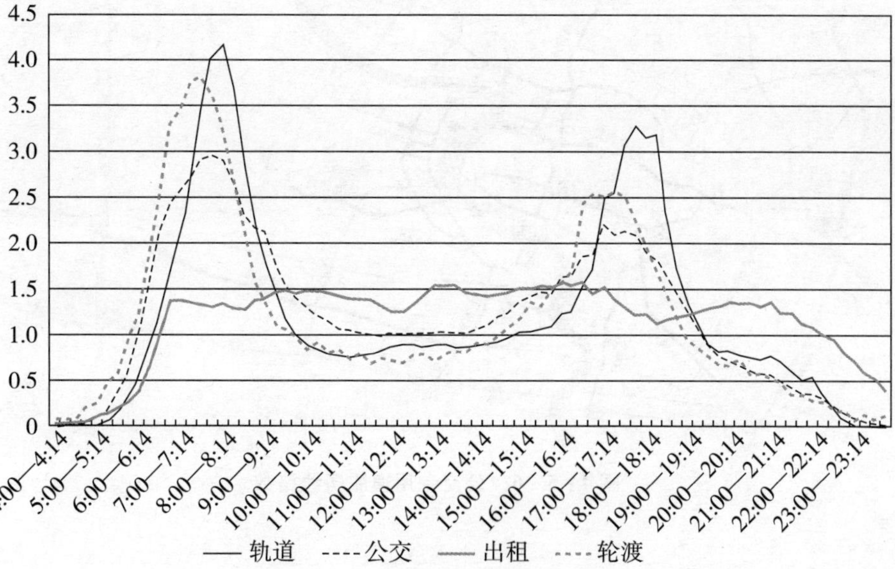

图 4-5-5　公共交通高峰运营特征

5.5　公交专用道效率有待提高

公交专用道建设滞后于规划，公交专用路权缺乏监管和保障。已建仅占规划专用道长度的一半左右，个别公交专用道未形成连贯通道，部分专用道被社会车辆及非机动车挤占。部分公交专用道服务公交线路和客流较少。另外，公交专用道总体服务线路数较多，但线路长度 50% 在专用道上的线路很少，线路平均经过交叉口数和设站点数也较多。

公交专用道运营车速优势不显著，早高峰时段公交专用道抽样线路平均运营车速 12.9 公里/小时左右，其中个别路段的公交运营车速已经低于 10 公里/小时，运营效率有待提高。

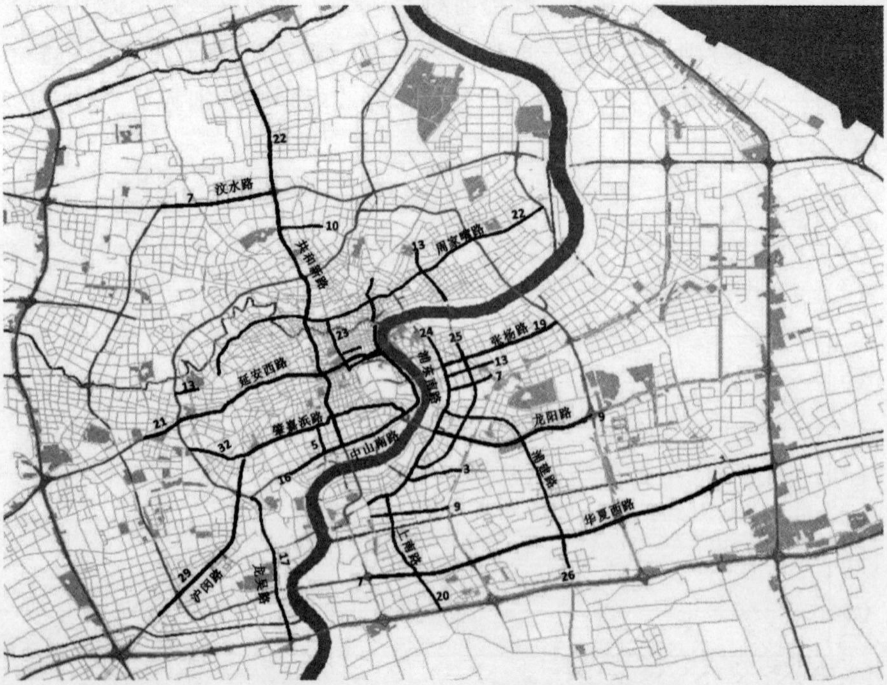

图 4-5-6　公交专用道服务线路数

5.6　时间空间不均衡现象凸显

在区域上，轨道交通客流分布极不均衡，90% 以上的轨道客流集中在外环线以内地区。

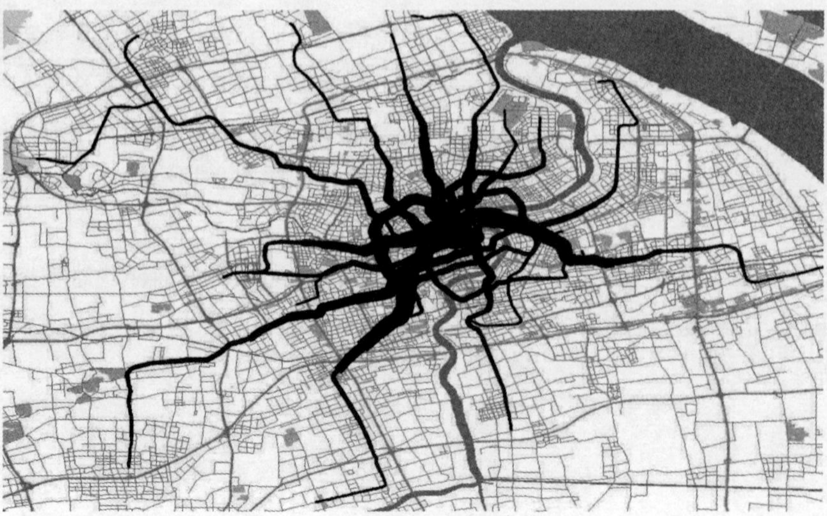

图 4-5-7　轨道交通全日客流空间分布

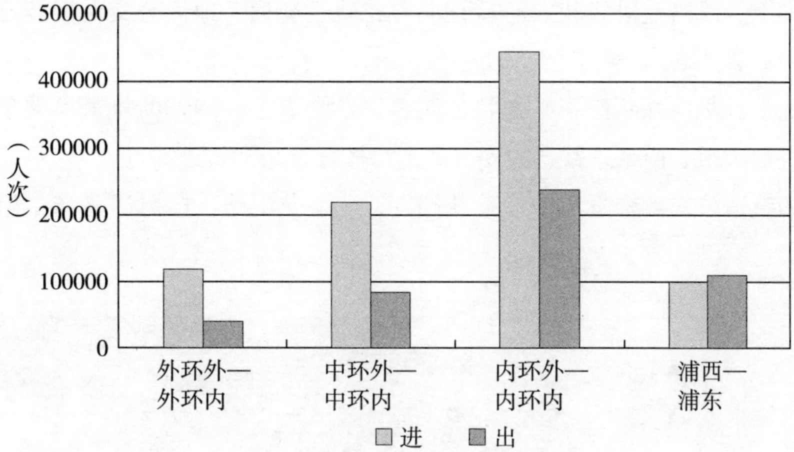

图 4-5-8　轨道交通早高峰交换量

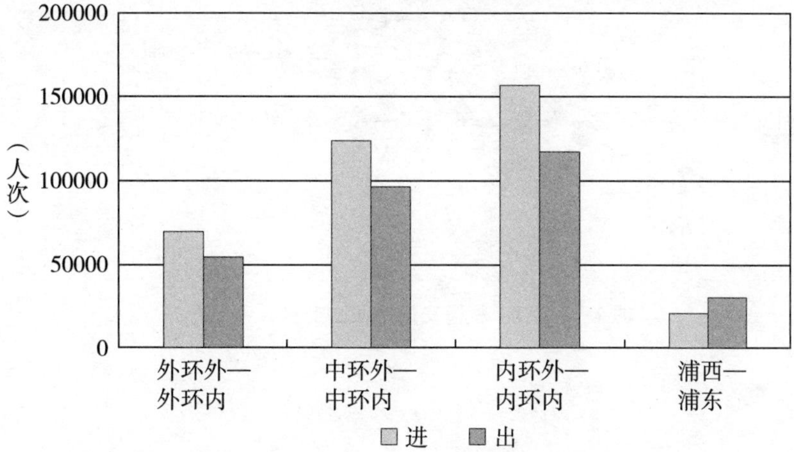

图 4-5-9　公共汽电车早高峰交换量

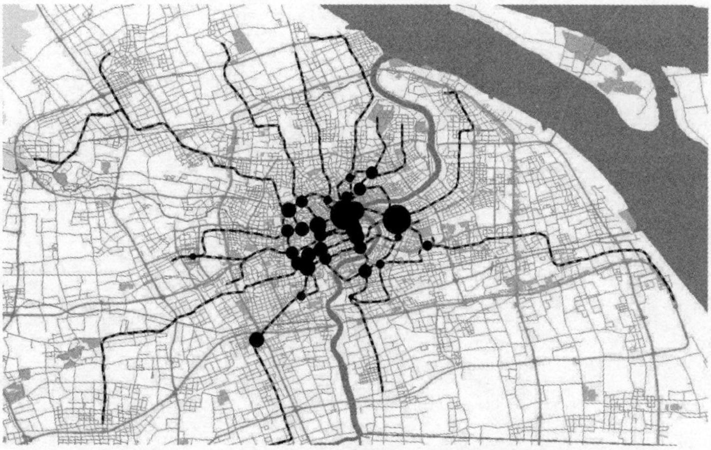

图 4-5-10　轨道交通内部换乘客流分布

在方向上，线路上射线状向心特征明显，轨道交通、地面公交两网客运交换量均是逐环往中心城递增。

在断面上，早高峰断面不平衡特征明显。在站点上，40%的轨道换乘量集中在人民大道、世纪大道、南京东路、静安寺和上海体育馆5个轨道站点。

15%的轨道公交换乘量集中在莲花路、莘庄、龙阳路、杨树浦路和中山公园5个轨道站点。

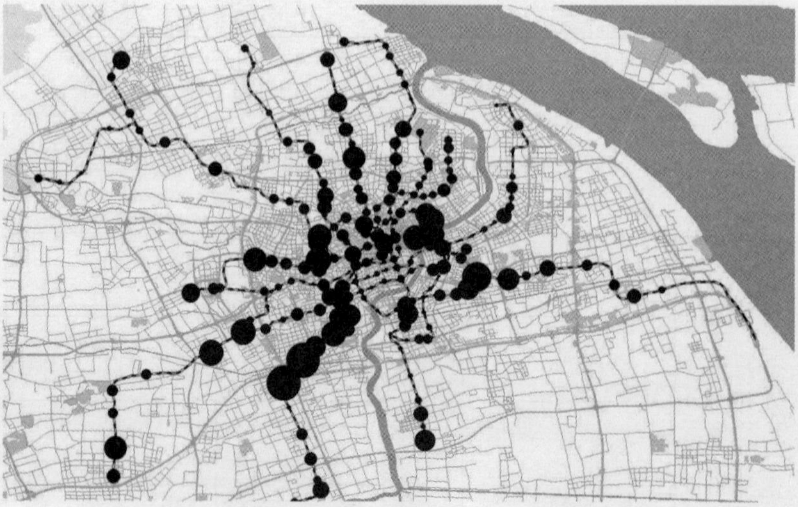

图4-5-11　轨道交通地面公交换乘客流分布

05

热 点 篇

1 公共交通引导开发模式研究[23][24][25][26][27]

上海市公共交通发展过程中，目前的“P+R”，“最后一公里”、综合客运交通枢纽等规划实际上是TAD模式向TOD模式的修正，这既体现了目前发展TOD的实际迫切需求，也是对以往规划不适应性的一种修正。而实现这种发展需求的突破口就是轨道交通、中运量等骨干公共交通网络的构建，而实现这种突破的契机还在郊区县。

1.1 发展模式的重要性

TOD（Transit Oriented Development）模式是以公共交通为导向的开发模式，使公共交通的使用最大化的一种非汽车化的规划设计方式。第二次世界大战后的美国，正经历着小汽车出行方式占主导，城市的无限制蔓延为主要模式的大规模空间扩展过程，美国建筑设计师最早提出了TOD的概念，一种以公共交通为中枢、综合发展的步行化城区。这里的公共交通主要是轨道交通、常规地面公交干线，然后以站点为中心、以400~800米为半径建立集工作、居住、商业、文化、教育等为一体的城区，以实现各个城市组团紧凑型开发的有机协调发展。TOD是国际上具有代表性的城市社区开发模式之一，但是目前被广泛利用在城市开发中，尤其是在城市尚未成片开发的区域。

目前，上海正处于一个快速变化的时期[25]。根据2010年第六次人口普查数据，上海市人口已经突破2300万，并且每年以50万的速度在增长。这种人口的增长主要集中在外环外中心城以外区域，内环内中心区人口不增反降。另外，上海市机动车快速发展，城市正在以郊区蔓延为主要模式的大规模空间扩展过程中，城市人口向郊区迁移，土地利用的密度降低，城市密度趋向分散化，公共交通出行比重有待进一步提高，出行时耗过长，以及能源和环境等方面的一系列问题进一步显现。由此，城市也加速了单中心结构向多中心结构的转变过程。在这样的背景下，将产生怎样的机遇和挑战，应该制定怎样的城市发展战略予以应对这个问题尤为关键。与之相反，TOD的理论研究和实践在中国都还处于起步阶段，尚没有一套完整的规划理论和方法，也少有成熟的案例。在此背景下深化研究和落实TOD开发模式意义深远。

1.2 内涵的关键

（1）TOD 与 SOD

谈到 TOD[26][27]，人们常有一种老生常谈的感觉。人们对 TOD 一词的内涵并未作仔细的思考，只是从字面上作简单的理解：交通引导发展，城市要开发到哪里，首先把交通发展到那里，道路和设施先行。这与“服务引导开发”（Service Orient Development，SOD）似乎相类似，两者都基于交通/服务设施和土地利用的相互关系的土地开发模式。

“公共交通引导开发”与“交通引导开发”虽然字面上看起来差别无几，内涵却相差甚远，“公共交通引导开发”体现了公共交通优先的政策，而“交通引导开发”则没有这一关键的内涵。

（2）TOD 与 TAD

TOD 的主要特点之一就是会带来公共交通站点附近土地的高密度开发，但不是所有站点附近的高密度开发都是 TOD。TAD（Transit Adjacent Development），是公交站点附近的开发。由于土地价值很大程度上是由土地所在区位的交通条件决定的，地区的可达性越高，则区位条件越好，越具有广泛的经济用途，即土地利用价值越高。因此，这些站点附近地段往往成为对人口、商品和信息的流动、聚集功能依赖性较强的服务业厂商竞相追逐的对象，容易形成集中的经济开发区。正是遵循这一原理，充分利用公共交通站点带来的经济优势，吸引高科技服务型产业在其周边高密度开发，从而“自发”形成功能齐全，土地高效利用的社区。由于内部设计缺乏联系性或者土地利用构成的不恰当，而导致无法促进公交使用或提升站点附近开发的价值。这样的开发模式仅利用了轨道交通建设对土地开发的导向性作用，而失去了高强度的土地开发对公共交通的回馈性支持。

在中国，很多随轨道交通建设而繁荣起来的站点附近开发多是 TAD，除了开发商过分追求商业利益的因素，其根本原因则是缺乏对站点附近土地开发的整体考虑。由于各种用地性质的构成和布局缺乏统筹规划，设施之间的连续性也不好，实际上延续了中国城市传统的混合开发的低密度蔓延，对公交的促进作用并不明显，称不上一个 TOD 社区，而是单纯的公交站点附近的开发。另外，这样开发模式会对道路交通带来较大影响，沿街的商业活动引起该区域内交通性较强的几条道路通行不畅，同时这些车流量较大的道路同时也给聚集的人流带来很大的安全隐患。如何将 TAD 模式转为 TOD 模式是关键。

1.3 发展中面临的挑战

与国外相比，和部分国内特大城市一样，TOD 在上海的实施背景和条件有几大不同：

（1）疏散人口与功能转移

西方国家发展 TOD 的背景主要是为了集中人口，防止中心城的衰败，提高吸引力。目前上海常住人口已达 2400 万，人口密度明显高于西方国家，面临的宏观问题是如何适当地疏散人口，引导城市重新布局，而不是集中人口。

（2）空间拓展与公交潜力

虽然上海机动车发展迅速，但是并没有经历小汽车导向的发展阶段（个体交通占 20% 左右），一个阶段以来，一直维持着单中心密集发展的模式，各种用地如商业、居住和办公混杂，旧城中心的密集开发，城市人口密度高，公共交通发展的潜力大。

（3）服务水平与文化理念

相比外国城市由于郊区蔓延、高汽车拥有率而导致的公交吸引力不高，问题往往出在公交服务水平低，准点性、便捷性、舒适性差，以及认为小汽车是身份象征的文化理念，因而降低了出行者选择公共交通的意愿。

（4）制度壁垒和条块分割

存在制度壁垒，同时城市规划、管理、建设部门条块分割，缺乏协调，在构建良好的联合开发环境方面面临更多困难。在实施过程中仅注意到公共交通引导城市开发这一特点，对基础设施建设后的土地开发利用没有进行相应规划，TOD 开发中存在诸多障碍，时效甚长，这方面的研究缺乏。

1.4 发展契机

（1）修正式发展

TOD 的主要方式是通过土地使用和交通政策来协调城市发展过程中产生的交通矛盾。从目前的公共交通发展战略来看，土地使用方面并没有得到足够的重视。目前很多随轨道交通站点附近开发多是 TAD，缺乏对站点附近土地开发的整体考虑。在此背景下，目前上海市的公共交通发展战略强调建成以轨道交通为骨干、地面公交为基础、出租汽车为补充、水上公共渡运为辅助、信息系统为手段、交通枢纽为锚固点的一体化的城市公共交通体系。

目前的“P＋R”，“最后一公里”、综合客运交通枢纽等规划实际上是 TAD 模式向

TOD模式的修正，这既体现了目前发展TOD的实际迫切需求，也是对以往交通策略不适应性的一种修正。

市民出行的最后一公里问题得到高度重视，截至2012年9月新辟“最后一公里”线路64条，居住小区公交配套更加完善。随着居住人口逐步外移，城市外围与中心区交通需求逐渐增强，主要表现在公共汽电车客流量较为集中于市中心区与外围区域的连接线上。市通郊线路客运量占总量的31%，每日往返于中心城和郊区的客流量大，但是百公里客流不高。最后一公里线路和轨道接驳线路百公里客流都较全市平均值高。

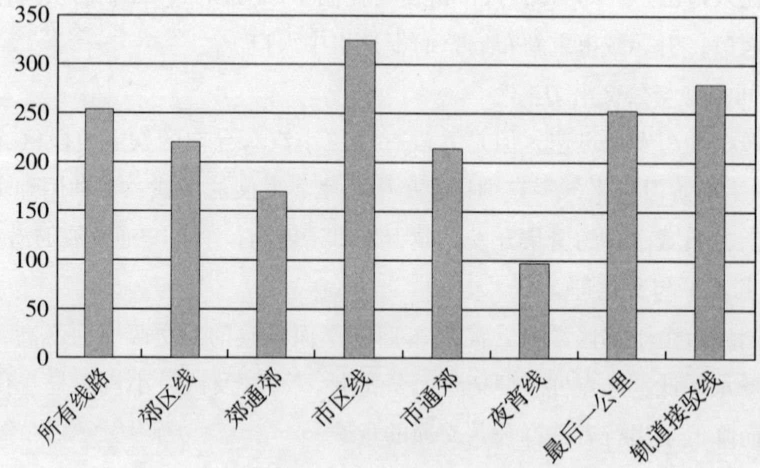

图5-1-1　分类公共汽电车线路日均客流量

“十一五”期间，新建客运交通枢纽50座、新增公交停车泊位3610个。“十二五”期间，规划新开工建设枢纽78个，力争实现约900条次公交首末站设置的枢纽化。继续推进枢纽建设，基本形成覆盖全市、多层次、多方式有机衔接、换乘便捷的综合客运交通枢纽体系。

2012年抽样调查共涉及8个综合客运枢纽，覆盖各类公共交通方式，包括市内交通和对外交通。区位上，除上海火车站枢纽，调查枢纽环绕城市外围区域分布。所有受访者中有18%的乘客把枢纽作为出行的起点或终点，其余82%的乘客选择在枢纽换乘。

表5-1-1　　枢纽乘客换乘比重

枢纽名称	乘客比重（%）		
	作为起讫点	作为换乘点	总计
上海火车站	14	86	100
漕溪路	10	90	100

续 表

枢纽名称	乘客比重（%）		
	作为起讫点	作为换乘点	总计
张江高科	23	77	100
巨峰路	15	85	100
淞虹路	17	83	100
共和新路	13	87	100
中环沪太路	22	78	100
卢浦大桥	56	44	100
总计	18	82	100

总体上，71% 的乘客仅乘坐 1 次公交便可到达枢纽，枢纽选址较为合理，公交配套较便捷。在枢纽换乘的乘客平均等车时间为 6.4 分钟，平均步行时间为 9.1 分钟，服务水平较高。

表 5－1－2　　乘客到达枢纽换乘次数

枢纽名称	到达枢纽换乘次数（%）			
	无	1 次	2 次	2 次以上
上海火车站	68	29	3	0
漕溪路	67	26	6	1
张江高科	86	13	1	0
巨峰路	46	46	7	1
淞虹路	73	21	6	0
共和新路	81	14	5	0
中环沪太路	97	3	0	0
卢浦大桥	93	6	1	0
总计	71	24	4	1

（2）主动式发展

目前发展的关键是从这种自发式、被动式、修正式的发展模式转换为至上而下主动式的 TOD 发展模式，而实现这种模式转换的突破口就是轨道交通、中运量等骨干公共交通网络的构建，而实现这种突破的契机还在郊区县。

随着人口外迁和郊区发展加速，外环外公共汽电车线网布局也有较快发展。一方面，虽然郊区县公交线网服务发展迅速，公共汽电车线网规模持续增长，线网密度和站点覆盖率逐步提高，但是公共交通服务水平依旧较低。2011 年年底，中心城外区域公共汽电车线网密度为 0. 96km/km^2，公交站点 300 米半径服务覆盖率 26%，500 米半径的服务覆盖率达到 51%，公交站点密度达到 2. 3 个/km^2。

另一方面，目前 90% 的轨道交通客流主要集中于中心城内，部分线路高峰供应略显不足，多层次公共交通需求依然强烈。另外，远郊区县目前主要仍以单一轨道交通线路或无轨道配套模式为主，公交需求量较大，有必要根据公共交通线网布局及客流分布，考虑发展快速公交、有轨电车等其他型式的中运量公共交通方式，以满足地区多样化的公共交通出行需求。

科学调整市区两级公交资源配置，有力促进郊区公交发展。未来随着人口迁移和城市功能布局变化，应适时调整市区两级公交资源配置。中心城基本网络基本建成，发展相对成熟稳定，而郊区县发展迅速。在此背景下对区县公共交通发展模式研究具有很现实的意义。科学评估区县的公共交通发展水平，并提升区县公共交通的吸引力。结合郊区县轨道交通、中运量等骨干公共交通网络的构建，是目前发展 TOD 的最佳契机。

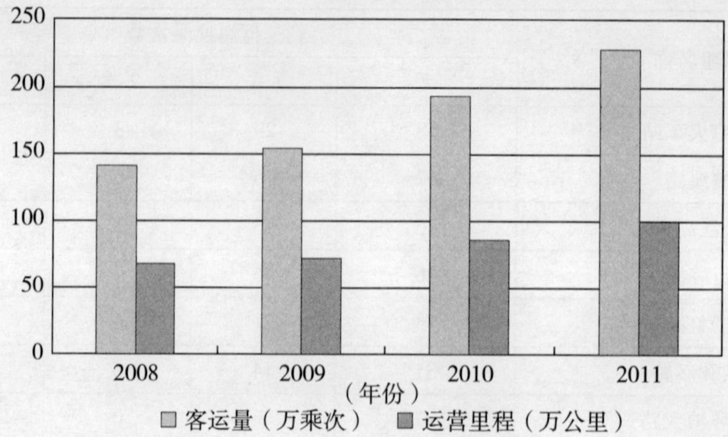

图 5-1-2　区域线路客流增长情况

1.5　发展策略

现在对于交通问题往往认为是车和路的矛盾，但实际上是人居环境和机动化的矛盾。由于上海人口密度高得多，不可能像伦敦、巴黎等拿出 22% ~25% 的城市用地支撑交通，因为在高密度情况下需要用更多比例的土地用于居民的生活，因此必须通过提升公共交通服务水平和交通需求管理，引导城市交通模式进入一种可持续发展的轨道。

（1）同步规划

TOD 模式并非来源自发和偶然的因素，而是来自目标明确的城市规划、配套政策和投资的产物。往往是总体规划、控制性详细规划获批后方启动专项规划编制，行业主管部门在规划阶段不能很好的介入，导致无法组织紧凑的有公交支持的开发，公共交通配套设施选址不尽合理、交通组织存在矛盾，且配套规模普遍较小，未能给未来发展留有余量。

在目前高密度的局部土地利用开发和城市蔓延趋势下，在城市总体规划阶段，在制定城市发展目标、明确城市发展轴线、合理进行人口和产业布局的同时，应合理地规划与之相适应的公共交通线网总体布局和线路走向，引导城市有序拓展。TOD 需要从城市规划与城市交通规划一体化的角度，提供实现交通与土地利用之间、不同交通方式之间、交通网络与交通枢纽之间、交通规划与管理运营之间的高度整合和一体化，真正构建起以公共交通为主体的畅通、安全、高效、舒适、环保、经济、公平的城市综合交通系统。

（2）协调发展

TOD 不应局限于公共交通站点和枢纽的开发，而应由一个点拓展至主要客运走廊，乃至整个区域。制定具有上海特色，以主要客运走廊为载体，交通方式上包括轨道交通、中运量交通，也包含骨干常规地面公交。通过选择公共交通站点进行 TOD 模式的开发，突破传统的单个节点开发形式，充分发挥规模效应，形成整合优势。

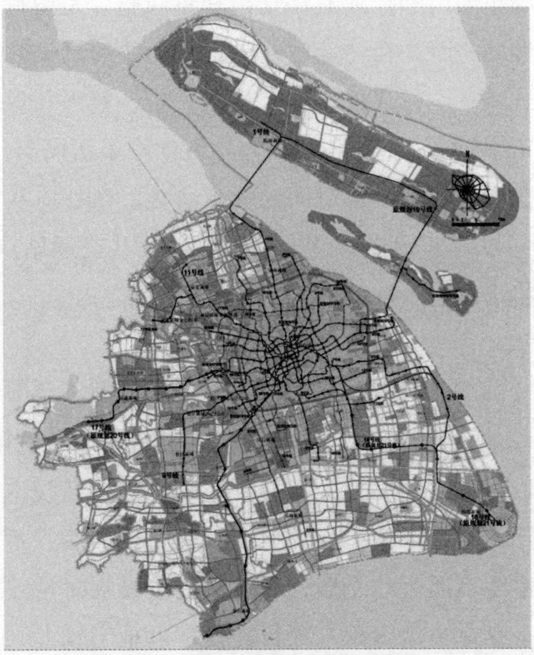

图 5－1－3　上海 2020 年轨道交通网络

轨道交通以其运量大、速度快的基本特性在公共交通系统中发挥着骨干作用，对居民出行方式和工作地、居住地选择都有着越来越重要的影响，因而在宏观上表现出对城市人口、产业布局和空间发展的强力引导作用。

应注意常规公交与轨道交通衔接，尤其对城市边缘新开发区，要形成以轨道交通站点为区域中心，通过常规公交直接联系区域内各住宅区的辐射形态。这样不仅能有效提高区域凝聚力，鼓励公交出行，也能为轨道交通带来充足的客源。另外，由于资源局限和线网结构局限，为了实现高公交分担率的目标，配合轨道线网建设服务水平优于常规公交的中运量公交系统，其形式可以是因地制宜多样化的。在现有道路条件下提高常规公交的运行车速，运行可靠性减少乘客无谓预留时间。

（3）形式多样化

城市郊区化与郊区城市化进程迅猛，城市总体布局形态稳中有变。随着人口和产业的郊区化，特别是大型居住区在城市近郊区的布局建设，城市建设用地呈现出由中心城向外扩张的趋势，中心城已与宝山、闵行地区连绵发展，近郊区成为城市化推进的前沿地带。随着2010年上海市第二批大型居住社区选址规划的确定，未来5～10年，上海市城市建设将逐步由近郊区向远郊区逐步扩展。

根据最新研究结果，预测到2020年，上海市常住人口规模介于2600万～3000万人，人口发展的高方案为3000万人，人口发展的低方案为2600万人。在大城市城市化进程中，由于人口和产业不断膨胀，向郊区拓展是不可避免的趋势，如何通过轨道交通网络建设逐步引导城市人口和产业有序迁出和重新整合是亟待解决的问题之一。而实践中容易出现的问题之一就是在一定时期内由于产业的聚集效应和建设时序不当而引起大片土地开发形式单一。居民的工作、休闲娱乐、就医和教育等其他方面需求都要离开居住地，到城市中心区才能得以满足。这就加剧了居民出行的时段性和方向性，从而造成高峰时段的交通拥堵和日常时间的资源浪费。TOD应从早期临近公共交通站点开发中高密度住宅的单一开发模式逐渐发展为以公共交通站点为中心开发高密度、混合用途的土地，并将出行范围控制在适宜的步行范围之内。

（4）同步建设运营

TOD实施过程中交通配套经常与沿线土地开发相脱节，目前，这种不同步主要表现在：①TOD开发配套的公共交通站点/枢纽往往为综合开发项目，按照现行的政策，综合开发站点的土地取得需走公开“招拍挂”程序，因此建设主体一时无法确定，配套枢纽建设存在诸多不确定性因素，导致公交设施建设滞后，不能同步配套。②为解决综合开发站点建设进度不匹配的矛盾，有时采用建设临时站点过渡的办法，但其在项目立项和资金渠道上存在一定障碍，项目建设推进难度较大。③配套建设过程中同样受到外围其他条件的制约，立项到开工建设审批周期长，导致项目前期推进缓慢或无法开展研究工作。④在建设过程中与交通管理部门缺少沟通和衔接，设施建成后不满足公交运营管理需求，给移交接管和线路开设带来困难。TOD 模式下的交通项目过渡超前或滞后于沿线土地开发都会造成一定的影响，为实现各个组团紧凑型开发的有机协调模式，应充分考虑配套交通设施的同步建设和运营。

（5）人性化设计

从 TOD 理论的角度看，塑造公共交通导向的土地利用模式需要从宏观、中观和微观等层面同时着手，公共交通与社区规划设计的进一步协调是发展公共交通的重要基础。根据地块所在的地理区位，以及地块与公交站点之间的距离，确定地块的用地性质和开发强度。并对各种性质的用地、步行和自行车系统、道路系统、公交系统设计等进行调整和完善，以建立公交友好的社区环境。

2 两网融合研究

近年来上海市公共交通客运量继续保持良好的增长态势，轨道交通客运量保持快速增长，全市基本形成轨道交通网络化经营格局。公共汽电车服务范围进一步延伸，运营线路长度和站点数量进一步增长。在完善轨道交通线网的基础上，进一步加强轨道交通与公交线网的有效衔接，强化轨道交通与公共汽电车“两网合一”，提升公共交通系统整体服务水平具有现实意义。

2.1 线网的融合

以轨道为骨干，地面公交为基础，两网逐渐向多层次线网发展[28][29]。市区线路以轨道交通网络为脉络进行蛛网模式编织，主要通道为三横三纵等干道，平均线路长度为 13 公里。市通郊线路主要对轨道交通射线空白区域进行填补，主要通道为沪青平公路、沪闵路、车亭公路、亭枫公路、南奉公路、沪南路等，平均线路长度为 30 公里。区域内轨道交通设施较为薄弱，公交需求主要由区域线承当，最集中的需求一般体现在郊区新城，部分呈格网状布设，平均长度为 13 公里。

轨道周边公交服务得到加强，两网融合效应初步显现。据统计，全市 66% 的轨道站点周边 50 米半径范围有公交线路服务；83% 的轨道站点周边 100 米半径范围内有公交线路服务。

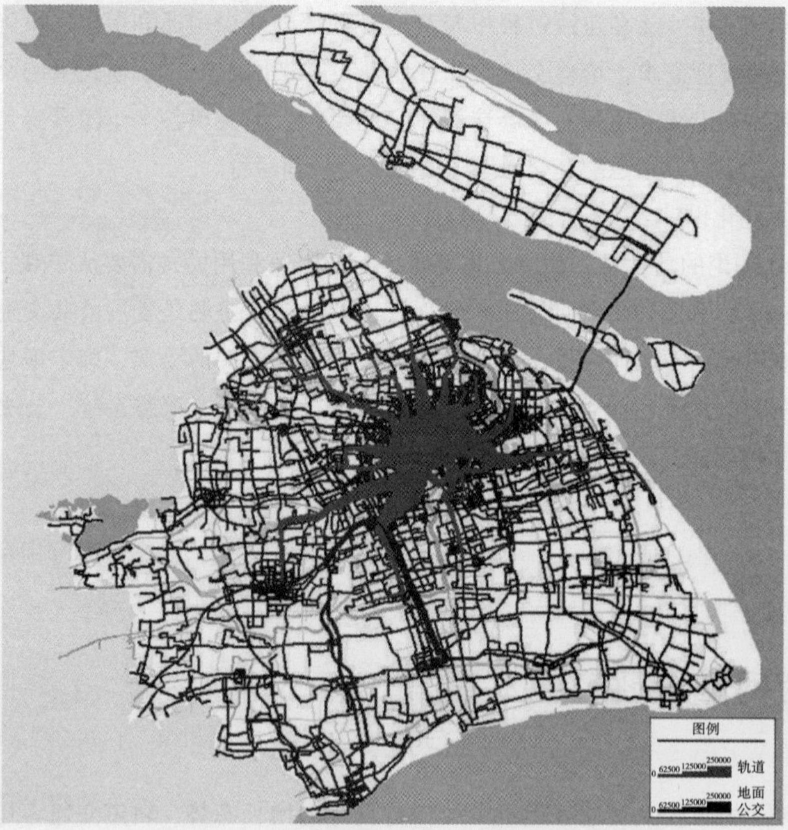

图 5-2-1　轨道交通、地面公交分布情况

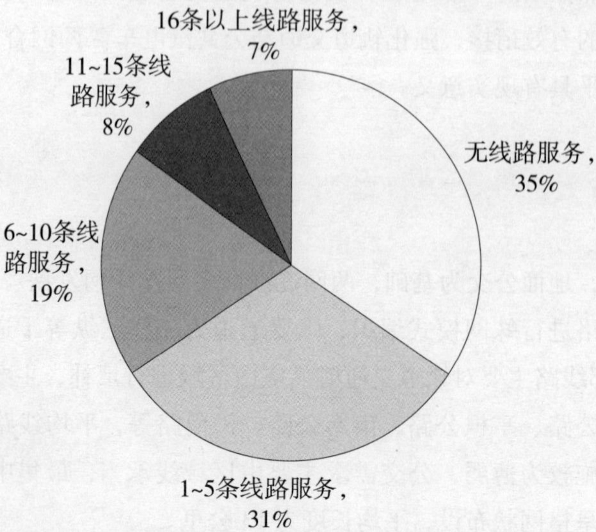

图 5-2-2　轨道站点 50 米半径范围内服务线路情况

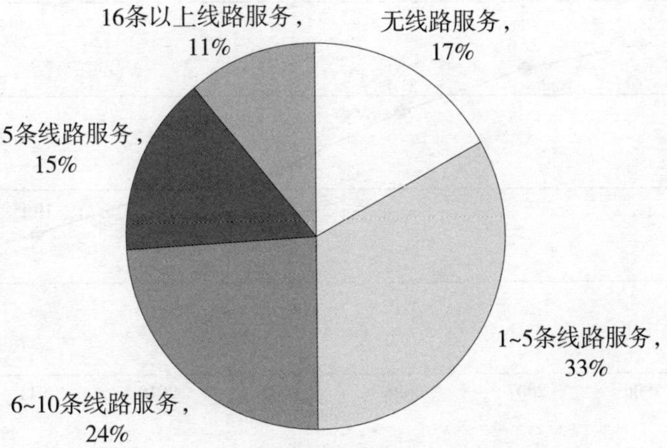

图 5-2-3 轨道站点 100 米半径范围内服务线路情况

轨道交通出站换乘公交平均耗时 9 分钟。

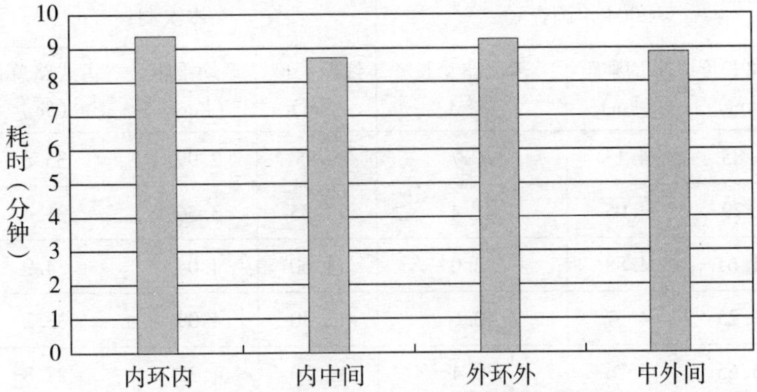

图 5-2-4 轨道交通出站换乘公交平均耗时

运营线路长度逐年递增，截至 2012 年达到 23190 公里。线路平均长度 18.4 公里，继续呈下降趋势，对轨道交通的喂给和接驳作用日趋明显。

随着近年来轨道交通网络的建设和完善及换乘优惠政策的实施，公交线路平均乘距逐渐减小。调查线路公交平均乘距 4.95 公里，约为轨道交通平均乘距的一半，而与 2004 年第三次公交客流调查抽样线路平均乘距 6.47 公里相比，减少了 23.4%，表明公交在城市交通承担的长距离出行作用逐渐削弱，配合轨道的短驳喂给作用却在逐渐增强，而长距离出行主要由轨道交通来承担。

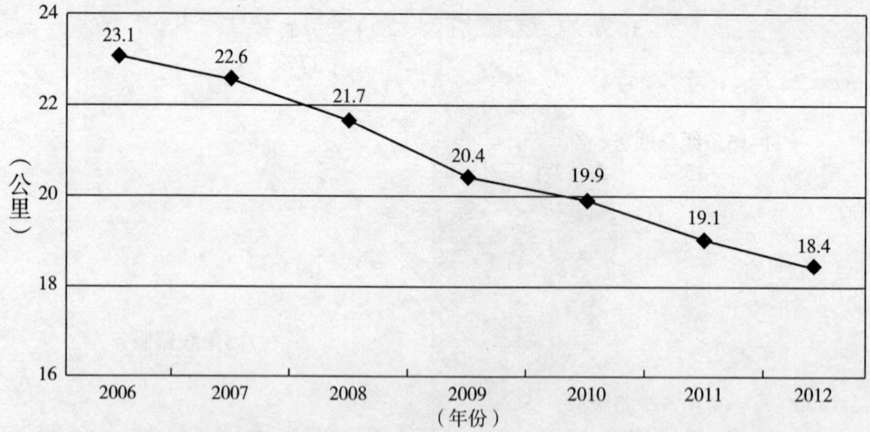

图 5－2－5　全市公共汽电车线路平均长度变化情况

表 5－2－1　　　　　　　　　抽样线路平均乘距与对比分析

线路名称	2004 年调查			本次调查			平均乘距同比减少（%）
	线路长度（km）	平均乘距（km）	占线路总长（%）	线路长度（km）	平均乘距（km）	占线路总长（%）	
26 路	8.85	4.13	46.7	8.85	2.99	33.8	27.6
18 路	9.79	4.05	41.4	11.35	3.56	31.4	12.1
63 路	11.61	4.88	42.0	11.60	4.04	34.9	17.2
13 路	11.25	4.57	40.6	12.30	4.09	33.2	10.5
66 路	15.65	4.76	30.4	15.30	4.25	27.8	10.7
71 路	12.15	5.81	47.8	12.30	4.37	35.5	24.8
43 路	14.13	5.21	36.9	14.13	4.55	32.2	12.7
37 路	10.70	5.15	48.1	10.65	4.57	42.9	11.3
44 路	15.15	5.11	33.7	18.40	4.66	25.3	8.8
909 路	19.04	5.97	31.4	20.20	5.32	26.3	10.9
大桥三线	13.74	7.55	55.0	13.70	5.45	39.8	27.8
46 路	12.65	7.38	58.3	12.65	5.61	44.4	24.0

2.2 客流的融合

1. 方式内换乘

轨道交通内部换乘客运量约270万乘次/日，其中，1号线、2号线、4号线、8号线换乘量较大，全日换乘客流超过30万乘次/日。轨道全线站点中人民广场、世纪大道等三线、四线换乘站客流换乘量大，换乘量超过30万乘次/日；两线换乘站中，静安寺、老西门、上海体育馆、南京东路等客流换乘量较大，超过10万乘次/日。

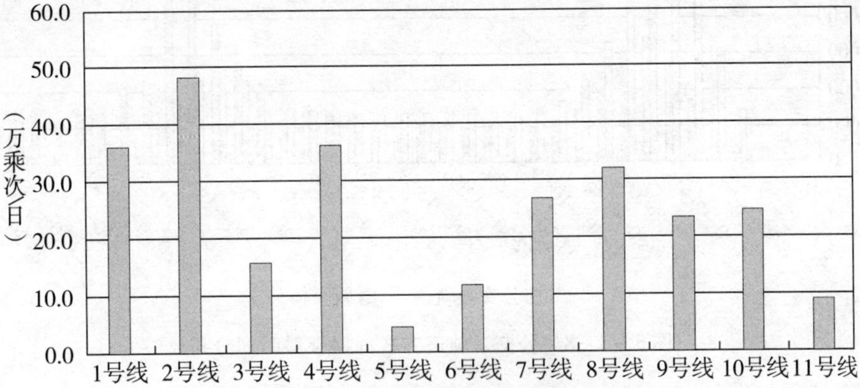

图5-2-6 轨道交通分线路全日换乘客流

公共汽电车内部换乘客运量约160万乘次/日，换乘早高峰集中于7:30—8:29，晚高峰集中于15:45—16:44。在9:00—9:59和17:00—17:59还呈现两个次高峰小时。

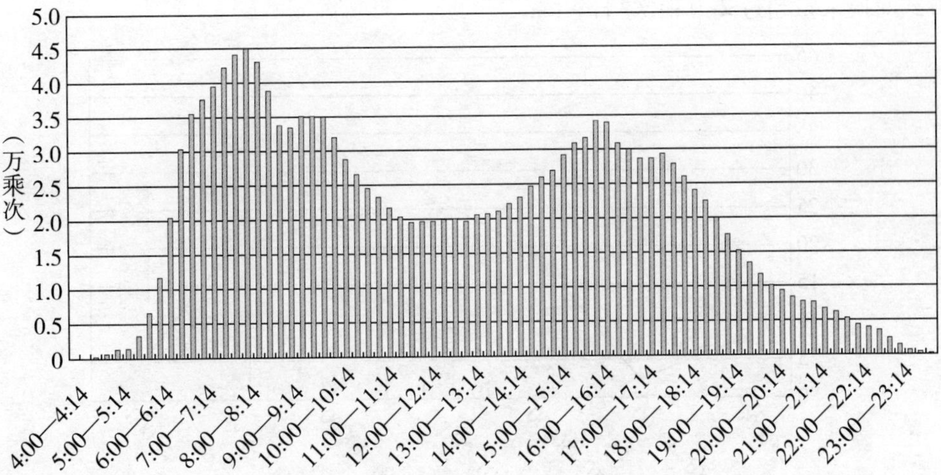

图5-2-7 公交内部换乘量时间分布

2. **方式间换乘**

轨道和公交方式间换乘量不断增大。全市公共汽电车和轨道交通方式间换乘量约 130 万乘次/日。从时间分布来看，早高峰期间公交换乘轨道数量较大，换乘高峰小时集中于 7:30—8:30，此时公交换乘轨道客流可达 15 万乘次/时；晚高峰时主要为轨道换乘公交的乘客，换乘高峰在 18:00—19:00，此时轨道换乘公交客流为 9 万 ~10 万乘次/时。

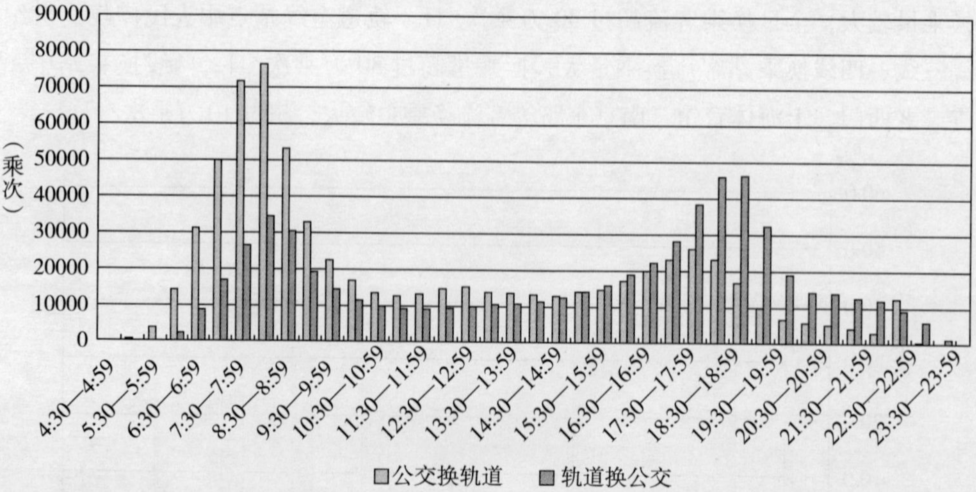

图 5－2－8　公交、轨道方式间换乘量时间分布

公交与轨道之间的换乘较为集中，在全市所有轨道站点中，有 36 个轨道站点与公交间日换乘量大于 1 万乘次，这 36 个站点换乘量占公交与轨道间换乘总量一半以上，其中 1 号线莲花路站、莘庄站、2 号线和 7 号线龙阳路站换乘量超过 3 万乘次/日，杨树浦路、中山公园、七宝、九亭、曹杨路、上海南站、陆家嘴等十余座站点公交、轨道方式间换乘量超过 2 万乘次/日。

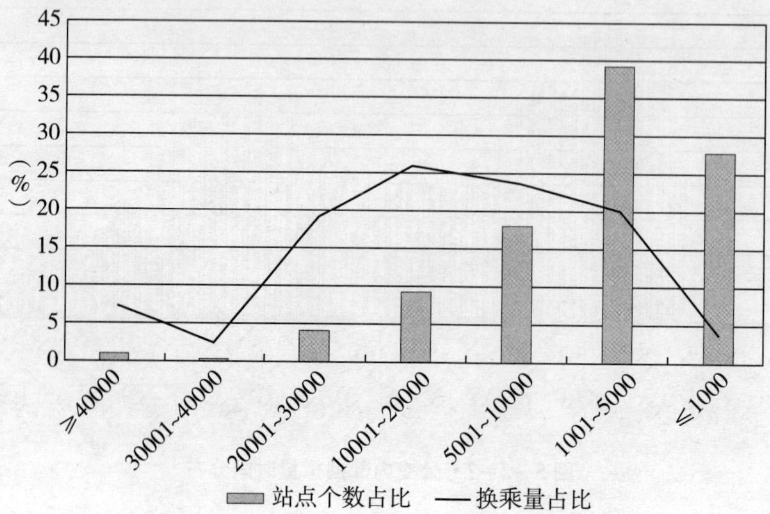

图 5－2－9　公交、轨道方式间换乘量区域分布

2.3 两网不是简单的“你进我退”

2000年以来，本市公共交通客运量继续保持良好的增长态势，截至2012年日均客运总量达到1701万乘次/日，同比增长2.0%，其中轨道交通为客运量主要增长极。轨道交通客运量保持快速增长，日均客运量622万乘次/日。在轨道客运量迅速增长的同时，公共汽电车客运量并未呈现明显的后退，客流保持相对平衡，十年来稳定在720万~780万乘次/日，波动幅度小于10%。2004—2007年，公交客流逐年小幅下降，2008年开始，优惠换乘补贴政策在市中心506条公交线路开始试点，2009年4月优惠补贴政策全面实施[30]，政策实施效果较为明显，当年客流趋势转为上升态势。截至2012年年底，日均客运量766万乘次/日，占全市公共交通客运量的45.0%。

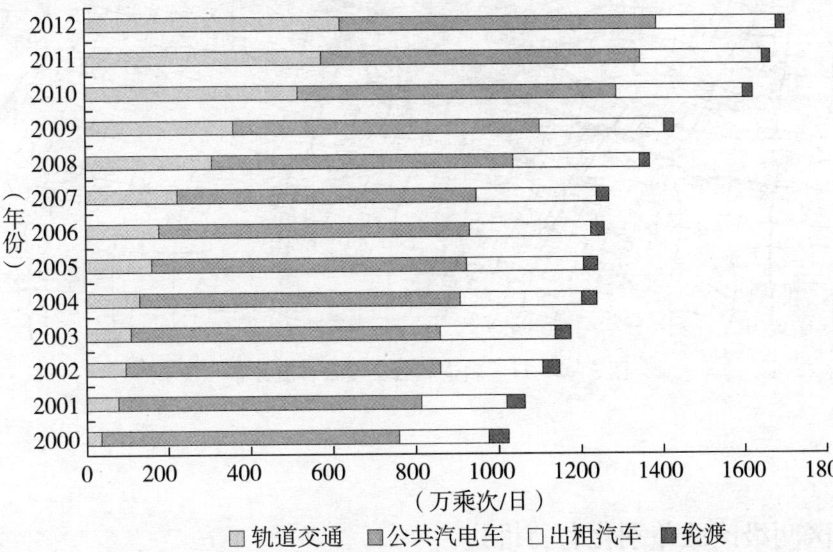

图5-2-10 上海市公共交通历年客运量变化情况

2.4 两网不是简单的“你主我次”

多层次公交服务需求进一步凸显[31]。近年来，结合轨道交通发展，公共汽电车主要调整和撤销线路为与轨道交通线路相平行线路，主要增加线路以区域线路及外围区接驳线路为主，公共汽电车短距离运输、接驳功能逐渐增强。原有公共汽电车线路调整方式针对性较强，主要考虑公共汽电车线路对轨道交通的接驳和延伸作用，多层次公交服务需求尚未完全得到满足。但是从客运通道看，中心城内与轨道交通平行或复线的主要客运通道上，公共汽电车客流依然较大，对主客运通道客流输送发挥补充作用。区县有轨道服务的主要客运通道上公交客流同样较高，公交客流高于市区平均水平。另外，近年来轨道交通客运量快速增长，轨道局部区域出现瓶颈，轨道交通 1 号线、2 号线、3 号线、5 号线、6 号线、8 号线共计 6 条线路 30 多个站点实行限流。因此也需要发展补充型、填补型和接驳型的多层次公交线路，以满足市民多样化的出行需求。

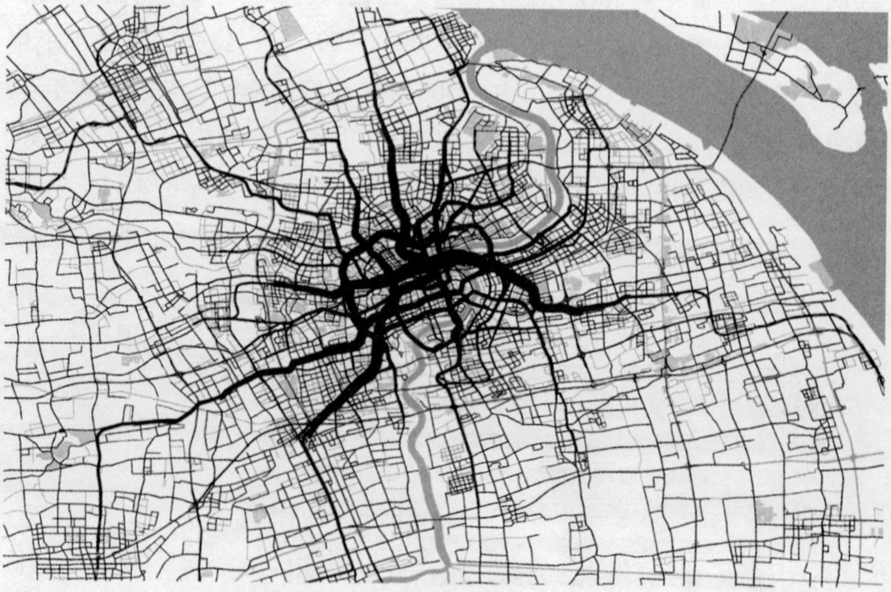

图 5－2－11　轨道和公交全日客流分布

2.5　市区两级区域差别化有待推进

轨道交通主要连接各区域主要办公区、商业区、住宅区等人口密集区域，在城市交通中发挥骨干线网作用，多为乘客市域内长距离交通方式的首选。轨道交通是客流增长最快的公共交通方式，但是在空间分布上极不均衡，90% 以上的轨道客流集中在外环线以内地区。调查显示，全日轨道交通客流有超过一半集中于内环内，达到 55.3%；其次为内中环间客流，占 28.3%；中外环间客流量最小，占比 6.4%。中心城乘客出行，轨道换乘需求较小。与轨道换乘率高的市区线路主要分布在内外环之间的轨道通道周边，表现为射线状轨道交通线路间切线上的补充。

远郊区县目前主要仍以单一轨道交通线路或无轨道配套模式为主，公交需求量较大，有必要根据公共交通线网布局及客流分布，考虑发展快速公交、有轨电车等其他

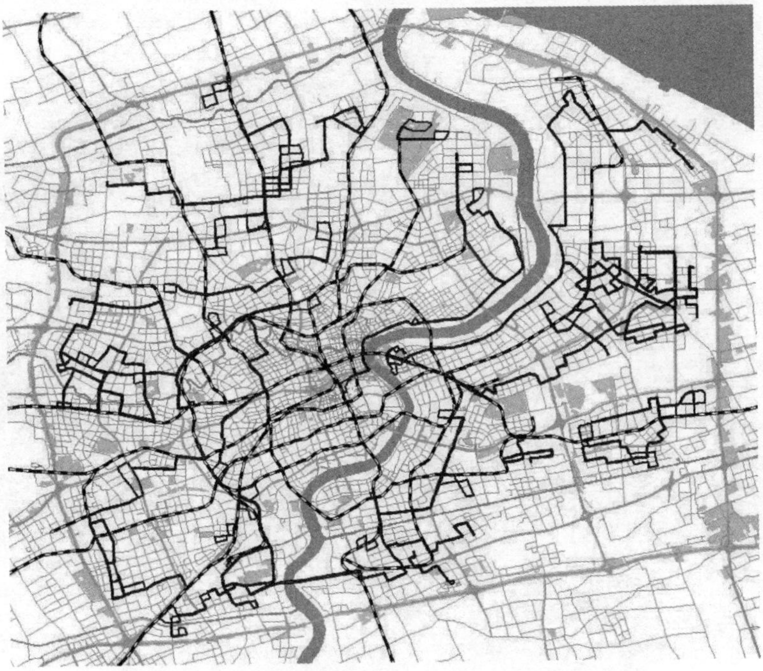

图 5-2-12　市区线路对轨道交通射线的切线补充

形式的中运量公共交通方式，以满足地区多样化的公共交通出行需求。区域公交客流快速发展，区域公交供应也相应增加，现阶段主要矛盾集中在各区县与中心城的联络通道上，已有单线轨道或者市通郊服务略显不足。对于已有轨道服务的区县，在其主要通道上如松江区的车亭公路、闵行区的沪闵路，公交客流仍高于市区平均水平。而对于无轨道服务的区县，在其主要通道上如青浦区沪青平公路、奉贤区南奉公路，公交客流也高于市区平均水平。在所有能够和轨道换乘的公交线路中，市区线路换乘率最低，郊区线路和郊通郊线路和轨道换乘需求较大。与轨道换乘率高的郊区线路喂给和延伸特征明显，线路走向从轨道往外辐射至轨道未覆盖区域。

2.6　两网融合总体水平仍有待提升

区域上，客流分布极不均衡，90% 以上的轨道客流集中在外环线以内地区；线路上，射线状向心特征明显，两网客运交换量均是逐环往中心城递增；断面上，早高峰断面不平衡特征明显，最高断面一般出现于换乘站附近；站点上，40% 的轨道换乘量集中在人民大道、世纪大道、南京东路、静安寺和上海体育馆 5 个轨道站点；15% 的轨道公交换乘量集中在莲花路、莘庄、龙阳路、杨树浦路和中山公园 5 个轨道站点。轨道出口 100 米可换乘公交的站点占 83%，公交换乘轨道硬件设施条件良好，但所有

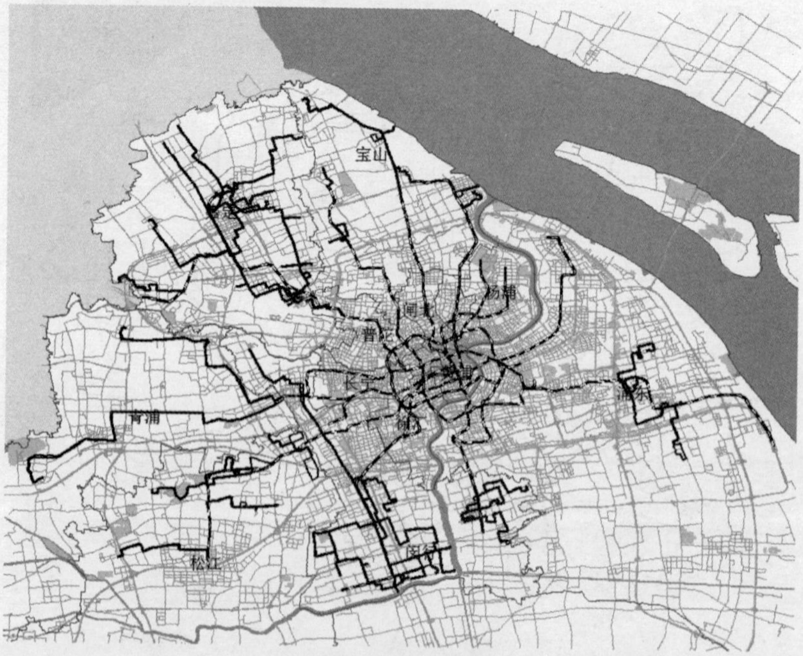

图 5-2-13　郊区线路对轨道交通的延伸和喂给

公交线路乘客中不换乘的占 71%，需要和其他公交线路换乘的占 21%，公交内出行占绝大多数。和轨道换乘的占 7.6%，从总量上看，公交和轨道换乘量占比不高。受网络客流布局和不均衡限制，两网设施条件整体运营效率不高，亟待进一步结合公共交通网络规划，发挥两网整体效益。

3 公交站点布局研究

随着重大市政交通工程的建设，上海市交通模式发生了转变，建设布局合理、结构完善的公交站点布局体系，是建设网络化、功能型立体交通的必要条件，是实现公交优先的重要保证，也是用地规划控制的依据。

截至 2012 年年底，各类枢纽已建成 75 个，以 B 类枢纽（以市内公共交通设施为主体）为主，占 64%；其次为 C 类枢纽（以轨道交通和机动车换乘为主体）、D 类枢纽（以单纯常规公交换乘点为主体）和 A 类枢纽（以大型对外交通设施为主体），分别占23%、8%和5%。

截至2012年全市基本形成以“枢纽站、首末站、中途站”为主体结构的公交站点体系，两网合一和城乡融合取得进展。全市公交站点19800个左右，公交站点密度达到3.1个/km^2，内环内公交站点500米覆盖率100%。公共汽电车运营线路1257条，全市公交线网密度1.20km/km^2，其中，内环以内线路资源较为集中，线网密度达到4.49km/km^2。2012年累计调整公交线路262条（次），其中新辟线路81条、调整155条，撤销线路26条，各种交通方式之间衔接进一步改善。

3.1 研究意义

随着高速铁路、快速路网、综合交通枢纽、轨道交通、越江工程等重大市政交通工程的建设，上海市交通模式的转变，以及交通需求的不断增长，交通格局发生了较大的改变。公交站点，包括枢纽站、首末站和中途站，是构成客运系统的重要设施，是公共交通客流集散、中转、换乘的主要场所，承担着衔接各种交通方式、保证人们日常出行时高效集散、中转换乘等重要功能[32]。不同区位条件、不同类型的公交站点辐射能力及提供的出行服务不尽相同。随着公交站点建设的不断推进，运行状况备受关注[33]。具体表现在以下几个方面：

①建设布局合理、结构完善的公交站点布局体系，是实现各种交通方式高效转换，发挥城市交通整体运行效率，使其走向公交优先和多式整体协调的关键环节；

②建立公交站点布局体系，是建设网络化、功能性立体交通的必要条件，目前上海市人口分布、轨道交通走向已基本确定，从而为公交站点的统筹规划和建设提供良好的基础；

③目前，上海市城市建设正处于快速发展阶段，可开发的土地资源日益减少，公交站点的用地控制问题日益迫切，通过对公交站点的用地规划的控制，使交通站点换乘和周边土地开发得到统一的规划、控制和管理，实现站点功能与土地规划开发、环境效益的和谐统一。

3.2 站点分类[34][35]

1. 市级枢纽

市级枢纽是指纳入上海市145个综合客运交通枢纽的公交站点，是不同交通方式或相同交通方式不同线路进行换乘的交通场所，详见图5-3-1。根据枢纽承担的规模和功能的不同，分为A类、B类、C类和D类。

①A 类枢纽：以航空、铁路等大型对外交通设施为主，配套设置轨道交通车站、公交站点、社会停车场、出租车营运站等市内交通设施，共同形成的大型市内外综合客运交通枢纽。

②B 类枢纽：以轨道交通车站为主，结合公交站点、出租车营运站、社会停车场和长途客运站等其他交通设施，共同形成的大中型综合客运交通枢纽。

根据不同的客流规模，B 类枢纽主要分为两类：B1 类枢纽：是以三线及三线以上轨道交通换乘站为主体的大型枢纽。B2 类枢纽：是以一线或二线轨道交通站点为主体的中型枢纽。

③C 类枢纽：以轨道交通、公交和机动车换乘为主体的 P + R 换乘枢纽，提供优惠的停车收费标准和便捷的换乘条件，起到适当截流进城机动车、引导换乘公交的作用。

④D 类枢纽：以多条公交换乘站点为主体的小型枢纽。通常是距离轨道交通站点较远的、多条公交线首末站集中布局而形成的枢纽。

2. 与轨道交通衔接的公交站点

与轨道交通衔接的公交站点是指除了市级枢纽外，与轨道交通相衔接的公交站点。这些站点包括公交枢纽站、首末站和中途站。

3. 一般公交枢纽

一般公交枢纽是指不与轨道交通衔接，服务多条地面公交线路的公交站点。它是对应于比较单一的交通方式的客流集散中心，集中公交线路交会，为区域性客流集中换乘的地方。

4. 一般首末站

一般首末站是指不列入市级综合交通枢纽，并且不与轨道交通相衔接的一般首末站。

5. 一般中途站

一般中途站是指仅具有公交车辆停靠和乘客上下车功能的公交中途站点。

3.3 现状评估

1. 市级枢纽

总体上综合客运交通枢纽换乘作用明显，公交配套较为齐全，公共交通出行比重较高，到达枢纽便捷，步行换乘时间较短。为全面把握枢纽乘客换乘特征，对综合客运交通枢纽进行了专题抽样调查。调查共涉及 8 个综合客运枢纽（详见图 5 – 3 – 2），覆盖各类公共交通方式，包括市内交通和对外交通。区位上，除上海火车站枢纽，调查枢纽环绕城市外围区域分布。调查共回收有效问卷 18000 份。

<table>
<tr><td></td><td colspan="3">对外交通</td><td colspan="3">市内公共交通</td><td colspan="2">个体交通</td></tr>
<tr><td></td><td>航空</td><td>铁路</td><td>长途客运</td><td>轨道交通</td><td>常规公交</td><td>出租车</td><td>小汽车</td><td>慢行交通</td></tr>
<tr><td>航空</td><td>场内换乘</td><td colspan="6">A</td><td>极少量</td></tr>
<tr><td>铁路</td><td rowspan="6">A</td><td>站内换乘</td><td colspan="6">A</td></tr>
<tr><td>长途客运</td><td rowspan="6">A</td><td>站内换乘</td><td colspan="5">A</td></tr>
<tr><td>轨道交通</td><td rowspan="5">A</td><td>B</td><td>B
枢纽站
首末站
中途站</td><td>B</td><td>C</td><td>B</td></tr>
<tr><td>常规公交</td><td>B 枢纽站 首末站 中途站</td><td>枢纽站
首末站
中途站</td><td>B</td><td>C</td><td>首末站
中途站</td></tr>
<tr><td>出租车</td><td>B</td><td>B</td><td colspan="3"></td></tr>
<tr><td>小汽车</td><td>C</td><td>C</td><td colspan="3"></td></tr>
<tr><td>慢行交通</td><td>极少量</td><td>B</td><td>首末站 中途站</td><td colspan="3"></td></tr>
</table>

图 5-3-1　上海市公交站点分类

图 5-3-2　调查综合客运交通枢纽的分布情况

枢纽主要承担的是通勤出行。按出行目的划分，上班占52%，上学占11%，购物占6%，业务占8%，文化娱乐占6%，探亲访友占5%，旅游占2%，其他目的占10%。上海火车站枢纽和共和新路枢纽较多的服务了其他出行目的的乘客。沪太路枢纽基本上只有通勤乘客使用。枢纽乘客的出行方向主要是枢纽所在区的区内出行，或者出行的一端在区内。

表5－3－1　　枢纽乘客的主要出行方向

枢纽名称	区位	公共汽电车主要出行方向		
		1	2	3
上海火车站	闸北区	徐汇	闸北区内	虹口
漕溪路	徐汇区	徐汇区内	闵行	徐普陀
张江高科	浦东新区	浦东区内	闵行	黄浦
巨峰路	浦东新区	浦东区内	崇明	徐汇
淞虹路	长宁区	普陀	长宁区内	静安
共和新路	闸北区	崇明	闸北区内	徐汇
中环沪太路	宝山区	宝山区内	黄浦	徐汇
卢浦大桥	黄浦区	黄浦区内	徐汇	虹口

巨峰路、张江高科和卢浦大桥枢纽乘客的出行方向主要集中在枢纽所在区内。上海火车站、漕溪路、淞虹路和共和新路的区内出行比重相对较低，详见图5－3－3。

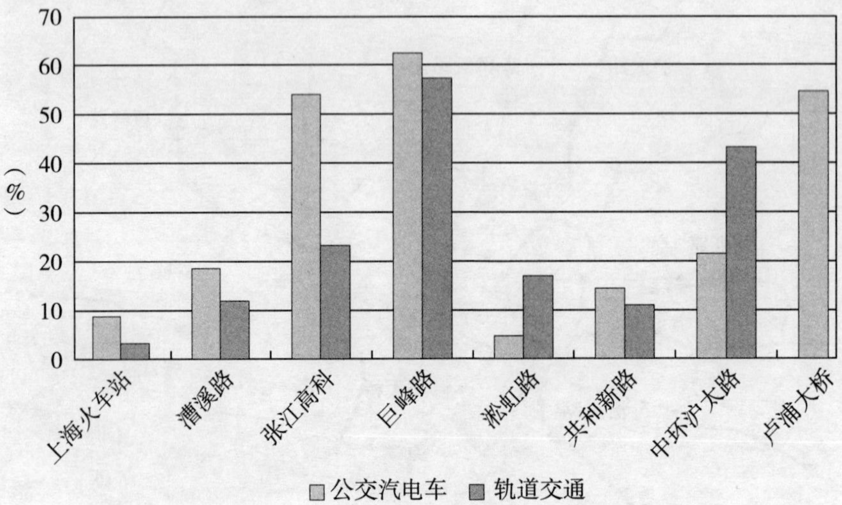

图5－3－3　枢纽乘客区内出行比重

总体上综合客运交通枢纽集散作用显著，公交客运量水平参差不齐，详见图 5－3－4。

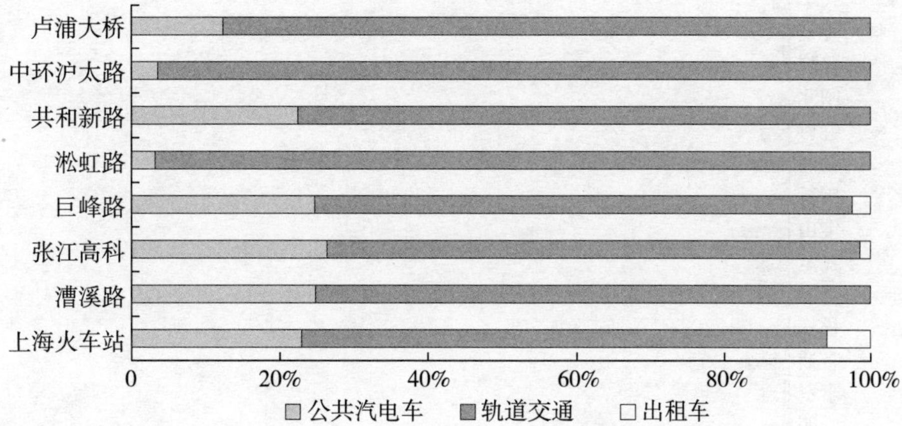

图 5－3－4　枢纽公共交通客运量占比

所有受访者中有 18% 的乘客把枢纽作为出行和起点或终点，其余 82% 的乘客选择在枢纽换乘。上海火车站枢纽发挥了很好的换乘节点作用。卢浦大桥枢纽位置离客运走廊偏远，枢纽换乘节点作用相对薄弱。71% 仅乘坐 1 次公共交通便可到达枢纽，体现了枢纽选址和配套公交很高的便捷性。枢纽公共交通出平均等车时间约 6. 4 分钟，平均步行时间约 9. 1 分钟。

2. 与轨道交通衔接的公交站点

截至 2012 年年底，上海已经建成通车 13 条轨道交通线路（含磁浮线，不含金山支线），建成运营车站 289 座，较 2011 年新增 9 座站点。全市轨道交通换乘站枢纽格局已经基本形成，按同名车站不重复统计，轨道交通换乘站共计 37 个，其中四线换乘站 1 个、三线换乘站 9 个、二线换乘站 27 个，轨道交通换乘便捷性和可达性大幅提高。轨道周边公交服务得到加强，两网融合效应初步显现。据统计，全市 66% 的轨道站点周边 50 米半径范围有公交线路服务，83% 的轨道站点周边 100 米半径范围内有公交线路服务。全市公共汽电车和轨道交通方式间换乘量约 130 万乘次/日。

3. 一般公交枢纽、首末站和中途站

截至 2012 年年底，全市公交枢纽站（始发线路 3 条及以上）200 余个，首末站（始发线路 1 ~ 2 条）1000 余个，中途站 18500 余个。外环内和外环外的站点数量分别占到总量的 31. 0% 和 69. 0%。

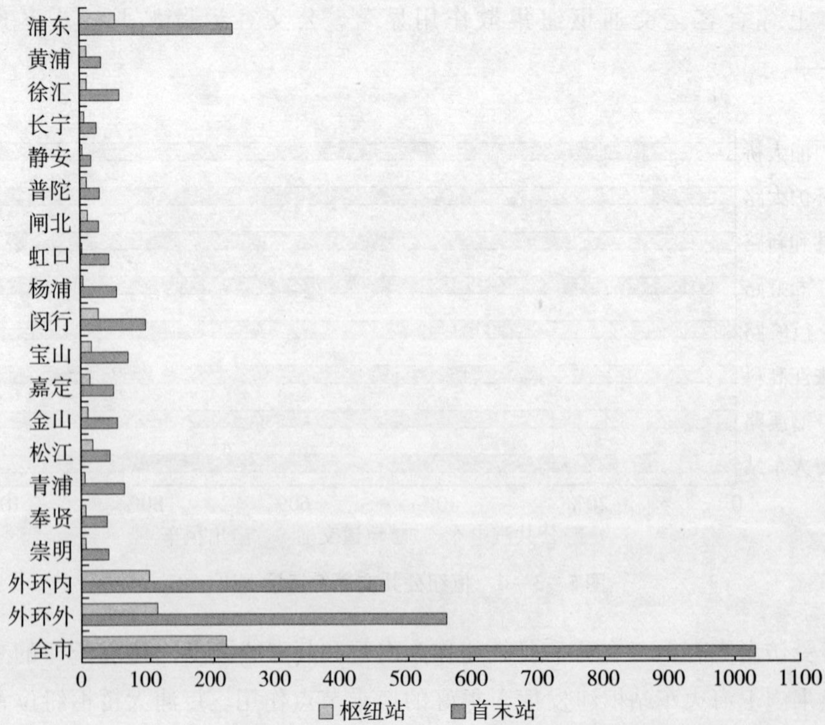

图 5－3－5　公交枢纽站和首末站分布

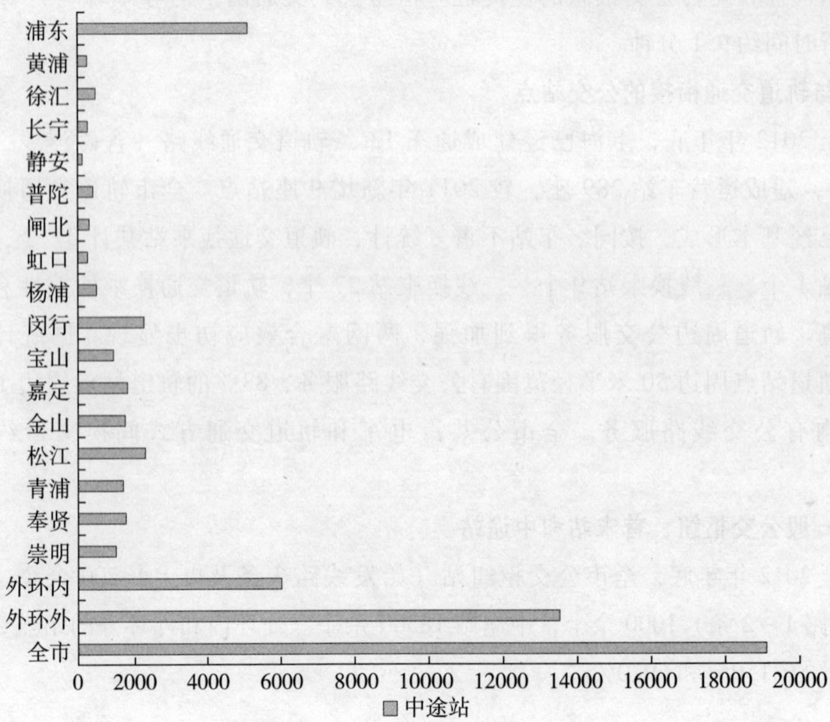

图 5－3－6　公交中途站分布

3.4 站点规模

总体上，枢纽站、首末站和中途站停靠线路的规模沿中心城往外呈下降趋势。停靠单线路的站点比重往远郊方向逐步增加，其他停靠多线路的站点比重整体下降。

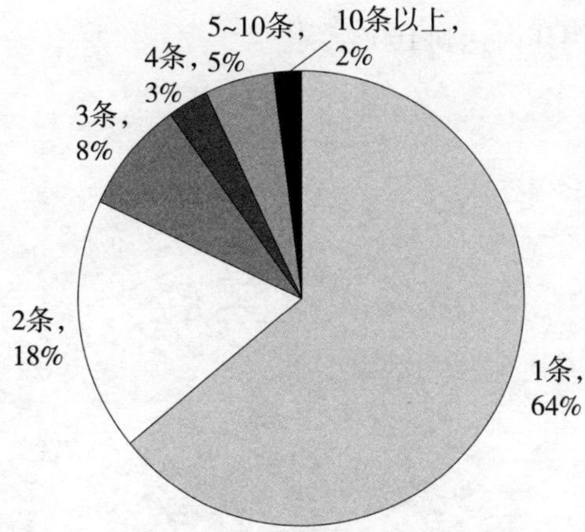

图5-3-7 公交枢纽站、首末站停靠线路规模

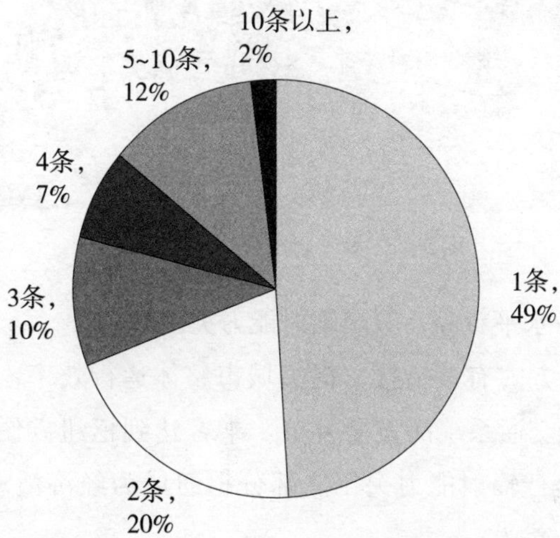

图5-3-8 公交中途站停靠线路规模

3.5 相关建议

1. 小结

(1) 总体服务供应快速增长，服务水平大幅提升

截至2012年年底，全市公交站点共计近19800个。全市公交站点300米半径的服务覆盖率可以达到32%，其中，内环内达到95%；全市公交站点500米半径的服务覆盖率达到55%，其中，内环内达到100%。

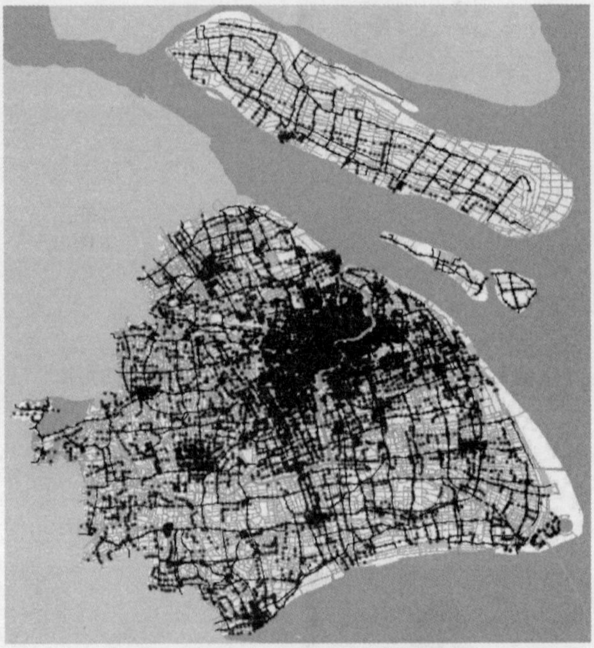

图5-3-9 全市公交站点分布

(2) 枢纽综合服务水平较高，集聚辐射能力突出

枢纽实现各种交通方式有效衔接，提高城市整体运行效率，充分发挥大运量客运系统的性能，是一体化交通系统的重要环节。乘客达到枢纽方便、换乘便捷、且使用频率高，对周边区域出行辐射能力突出。部分枢纽成为经济活动的集聚区，对产业、服务业的发展具有重要意义。

(3) 区域间客运交换量和配置站点数量总体相符

区域之间的客运交换量和所配置的公交线路站点数量总体相符。线路站点数量、布局与出行需求、方向进一步匹配。

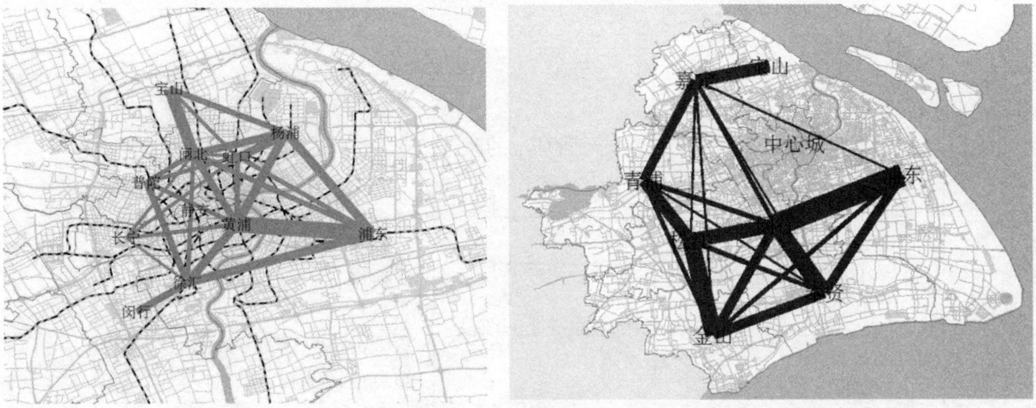

图 5－3－10　区域公交线路供应

（4）站点换乘作用明显，客流水平逐步提升

81%的乘客把枢纽作为换乘点，枢纽换乘作用显现。71%的乘客 1 次乘车可达枢纽，枢纽选址合理。枢纽的公交客运量和配置线路站点数与枢纽规模总体相符，公共交通客流逐步提升。全市公共汽电车和轨道交通方式间换乘量达 130 万乘次/日，公交内部换乘量达 200 万乘次/日。

2. 建议

上海市公交站点总体布局较好，建议进一步根据轨道交通基本网络、枢纽、公交专用道建设和郊区城市化进程，结合公交线网布局优化调整的有序推进，形成功能清晰、布局合理、分工明确、紧密衔接的新型公交站点体系。对不同地区、性质和规模的站点，在功能定位、设施配置、集约用地、交通组织、开发强度等方面予以分类指导。以交通枢纽站为骨干，保障长距离、大容量客运服务；以一般首末站为主节点，进一步锚固客运走廊；以过境站为基础，实现公交深层次全覆盖。通过基础设施的建设改善公交运营环境，通过交通站点布局优化改变出行者的行为。

建议下一步在以下几个关键方面加深研究：

①综合交通层面，与上海市交通发展规划相一致，确立与城市总体规划、城市客运交通枢纽规划、轨道建设计划和上海市总体规划配套、协调发展的交通发展战略。以上海市交通模式的转变为基础，为建设网络化、功能性立体交通体系提供技术支撑。

②公共交通层面，以轨道交通网络布局为依据，以出租汽车、轮渡为补充，按照公交站点承担的交通功能不同，建立分层次、分区域的站点布局。

③两网层面，注重公交站点与轨道交通的良好衔接，为超前做好公交站点规划，及早控制其用地提供依据。

④公交内部层面，对公交站点的规模进行定量的预测，并对其发展趋势、用地的

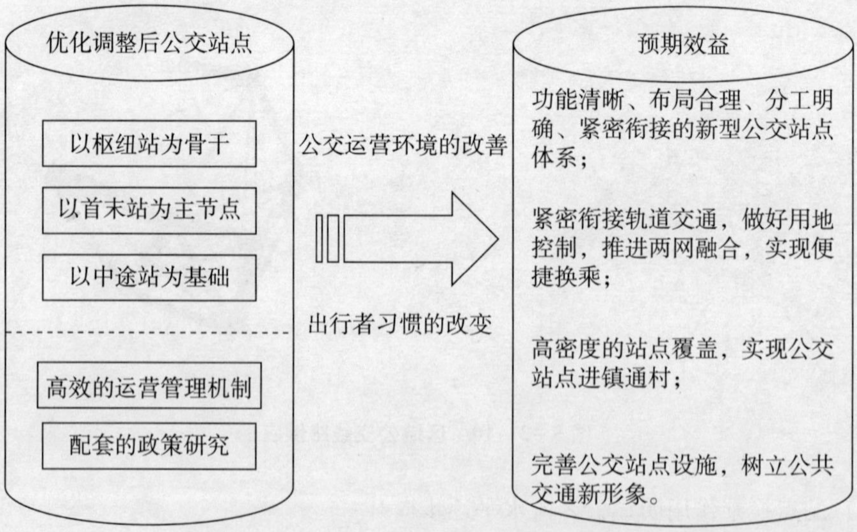

图 5－3－11　全市公交站点布局优化预期效益

布局进行定性的分析，保证站点的规划合理可信。分析公交站点设施现状，为未来首末站调整，改变公交线路占路停靠，为城市交通排堵保畅提供支撑。

⑤用地保障层面，基于上海市功能布局、土地利用规划、道路系统规划、公共交通线网规划，并结合地区其他交通设施的规划布局，科学规划，构建布局合理、选址得当、规模适中、形式恰当的公交站点网络，做好用地控制。

4　大型居住社区公共交通配套研究

大型居住社区是上海市未来几年人口导入的重要区域，同时也是“十二五”期间公共交通配套需要重点建设和完善的地区，公共交通是大型居住社区居民出行的最为重要的交通方式之一。大型居住社区公共交通配套的完善，不仅是支撑上海郊区新城发展、保障居民出行的重要举措，同时也是响应国家“公交优先”战略、支撑上海公共交通“十二五”发展、实现“5050”目标最有力的行动。因此，对大型居住社区公共交通配套运营情况进行研究具有现实意义。在此背景下，本文对上海市大型居住社区的选址布局特征、交通供应特征、居民出行特征、交通客流特征等进行了阐述，对存在的问题进行了分析，并在此基础上提出了发展建议。

4.1 发展概况[36][37]

居住社区是上海推动经济发展、改善住房民生、不断健全住房保障体系的重要举措。上海市大型居住社区主要包括2003—2005 年规划建设的浦东曹路基地、宝山罗店基地、南汇周浦基地、闵行浦江基地等14 个原市属商品房基地，2009 年年初规划建设的宝山顾村、嘉定江桥、松江泗泾、浦东周康航等 8 个第一批大型居住社区，以及2009 年下半年规划建设的嘉定城北、青浦华新拓展等23 个第二批大型居住社区。

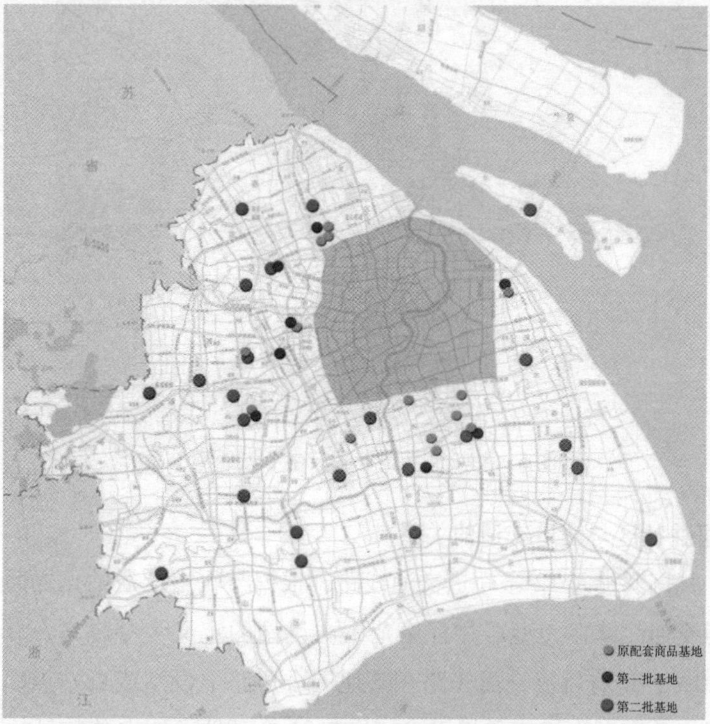

图 5 –4 –1　上海市大型居住社区分布

4.2 选址布局特征

从郊区上海市大型居住社区的选址布局和空间分布来看，现状呈现距离远、规模大、分布散等特征。

1. **郊区大型居住社区与市中心距离分析**

近郊区范围（外环线 ~25 公里，面积约 1600km^2）内有 25 个大型社区，规划可容纳人口约 178 万，约占总容纳人口的 52%。远郊区范围（25 ~ 55 公里，面积约

4100km²）内有 15 个大型社区，规划可容纳人口约 166 万，约占总容纳人口的 48%。这些大型社区选址离市中心（以人民广场为中心）的直线距离约在 12～55 公里，平均约为 25.6 公里。

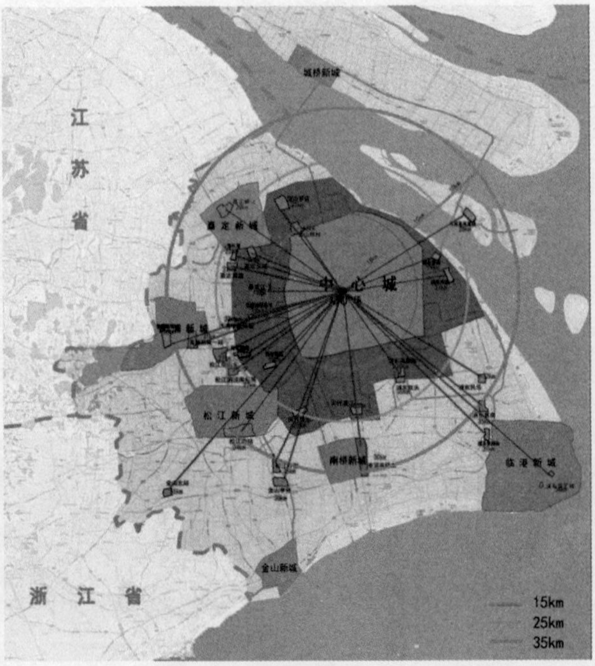

图 5－4－2　大型社区与中心城距离关系

2. **大型居住社区与轨道交通的关系**

大型居住社区共涉及 12 条轨道交通线路，根据与轨道交通站点之间的关系进行分类：将有轨道交通线路在大型居住社区范围内设站的定义为穿越式，有 8 个基地，约占总数量的 20%；将有轨道交通线路在基地围合道路上设站或者站点距离大型社区边界在 600 米以内的定义为相邻和相切式，共有 21 个基地，约占总数量的 53%；将除此之外的基地，即外围边界距离最近轨道交通站点距离超过 600 米以上的，归为远离类，有 11 个基地，约占总数量的 27%。

4.3　公共交通供应

配套公交线路达到或超过行业规范规定的低限（每 5000 人配套一条过境线，每 2 万人配套一条首末线），入住 2 万人以上的社区，公交线路都达到 3 条以上。现状实施的公交政策主要有增设公交线路、加密高峰班次，始发公交统一票价为 2 元、降低出行成本，延长运营时间、连接轨道交通、“最后一公里”。

大型居住社区居民以中心城动迁户居多，出行特征与中心城居民具有明显差异。研究居民的人群属性和出行特征成为提高其交通出行品质、改善生活质量的重要前提。为把握大型居住社区居民的出行特征，选取了嘉定江桥、松江泗泾、宝山顾村、浦东周康航、闵行君莲、浦江以及浦东曹路等比较成熟的大型居住社区进行重点调查。调查基地中，顾村、泗泾等5个基地周边有轨道交通服务，康桥、曹路基地规划轨道交通未通车。7个基地共配置公交线路46条。现状基地均有连接轨道交通站点、方便换乘轨道的公交线路。基地居民步行至站点的平均时耗为10分钟左右。

4.4 居民出行特征

1. 居民出行率较低

大型居住社区居民日出行次数偏低。调查样本中动迁户较多，与原居住在中心城相比，小区周边生活配套设施较不完善，生活习惯的改变影响了居民的出行强度，泗泾、康桥、江桥、顾村四个基地居民日均出行次数约1.9人次/日，低于中心城及全市的居民日出行次数。

2. 出行目的以通勤为主

大型居住社区居民的日常出行以上班、上学等通勤交通为主，占调查总出行次数的70%左右，购物、娱乐、看病就医等是居民非通勤交通的重要组成。

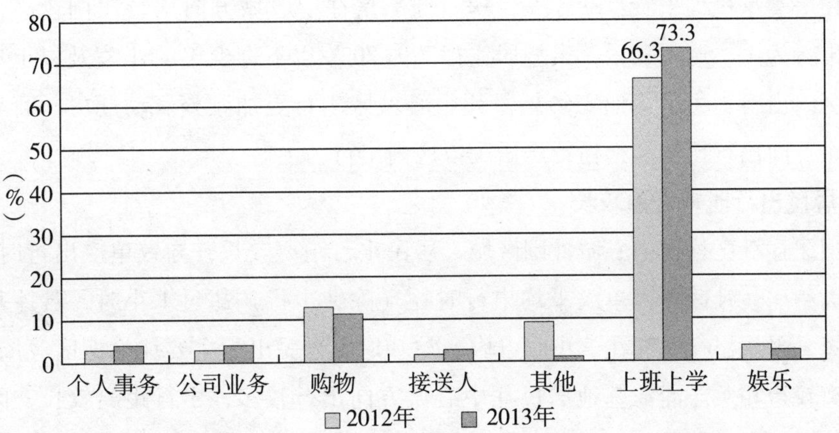

图5-4-3 居民出行目的调查

3. 公共交通出行为主

在居民使用机动车出行中，乘坐公共汽电车与轨道交通出行的占大多数，周边有轨道交通服务且距离较近或换乘方便的社区，居民选择乘坐轨道交通出行比重较高，如泗泾基地、君莲基地和浦江基地，轨道交通出行比重分别达到55%、71%和48%。

暂无轨道交通服务的社区，居民主要依靠公共汽电车出行，如康桥基地、曹路基地，公共汽电车出行比重分别达到66%、41%。从大型居住社区居民出行交通链看，居民机动车出行的交通方式以单一方式为主。调查显示，采用单一方式出行的占80%左右，混合方式的占20%左右。在混合方式中，“轨道+公交”是居民出行中采用的主要交通组合方式，占比接近80%。其中顾村新址2号基地比例较高，达到83%，社区周边开通的社区巴士线路等轨道交通接驳线，极大的方便了小区居民至轨道交通站点的最后一公里出行。

4. **公共汽电车平均乘距较长**

大型居住社区始发线路的乘客平均乘距高于市区线路的平均乘距。大型居住社区居民乘坐公共汽电车出行平均乘距普遍较长，除君莲基地外，其他调查基地始发线路的平均乘距均高于市区线路的平均水平。浦江基地连接基地与东方体育中心的南北向市通郊线路174路平均乘距最长，达到10公里左右。

4.5 存在的问题

1. **居民出行方向以中心城、本区内出行为主**

往中心城、本区内方向出行量较大，往周边区县出行量有限。从年龄结构上看，21~60岁人群往中心城区出行较频繁。20岁以下、61岁及以上人群以本区内出行为主。从住房类型机构来看，动迁安置房、商品房往中心城方向出行比例较高，租赁房以区内出行为主。调查显示，大型居住社区内20岁以下青少年、61岁及以上离退休老人以本区内出行为主，其他年龄层段往中心城区出行更加频繁。动迁房、商品房居民往中心城方向出行比例高，租赁房居民以区内出行为主。

2. **居民出行时耗普遍较长**

大型居住社区均在中心城外围区域，居民出行距离较长，导致单次出行时耗较长。调查的大型居住社区居民单次平均出行时耗（除纯步行）超过1小时，君莲基地出行时间最短，平均出行时耗在1小时以内，与基地内居民出行主要往徐汇区等周边区县、出行距离较短相关。浦江基地居民往中心城方向出行较多，出行距离较长，因此出行时间最长，单次平均出行时耗近一个半小时。

3. **居民平均出行费用较高**

调查基地居民平均出行费用约5.5元/次。其中使用公共交通（除出租汽车）出行平均费用约3.9元/次。浦江基地居民平均出行距离较长，出行成本较高。曹路、浦江基地分别有20.2%、9.4%的居民选择使用出租汽车出行，同时也有9.6%、4.3%的居民选择使用黑车出行。君莲基地由于离轨道交通站点较近，主要采用轨道、公交出行，采用出租、小汽车等其他出行方式的居民较少。从出行成本上看，乘坐出租汽车出行平均成本 44 元。

4.6 相关建议

1. 小结

回顾并总结几年来全市大型居住社区公共交通配套项目建设和推进过程中存在的一些难点，总结下来，主要是在规划、建设和运营[36]三个方面：

（1）规划方面[38]

一是空间结构有待重组，土地和交通融合不足。在大城市城市化进程中，由于人口和产业不断膨胀，向郊区拓展是不可避免的趋势，城市建设用地呈现出由中心城向外扩张的趋势。大型居住社区作为城市空间结构中的重要单元，不可避免的伴随城市空间扩张进行重新组合。大型居住社区的规划建设一定程度上缓解了住房问题，实现了中心区人口的疏散。但是同时大型居住社区面临阶段性发展问题，人口的阶段性集聚，设施阶段性需求特征变化明显。如何通过公共交通网络建设逐步引导城市人口和产业有序迁出和重新整合是亟待解决题之一。而实践中容易出现的问题之一就是在一定时期内由于产业的聚集效应和建设时序不当而引起大片土地开发形式单一。居民的工作、休闲娱乐、就医和教育等其他方面需求都要离开居住地，到城市中心区才能得以满足。这就加剧了居民出行的时段性和方向性，从而造成高峰时段的交通拥堵和日常时间的资源浪费。

二是区域差异性重视不足，对外联系有待加强。总体上大型居住社区公交配套设施较为完善，居民大多选择使用公共交通方式出行，居民乘坐公交较为便捷。但由于大型居住社区选址于外环线以外区域，而居民又以动迁户居多，居民往往感到交通出行没有中心城方便。根据调查显示，约有 50% 的居民表示搬迁至基地后，在出行方向上基本无显著变化，能够便捷连通周边轨道交通站点、中心城区、区域内主要商业区、工业区的诉求较为强烈。由于大型居住社区在人口、规模以及与中心城的空间距离上差异性较大，在制定政策时应该对不同的大型居住社区体现差异性，而目前的政策相对统一，未能体现差异性。

三是对既有公共交通资源的利用和整合不足，多模式公共交通服务有待建立。部分基地虽然有轨道交通服务，但是运能饱和或超负荷运营的现状要求大型居住社区寻找新的突破点。现有政策已经有一系列的公交补贴政策，例如统一票价、对新辟和冷僻公交线路进行补贴等，但公交的运营模式相对单一，缺乏快线和大站快车以及其他公交方式（有轨电车、BRT）的应用。部分大型居住社区周边有市郊铁路和城际铁路通过，但由于其运营模式与城市交通有所差距，并未直接服务于城市交通，缺乏有效衔接。

四是原有部分基地在编制控制性详细规划时对公交配套不重视，公交设施未能预留，或缺乏对专业配套需求的深入分析，在基地交付使用后才发现问题，但是由于控详已批复且内部建设基本完成，没有合适的地方考虑公交设施的建设，产生的必然结果是基地内部无公交始发线路进入（如松江泗泾基地），仅能依靠过境线路服务，居民反映较为强烈。

（2）建设方面

一是部分基地（特别是第二批大型居住社区）配套的公交枢纽为综合开发项目，按照现行的政策，综合开发枢纽的土地取得需走公开“招拍挂”程序，由于建设主体一时无法确定，配套枢纽建设存在诸多不确定性因素，各区普遍反映综合开发类枢纽近期难以启动建设，导致公交设施建设滞后，不能与居民入住同步配套，给居民的公交出行带来不便。

二是对于部分在建的基地为解决综合开发枢纽建设进度与基地居民入住计划不匹配的矛盾，部分区县提出建设临时枢纽过渡的建议，但临时枢纽在项目立项和资金渠道上存在一定障碍，项目建设推进难度较大。

三是对于大型居住社区配套的交通枢纽建设过程中同样受到外围其他条件的制约，导致项目前期推进缓慢或无法开展研究工作，比如轨道交通 17 号线建设计划直接影响沿线枢纽建设，部分大型居住社区在控详中考虑结合 BRT、新型捷运系统等设置的综合开发交通枢纽，但对于这些项目能否实施或何时实施都仍是未知数，枢纽建设中如何考虑远景预留的功能，这些都给基地配套公交设施的推进带来很多障碍。

四是很多区县反映公交设施项目从立项到开工建设审批周期太长，导致后期工程建设时间较为紧张。

（3）运营方面

一是现状部分入住基地公交设施虽已经建成，却一直无人接管，导致公交设施的管理和维护无法正常进行。

二是部分公交首末站在建设过程中与交通管理部门缺少沟通和衔接，设施建成后不满足公交运营管理需求，给移交接管和线路开设带来困难。

三是通过了解，在部分基地内虽然公交首末站已建成并移交行业管理部门，但与首末站衔接的道路受动拆迁等因素的制约，基地内配套道路往往不能整体、同步建成交付，给公交配套工作带来困难。

2. 相关建议[39][40]

大型居住社区建设[39]是一个人口集聚变化的过程[40]，不同阶段的特征和交通需求会有所差异，回顾近几年大型居住社区建设推进情况，对于今后几年大型居住社区公共交通配套仍将有较多工作需要抓紧开展。①工作预警：今后几年，全市仍将有大量大型居住社区陆续交付使用，规划虽已编制完成，但未来几年需要结合大型居住社区客流调查等成果开展大型居住社区公共交通配套后评估工作，建立大型居住社区配套工作预警机制。②滚动实施：结合后评估工作，开展大型居住社区公共交通补充规划编制，结合居民实际出行需求，制订分年度配套计划，做到设施分步建设、线网滚动实施。③专项研究：大型居住社区的建设给所处区域土地开发和交通格局带来新的变化，区域交通发展应通盘考虑，需要结合大型居住社区建设开展交通专题研究，土地与交通融合、引导居民出行，支撑城市发展和大型居住社区建设。④经验总结：总结大型居住社区公共交通配套经验，梳理归纳，形成政府文件，为后续新一轮大型居住社区规划选址和公共交通配套提供指导和借鉴。

06

车　辆　篇

1 无轨电车

在当前环保形势严峻及世界石油资源匮乏的情况下，解决大气污染问题，需改善交通工具结构，发展低污染公交。为了确保实现“绿色交通”目标，应重视绿色公交——清洁、环保、低噪声的无轨电车的应用。

然而，近几年来，在上海城市快速发展的大环境下，无轨电车规模在逐渐萎缩，由1990年最高峰时期的923辆减少至2007年的264辆，乃至今天只剩几十辆。车辆数量减少超过90%，年平均降幅达到7%，从而致使许多设备不能充分利用，处于闲置状态，造成极大的浪费。因此，研究如何合理调整交通结构，充分利用有限的资源，控制和减少交通污染，走可持续发展之路显得尤为必要和迫切。

鉴于无轨电车的优良特点，考虑到无轨电车在上海市的发展背景，交通客运主管部门曾多次重新考虑在上海发展无轨电车的可能。对于上海这样的国际大都市，应该允许多种交通工具的并存，无轨电车应作为公共交通的一种方式而保留下来。但是由于诸多因素，规划方案未能实施。

1.1 世界无轨电车发展

世界上第一辆城市无轨电车于1882年4月29日诞生于德国首都柏林市的哈林泽大街上，1901年在德国的哥尼斯坦柏市和哥尼斯布拉姆市正式投入运行。

无轨电车自诞生以来的100多年中，经历了兴旺、衰退和复兴阶段。伴随着科技的发展和多种交通方式的出现，世界很多国家在经历了无轨电车兴盛到衰退之后，21世纪又迎来了无轨电车新一轮的发展热潮。分析今天无轨电车在世界各城市重新获得新生的原因主要有以下四点：能源、成本、环境和技术。

从能源和成本来看，在一些国家，尤其是石油供应紧张的国家，他们十分关注能源问题。根据专家的预测，国际石油价格将会不断上涨，这必将增加公共汽车的运营成本。在环境方面，大气污染问题备受全球关注，而无轨电车在使用过程中具有零排放的优点，所以在城市污染严重的墨西哥城和雅典市等地无轨电车备受青睐。在技术方面，经过大量的经验积累和技术研发，无轨电车的技术已经取得了较大的发展，使其在市场经济的环境下焕发出新的生命力。

1.2 国内无轨电车发展

无轨电车在我国运营了一个世纪，1989 年已发展到 26 个城市，运营规模达 4794 辆，占公交车辆总数的 6.7%，年载客 30 亿人次，承担了公交车辆客总运量的 11%。但是，进入 20 世纪 90 年代以后，无轨电车却遭遇冷落，一些城市相继实施“电改汽工程”，缩减电车规模，有的则干脆将线网拆除了，无轨电车在天津、沈阳、南京、成都、福州等城市相继退出公交舞台。随着城市建设步伐的加快和公共交通的迅猛发展，一些城市的公交汽车获得了飞速增长，无轨电车却成了被淘汰的对象。

但是近些年，无轨电车在一些城市也取得了一定的发展。在北京、广州等城市都开始重新评价和认识无轨电车，并带头加大无轨电车投资建设力度。以北京为例，2007 年年底北京无轨电车数量达到 600 辆。根据北京市的《无轨电车发展规划设想》，要形成一个覆盖城市中心区的绿色交通网络。

1.3 上海无轨电车发展

1. **无轨电车运营情况**

上海无轨电车线路诞生于 1914 年 11 月，至 1949 年年末，拥有无轨电车线路 7 条，营运车辆 166 辆。经历了 20 世纪五六十年代的调整期，至 1965 年年末，无轨电车线路增至 15 条，电车线路占公交线路总数的 20.3%，车辆规模达到 598 辆，占汽电车配车总数的 26.2%。20 世纪七八十年代进入了发展期，后于 90 年代初期步入鼎盛时期。1990 年 5 月 1 日，开辟了隧道五线，这是我国唯一的无轨电车越江隧道线路，至此上海无轨电车线路发展至 22 条，营运车辆达 923 辆。1992 年以后城市建设快速发展，调整电车线路 2 条，汽改电线路 7 条。

1996—2007 年，上海市电车总数呈现先增后减的趋势。在 2001 年初期达到一个微小的峰值，从 2003 年起呈现一个微小的下降趋势。电车线路 2002 年以前保持 17 条的水平，在 2003 年和 2005 年为配合道路改建，分别减少了一条电车线路为汽车线路。2005 年至 2007 年年底，部分电车线路车辆由电车改为汽车，电车车辆减少到 264 辆，上海市无轨电车的营运线路从 1990 年的 22 条缩减到 15 条，主要集中在内环线内，电车营运线路总长度达 141.4 公里，平均线路长 9.4 公里。1992 年至 2007 年年底，“电改汽”线路共计 7 条，减少电车线路长度 64 公里，减少电车 258 辆。至今根据无轨电车报废计划，规模继续缩减，目前数量不足百辆。

2. **无轨电车从业人员情况**

无轨电车驾驶员情况：至2007年年底公交行业共有无轨电车驾驶员1327名（持有双“汽、电车”驾驶执照的有762人，持有电车驾驶执照的有565人），其中女驾驶员比例达到45%，驾驶员年龄结构偏大，平均年龄已达到44.5岁。近几年，新电车驾驶员的培训基本处于停滞状态，但电车运营企业每年均有一定数量的电车驾驶员加考汽车驾驶资质，加考的培训周期一般为半年左右，企业对年龄在45岁以上的女电车驾驶员一般不再进行加考培训。这种情况再继续下去，电车驾驶员队伍会出现后继无人的状况。

1.4 无轨电车的优势分析

1. **环境保护**

无轨电车作为城市公共交通工具，它的零排放无污染优点，对提高大气质量，改善生存环境，具有积极作用。

（1）交通污染情况概述

交通系统产生的环境污染包括大气污染、噪声污染、震动以及电磁波干扰等，其中交通产生的大气污染及噪声污染是影响城市环境质量的主要污染源。全世界城市污染物中大约15%的CO_2、50%的NOx和90%的CO由交通运输产生，大气中约85%的铅来自汽车所使用的铅汽油。近年来，交通污染在我国城市环境污染中所占的份额越来越高，尤其在大气污染中。在北京、上海、广州等特大城市，汽车排放的CO、HC和NOx等有害物质已经成为城市大气污染的主源。根据相关资料显示，CO、HC的分担率基本都超过60%以上，少数城市达到90%以上，而且有数据显示交通污染还有继续增大的趋势。

（2）交通污染危害

根据相关资料显示，交通废气污染物对环境和居民健康的影响是很大的。由于大气污染，大气中的飘尘、烟雾和各种气态污染物增多，致使大气变得混浊，能见度降低，太阳直接辐射减少。另外，由于大量的废热排出，使地球或局部地区大气的温度、湿度和雨量等发生变化，引起气候反常。特别是近30年出现的全球气候变暖、酸雨、臭氧层的破坏三大全球性环境问题，日益威胁着人类的生存。有研究表明，汽车尾气污染对于全球温室效应的“贡献率”可达15%。

道路交通产生的噪声污染在城市声污染中所占比例也是相当高的。在我国，交通噪声强度一般占总噪声强度的50%。我国对城市噪声的调查表明：①人们在噪声环境中，会引起听觉疲劳，长期在强噪声环境中工作，听觉疲劳难以恢复，甚至会造成耳聋。②噪声干扰人的睡眠，使工作效率和健康都受到影响。③在生理上对人的影响表现在使血压升高、消化功能明显改变，失眠，疲劳，记忆力减退；还会引起儿童智力下降。④噪声在心理上对人的影响还表现为引起心烦，使人激动、易怒，甚至失去理智。⑤地区噪声每上升 1 分贝，高血压发病率就增加 3%。⑥另外交通噪声还会影响到公路沿线经济的发展，例如，交通噪声影响严重的房地产、工厂、商厦等的经济效益和生产效益都会有不同程度的下降，交通噪声还会影响到公路周围的土地价值，有资料表明：交通噪声每升高 1 分贝，土地价格就会下降 0. 08% ~1. 26%。

（3）上海市大气环境

随着近年来上海市机动车数量的增加，上海市机动车尾气污染总排放量的比例越来越大，机动车尾气已经成为上海城区大气污染的主要来源。根据上海环保部门测定的数据，上海市平均每辆汽车每天排出的一氧化碳约 6 千克，碳氢化合物约 2 千克，氮氧化物约 10 ~15 千克。如此，以上海市目前拥有机动车保有量水平（约 110 万辆）计算，上海市平均每天机动车排出的一氧化碳约 2409000 吨，碳氢化物约 803000 吨，氮氧化物约 5219500 吨。由于公交车要比一般的社会车辆行驶里程长，据统计一辆公交车辆平均每天行走的里程近 200 公里，相当于 5 辆社会车辆的平均里程。以此计算上海市每天每辆公交车辆平均排放污染物大约是一般社会车辆的 5 倍。

（4）无轨电车发展对环境保护的作用

上海汽车保有量以每年 10% 左右的速度增长（其中公交车辆为 1. 6 万辆），并且，由此可见上海市的交通污染面临着严峻的考验。虽然公交车辆在上海市机动车辆中所占比例不是很高，但是公交车辆日均行驶里程长，它对上海市环境的影响却有着相当大的作用。积极发展清洁无污染的公交车辆对发挥上海市国际大都市地位有着良好的影响。

2. 动力性能

无轨电车易于控制，加速和制动平稳，爬坡能力强。这里以杭州公交电车公司等研制的 CJWG110K 型无轨电车和申沃公司公共汽车代表车型 SWB6115 作出比较。

表 6 –1 –1　　CJWG110K 型无轨电车参数

前轮距	2020	最高车速（km/h）	55
后轮距	1860	制动系统	双回路气制动
最小离地间隙（mm）	225	整车整备质量（kg）	10350
地板离地高度（mm）	650	座位数（个）	35
一级踏步离地高度（mm）	≤380	制动距离	≤9. 5
车辆外形（长×宽×高，mm）	11800×2460×3420	最大爬坡度（%）	≥20
厂定最大总质量（kg）	15210	最小转弯直径（m）	≤24

续 表

厂定最大成员数（人）	81	最高车速（km/h）	55
轴距（mm）	5700		

表 6－1－2　　**SWB6115 公共汽车参数**

底盘型号	SWB6112CH7D	发动机型号	YC6112ZLQ
额定功率	170KW/2000r/min	最大扭矩	950N. m/1300～1500r/min
排放	Euro II	变速箱	DC5J90T
悬架	钢板弹簧	制动系统	电、气联合制动
车辆外形（长×宽×高，mm）	11420×2500×3100	整车整备质量（kg）	10300
厂定最大总质量（kg）	15500	座位数（个）	23～48
厂定最大成员数（人）	87	前后桥额定载荷（kg）	5500/10500
轴距（mm）	5700	前悬/后悬（mm）	2490/3230
地板离地高度（mm）	790/730	最大爬坡度（%）	≥20
接近角/离去角（°）	≥7/8	最小转弯直径（m）	≤22

汽车运输效率的高低在很大程度上取决于汽车的动力性能，动力性是汽车各种性能中最基本、最重要的性能。评定汽车动力性的指标主要有：

①汽车最高车速：是指汽车在水平良好的路面上所能达到的最高行驶速度。

②汽车的最大爬坡度：最大爬坡能力表示了汽车的上坡能力，是指汽车满载时在良好路面上所能爬上的最大坡度。

表 6－1－3　　**汽车与电车动力性能比较**

车型＼性能	型号	最高运行车速（km/h）	最大爬坡度
汽车	SWB6115	80	≥20%
电车	CJWG110K	55	≥20%

上海市平均公交车辆运行速度为 12～15km/h，由此看来以电车 55km/h 的速度已经可以满足在上海市区行驶要求。

3. **运营成本**

（1）总运营成本分析

无轨电车的营运成本主要集中在员工工资、动力能源费用、保养维修费用和车辆折旧上，分别占总成本的 27%、20%、14% 和 16%。

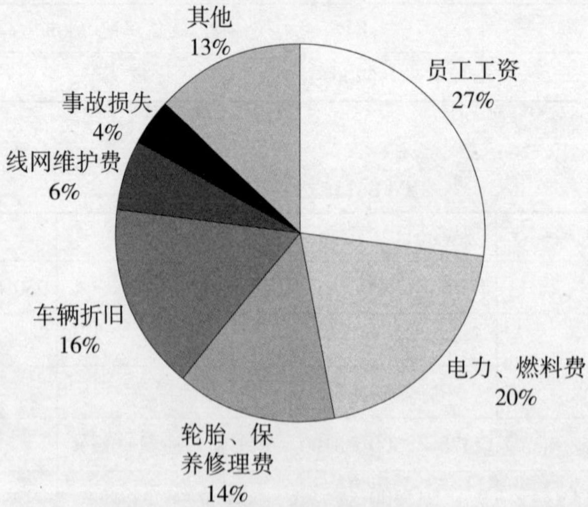

图6-1-1　电车百公里营运成本分析

无轨电车百公里的综合运营成本低于汽车补贴前的运营成本，但是略高于汽车补贴后的运营成本。假如无轨电车也享受同等的补贴政策，则无轨电车单位运营成本更有优势。从另外一个角度来看，如果电车数量增加至规划的600辆规模，实现规模化运营，则相应的无轨电车的百公里运营成本会更低。

（2）能耗成本分析

①电力的经济成本分析。

无轨电车在20世纪90年代初期实行与农村灌溉用电相同的电价，当时的电价水平低是居民照明电价的1/3。自1994年9月起，电车动力电价呈现高于居民照明电价的趋势。发展至2007年，居民照明电价为0.617元/度，电车动力电价为0.748元/度，整流费0.108元/度，需要支付的实际电费为0.856元/度（高温季节实际电费为0.876元/度）。比较20世纪90年代初期，居民照明电价年均涨幅达6.6%，而电车动力电价年均涨幅达36.3%。一辆无轨电车在非高温季节行驶百公里平均需要消耗123.21kWh的电力，按照电车动力电价，一辆无轨电车在非高温季节运营百公里成本为105.47元，高温季节无轨电车的百公里运营成本为145.92元，全年平均百公里运营成本为115.42元。

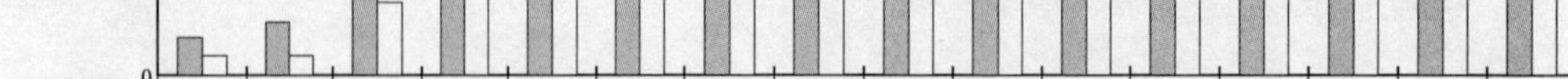

（变动时期）	1990	1991.1	1994.3	1994.9	1996.4	1997.5	2004.1	2004.6	2005.5	2006.6	2006.7	2006.8	2006.9	2006.10	2007.10	2008.5
■ 居民照明电价	0.21	0.3	0.45	0.45	0.55	0.61	0.61	0.61	0.61	0.61	0.617	0.617	0.617	0.617	0.617	0.617
□ 电车动力电价	0.1116	0.1116	0.4099	0.4949	0.5749	0.633	0.659	0.691	0.721	0.748	0.768	0.768	0.768	0.748	0.748	0.748

图6-1-2　电车动力电价变动表（单位：元）

②燃油的经济成本。

上海市公交汽车普遍使用90#汽油和0#柴油，燃油的价格变化见图6－1－3。

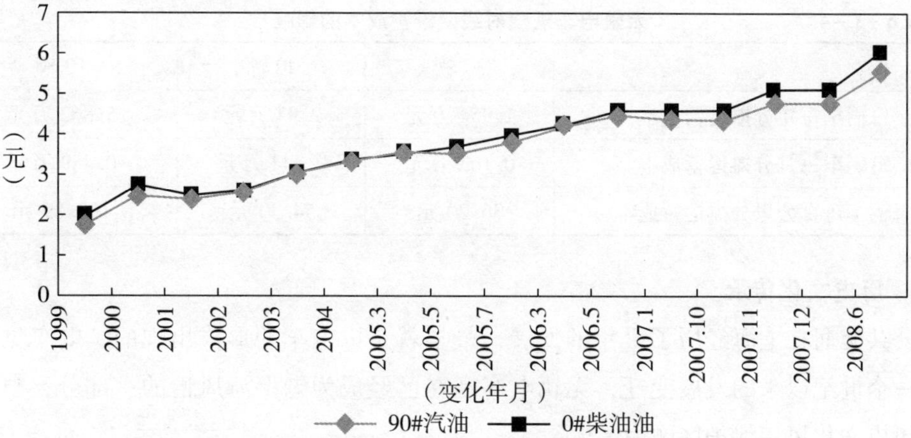

图6－1－3　汽油、柴油单价变化走势

这几年受国际油价的影响，我国燃油价格出现不断攀升的现象，0#柴油价格从1999年1.97元/升增至2008年6.03元/升，年平均增长率达22.95%，乃至目前的7.7元/升；90#汽油从1999年的1.79元/升增至2008年6月的5.57元/升，年平均增长率达23.56%，乃至目前的更高。由于汽油汽车的排放污染相对柴油车较高，且柴油汽车动力性能好，现行公交运行的汽车使用柴油作为主要能源。

非高温季节，柴油汽车行驶百公里平均消耗约37.99升的柴油，按照7.7元/升的燃油价格，公交汽车百公里能耗成本为7.7元/升×37.99升＝292.52元。高温季节，公交汽车百公里能耗成本更高。

③补贴政策对电、汽车百公里能耗成本的影响分析。

即使不考虑这几年油价涨幅，按2007年的数据计算，在非高温季节普通电车的能耗成本占汽车能耗（补贴前）的54%，即便受高温季节影响，季节性电价上涨，电价以0.876元/度计（包括整流费0.108元/度），电车能源消耗成本也只占汽车能耗（补贴前）的66%。如果电车实现规模运营，电车百公里能耗成本还可以进一步降低。

（3）维修成本分析

①公共汽、电车维修成本分析。

从维修成本看，虽然无轨电车无须发动机大修，但是存在线网维护费用，因此无轨电车的维修保养成本比柴油公交车高10%。

②无轨电车规模对线网维护成本的影响分析。

每公里（双向）触线网的维护费用为4885元/公里·月，假设电车线路长度为10公里计，每月维护费用4885×10＝4.885（万元）。假设以电车日平均营运里程150公里为标准，分别按该条电车线路拥有30辆、20辆和10辆电车计算，无轨电车百公里线网维护成本分别为36.2元、54.3元和108.89元，见表6-1-4。

表6-1-4　　无轨电车规模对线网维护成本的影响

	30辆	20辆	10辆
每辆车每年分摊运营成本	1.954万元	2.93万元	5.862万元
每辆车每月分摊运营成本	0.163万元	0.244万元	0.489万元
每辆车每百公里分摊运营成本	36.20元	54.30元	108.89元

4. **历史文化传承**

公共交通在上海经历了百年的发展，最早就是以电车的形式出现的，电车见证了上海一个世纪以来的发展变迁，无轨电车现在已经成为老上海风情的一部分，与衡山路等历史文化风貌保护区融为一体。

1.5 劣势分析及其解决策略

1. **无轨电车衰退原因分析**

（1）对线网视觉污染认识的偏差

线网污染一直是被看作制约无轨电车发展的一个最重要的原因。在城市重大工程建设中往往把电车架空线网看成视觉污染的重要因素，所以拆迁线网，废除无轨电车线路便成为可能。例如隧道五线、18路、21路及22路均源于景观道路（区域）建设的需要，分别采取了电改汽、缩线的运营方式。

（2）线路调整困难

一方面，在城市重大市政建设工程中，由于搬迁线网过程复杂，并需要付出一定的经济代价，建设单位希望尽可能“电改汽”，这也成为电车发展过程中不利的影响因素之一（原9路电车现改为139路）；另一方面，由于交通管理的需要涉及电车线路走向的调整（单行道），上下行线路的间距较大，因电车线路走向受限于架空线网的架设，企业不愿过多投入电车运营，如15路、17路、24路等。

（3）机动性差

无轨电车运营相对汽车机动性差，电车线路在运营中受限于架空线网，电车不能超越其他车辆。在客运平峰时电车无法开展其他租赁业务，一定程度上影响了企业的经济利益。在公交市场化经营中，电车不受运营企业的青睐。

（4）供电设施利用率低，导致单位运营成本高

电车线路和运营车辆的逐步减少致使供电设施利用率低（目前整流站设施利用率

图 6－1－4　电车 17 路上下行走向示意

仅为 49%），相比电车规划规模运营效应，供电设施运营成本分摊到实际运营车辆上，投运车辆越少电车单位运营成本越高，公交企业不愿发展电车。

（5）政策扶持不够

目前，公交汽车可享受各种补贴，而无轨电车却不享受任何补贴政策，政策导向致使企业更青睐公交汽车而不愿意投运无轨电车。

①上海市公交汽车补贴情况。

公交汽车购车补贴包括高等级购车、公交信息化、限行高污染车公交车更新、国三购车补贴、政府购买公共服务等补贴。另外还有油价补贴，按 3.00 元/公升为油价补贴的基准价实行分段补贴，油价在 3.00～4.00 元/公升其增加部分由政府和企业各承担 50%，油价高于 4.00 元/公升其增加部分由政府补贴。

②上海市无轨电车补贴情况。

电价政策。公交“三制”改革之前，上海电车曾享有低价用电政策，这是电车客运本身具有的社会公益性和微利性所决定的。1992 年起，公交公司线路运营享受政府补贴政策，公交公司内部又向电车运营企业倾斜一块，同时取消了低价用电政策。此后，电车用电价格大幅上扬。1996 年后，公交“三制”改革取消了相应的政府补贴，相对于汽车运营企业，电车运营企业既无电价补贴，又无低价用电优惠政策。2006 年的《电价汇总表》中，没有关于电车、轨道交通的电价类目，实际付费列为商业类用电，高于一般工业用电价格，这对于担负着社会公益性的企业来看，明显不尽合理。

表 6-1-5　　1996 年、2006 年电价汇总　　单位：元/度

分类	1996 年电价	2006 年电价
居民	0.55	0.617
非工业动力（商业、电车等）	0.5769	0.748
普通工业动力	0.5769	0.620
下水道动力	0.3569	0.548
农副生产动力	0.2242	0.314
排灌动力	0.1892	0.259

购车补贴。2002—2004 年配合创建精神文明城市，公交行业开展了车容车貌整治活动，企业使用高等级车辆可享受政府的购车补贴政策。为鼓励企业使用新型空调无轨电车，参照 5 万元/辆的高等级车辆购车补贴标准，2004 年一次性补贴 600 万元（补贴费用从第一轮公交专项中列支），受惠空调无轨电车 120 辆。除了上述 2004 年的一次性拨款以外，无轨电车在此之前和之后都从未享受过任何购车补贴。

（6）主观因素

①过去主管部门的价值取向在一定程度上选择了市容建设，忽略了发展无轨电车对环境保护的作用；

②一些媒体报道中的要摒弃“架空污染”“要剪辫”等片面的评论等，以及一些群众的一呼百应等都是导致无轨电车退线，电改汽的主要原因。

（7）根本原因分析

当下上海城市无轨电车的窘境，很大程度上源于恶性循环。20 世纪 90 年代末期，上海市城市大规模建设，无轨电车发展受到影响，从 1990 年的 923 辆规模逐渐萎缩到了几十辆。由于电车基础设施的维护也需要一定的资金投入，而这笔资金需计入电车运营成本。上海的电车供电能力可保证 1000 辆（非空调车）左右无轨电车的运行，由于供电能力为一恒定数值，即使电车运营数量不足，产生的电量也不发生变化。随着无轨电车规模的下降，虽然汽油的价格大幅上涨，但是因为享有油价补贴，补贴前汽车百公里运营年成本高于无轨电车，补贴后则较无轨电车更低。

无轨电车规模的日益萎缩造成了无轨电车运营成本的不断提高，无轨电车的运营虽然零排放、低能耗，却不享受政府补贴。政策导向在节能减排上“逆向选择”，造成了运营企业投运汽车而不愿意投运电车。另外，除政策不倾向无轨电车外，机动性差也在一定程度上加速了无轨电车的衰退。

企业捉襟见肘，以至于无轨电车技术从研发停滞到生产大规模萎缩，规划搁浅、设备闲置、电能空放、见机改汽，电车专业人才及驾驶员后继乏人。最后，导致无轨电车落得架空视觉污染、技术落后、影响交通的恶名。

规模的降低导致运营成本的提高，而运营成本的提高又将导致运营企业对汽车的青睐，致使无轨电车的规模进一步萎缩，如此恶性循环使无轨电车在窘境中越陷越深。对于从1990年的923辆逐渐萎缩至几十辆的这个衰退期，如果说前期衰退的主要原因是时代的价值取向选择了市容建设，忽略了环境保护对无轨电车的作用，那么后期进一步退化的主要原因可以说是无轨电车规模化经营格局的破裂，及其带来的公交企业的市场化选择。

2. 解决策略

（1）正确看待无轨电车的地位

回顾无轨电车发展历程，应全面地分析看待无轨电车在上海的发展历史中的地位和悠久的文化，今后有必要研究以法律法规条文的形式确立规划年内绿色公共交通工具，包括轨道交通、无轨电车、有轨电车和新型能源车占城市公交的比重。同时环保部门继续做好环保监测工作，为鼓励绿色交通工具发展提供具有说服力的事实数据。

（2）改进技术，逐步改变对线网视觉污染认识的偏差

造成城市视觉污染不仅仅是无轨电车架空线网，还包括杂乱无章的其他各种线网。

图6－1－5　其他线网污染情况

电车线网在直线段整齐有序，几乎不存在视觉影响，但在个别的交叉口转弯处，较为密集的线网（绷线）对视觉有一定的影响（见图6－1－6），目前正在深化研究改进技术。

图6－1－6　部分交叉口的复杂架空线

图6－1－7　路段上的无轨电车架空线

为了改善电车线网视觉效果，可以采取：①将原来用绷线架设触线网的方式改为单臂梁架设触线网的方式；②利用高架道路结构架设触线网；③将电车电杆与路灯杆合一；④结合道路绿化协调架设触线网。电车架空线及其他架空线实景见图6－1－8。

图6－1－8　无轨电车架空线网改造

另外，①电车架空馈线入地工程改造量目前已完成了70%，剩余30%的工程量将结合市政道路工程同步实施改造；②可采用双电源供电技术，一则可提高供电保障度，二则可省去道路交叉口及部分景观路段的架空线网架设；③在电车线路走向设置上，尽量改转弯为走直线，这样就使得无轨电车通过交叉口的时候减少了触线杆摆幅过大导致脱线等情况的发生，既美化了线网，又提高了道路交叉口的通行能力。

（3）妥善处理电车线路调整问题

一方面，结合道路改造，根据无轨电车规划，同步实施电车线路的改造工程；另一方面，对于必须进行调整的电车线路，宜充分利用现有供电设施，建立合理的价格补偿机制，从而有效减少配套补偿费用。

（4）改善机动性

随着技术的改进，无轨电车的机动性也得到一定的改善。近年来，集电杆自动升降装置经过多年改进，技术上也已较成熟、可靠。无轨电车装有自动搭线和自动降落的装置，与辅助电池配合时可大大提高机动性，使无轨电车焕发了新的生命力。双电源供电技术使得无轨电车行驶在突发状况以及景观路段的情况下，依靠车内辅助电源仍能正常行驶5公里左右。该技术已经在北京等地得到了实际应用。

另外，进一步研究合成纤维材料制作横棚线的技术性能及可行性，以降低架空线网的成本和重量，提高无轨电车的速度行驶。进一步开展玻璃纤维轻型集电杆的可行性研究，以替代金属集电杆，提高电车运行的稳定性。

（5）适度发展，形成规模，降低运营成本

①停车保养设施情况。

由于资源闲置造成了无轨电车成本的上升和浪费，全市共有电车停车保养场4座，设计停车保养能力达1304辆，2007年实际停放电车265辆（含教练车1辆）、汽车891辆，电车的停车保养能力利用率仅为20%，至今更是不足10%。

②供电设施情况。

无轨电车供电设备主要分为整流站、触线网、电缆三大类。

整流站。全市共建有电车整流站30座（含培训中心1座），其中浦东5座。由于整流站停用后如果再恢复供电，电力接入费用高昂，故有的整流站处于空转状态。随着上海市无轨电车规模逐渐萎缩，为了节约成本，供电设施的容量也在相应的缩减，整流站可用总容量1996年为47000kW，2007年为27450kW，现实际利用率很低。

触线网。电车触线网总长度399.3公里，其中，运营线路和进出站线路长度356.1公里，停车场触线网长度43.2公里，电车电杆总数14065根。

电缆。电车供电电缆342.8公里（地下电缆277公里，架空电缆65.8公里）。

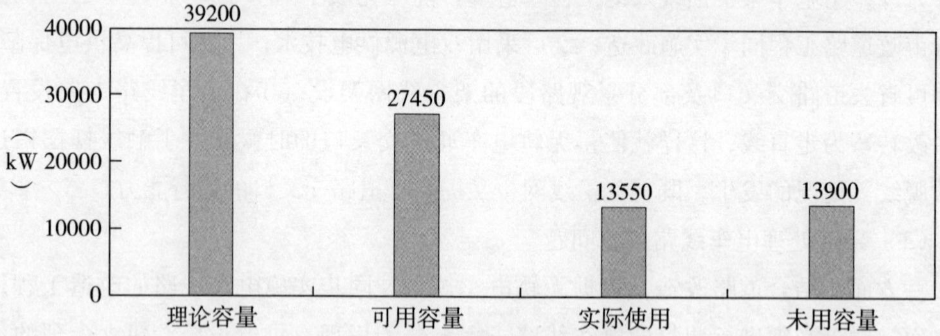

图6－1－9　整流站资源闲置情况

（6）研发车辆新技术

除了环保与能源利用的因素外，电车的生存与发展还取决于人们的认识观念和电车扬长避短的技术改进程度。在技术进步的基础上无轨电车才能得以稳步发展，建议政府部门引导企业从以下几个方面进行技术研发，提升无轨电车的市场竞争力。

车型以发展高等级车辆为主，并配置无障碍设施，提高乘坐舒适性和车辆的美观性，车辆长度以 12 米左右为宜；围绕节能降耗的目标，实现交流变频技术和再生制动技术的应用，进一步提高无轨电车的经济性；双电源供电技术：吸取北京、武汉等城市的有益经验，结合上海实际情况，进一步完善辅助电池和集电杆自动升降的技术性能，以提高其可靠性和美观性。

（7）落实扶持政策

一方面，政府相关部门可制定扶持政策，使无轨电车享受相关补贴政策，如购车补贴、电价补贴，以及节能减排补贴；另一方面，落实资金投入，推动无轨电车新技术的研发。

1.6　发展定位及前景

1. 无轨电车的定位

要发展无轨电车，关键是对无轨电车有个客观的认识，树立科学、公正、全面的城市环境与城市景观并行不悖的评价理念，正确处理经济利益和环境影响的关系，明确无轨电车在城市公共交通发展中的地位，促进无轨电车的健康发展。

节能减排：无轨电车是绿色交通工具之一，从上海的环境污染现状来看，交通产生的大气污染及噪声污染是影响城市环境质量的主要污染源。每辆汽车每年排放的污染也即是每辆电车每年可以减少的排污量。无轨电车的发展带来的社会效益是不容忽视的。

从节约能源的角度看，即使在高温季节，在一定的运营规模前提下，行驶相同的里程电车耗电费用通常不超过汽车燃油费用（补贴前）的2/3。另外，电力供应稳定，价格波动小，不会像汽车那样受市场油、天然气价格波动的影响，且随着发电规模与效率的提高电价将会下降。另外，冬令季节柴油车必须使用－10#柴油，汽油车需添加防冻液，而电车不需增加任何额外的防护投入，相对于燃油公交车，电车可节省这笔费用。

技术稳定性：从操作性能的角度看，无轨电车易于控制、加速，制动平稳。从实际使用上看，无轨电车拥有比公共汽车更高的攀斜能力，可以使用再生制动，刹车时把动能转化为电能，供其他电车使用，进一步节省能源。另外，随着线网改造、新型电车（包括级电容公交车、锂电池电容混合公交车、双电源无轨电车）等技术的发展，无轨电车将焕发出新的生命力。

经济效益：从运行成本的角度看，无轨电车是实现城市公共交通电气化投入最少的一种，而且无须对道路进行大量改造。根据2007年相关数据统计，全年平均每百公里电车能耗费用可以比汽车（补贴前）节省约86元，按照现状264辆电车计算，一年平均可节约能耗成本约1500万元，如果规模达到600辆一年可节约成本约3400万元。

文化传承：早在1914年11月15日，英商上海电车公司开通第一条无轨电车线路，开创了中国无轨电车运营之先河；1951年7月，新中国第一辆自行设计的1000型无轨电车诞生在上海市公共交通公司修造厂；上海曾经在1990年至1996年拥有全世界独一无二的越江隧道无轨电车线路——隧道五线。上海是世界上无轨电车持续运行时间最长的城市，这些都是上海的骄傲，积淀着独特的历史文化内涵。电车作为一种上海历史文化传承的载体，电车在城市公共客运交通发展过程中曾发挥了重要的作用，发展达到了一定规模，积累了丰富的经验，为进一步发展奠定了基础。无轨电车是一种绿色交通工具，其发展符合国家环境保护政策、节约能源政策和可持续发展战略，符合国家环境治理纲要要求。

2. 无轨电车发展的三个前景

（1）无轨电车规模逐步缩减的前景

按照目前无轨电车的运营环境，尚存的无轨电车将逐年减少，根据无轨电车报废计划，如没有相应的政策扶持，规模将继续缩减，单位运营成本急剧上升，预计无轨电车将很快退出上海城市公共交通领域。

表6－1－6　　2007年264辆运营电车车辆的报废年限情况

报废年（年）	2008	2009	2010	2011	2012	2013	2014	2015
报废车辆数（辆）	17	25	10	60	60	2	60	30
存量车辆数（辆）	247	222	212	152	92	90	30	0

（2）维持现有无轨电车规模的前景

目前无轨电车的运营已十分艰难，如没有给予相应的扶持政策，则难以为继，因此必须制定落实相应的政策与措施，以提高企业的积极性。这些政策包括：①经济政策：无轨电车的更新至少实行与公共汽车相同的购车补贴，以控制无轨电车的再度缩减；②管理措施：从法规上明确无轨电车更新不能随意置换为公共汽车，同时加强运营市场的监管。

（3）适度发展无轨电车的前景

在维持现状的基础上适度发展无轨电车，使无轨电车达到一定的经营规模，降低单车运营成本。在技术措施上：积极开展改良技术的研究和新型电车的研发，提高车辆运营的可靠性，提高触线网的稳定性和美观性；在供电基础设施上：充分利用现有的电车供电设施，减少国有资产的闲置浪费；在政策倾斜上：①设立无轨电车发展基金；②落实电车动力电价优惠政策（低电价政策或类似公共汽车油价补贴的电价政策）；③研究供电设施改扩建的投资政策。

针对上述三种前景，建议目前维持现有无轨电车规模，抓紧制定落实稳定无轨电车规模的相关经济政策，遏制无轨电车规模即将消亡的状况，同时立即启动第三前景方案的有关政策配套的研究制定。

1.7 相关发展思路

根据电车的现状，除进一步巩固和完善原有电车线路之外，可结合区域发展统筹规划，实现无轨电车和有轨电车供电设施规模化经营，另外在一些环境需要特别保护的地方，如市中心、风景区、新城区等地优先发展无轨电车，使这些地区的环境质量获得进一步的提升。

（1）充分利用现有供电设施，进一步稳定和恢复原有电车线路

在现有供电设施辐射范围外新辟电车线路，初期建设成本高，因此现阶段发展无轨电车最基本的出路是充分利用现有供电设施，稳定和恢复现有供电设施所能覆盖的电车线路。

进一步稳定和恢复原有电车线路，一来可以保证电车线路的现有客源；二来可以提高供电设施利用率，降低成本。

（2）在无轨电车适度发展的基础上，结合区域发展统筹规划，实现供电设施规模化经营

无轨电车和有轨电车的供电形式均是采用分散式供电，电压制式基本类同。结合车辆、技术的国产化，在无轨电车和有轨电车的工作电压相同的情况下，从技术角度

看，可以开展无轨电车和有轨电车共享供电设施方面的相关研究。

从规模经营的经济性、实用性角度考虑，应实现无轨电车与有轨电车的供电设施的规模化经营，浦东新区和郊区县可结合区域交通规划和交通需求实际，探索无轨电车与有轨电车供电设施兼容的运营模式，适度发展郊区新城的绿色公交。

根据有轨电车规划，可结合考虑新型无轨电车与有轨电车网络的兼容和运营。部分郊区有望成为新一轮有轨电车的试点地，建议这些郊区在规划有轨电车的同时，也应同步考虑无轨电车与有轨电车的供电设施共享的规划方案，以提高运营规模，降低投资与运营成本。

有轨电车与无轨电车的规模化经营应体现以下三点：一是环境友好性，无轨电车与有轨电车都是环保型交通工具，应有相应良好的政策环境与之相匹配；二是可持续性，重视结合车辆、技术的国产化；三是应注重可操作性，充分利用现有设施和道路空间。

(3) 结合高架发展无轨电车

在优化和改善电车线路的同时，可考虑向高架下面延伸，充分利用现有供电设施将部分有条件的无轨电车线路转移到高架下面，把部分高架下面的汽车线路改造成电车线路，形成无轨电车专用道。这样既可以缓解高架下面废气聚集的问题，又可以结合高架结构架设线网，从而降低中心城区电车架空线网的视觉影响。在车辆配置上，积极提升车辆档次。所有到期报废的电车将全部更新换代为造型美观、乘坐舒适、行驶平稳、制冷采暖效果好于汽车的无轨空调电车。

另外，在操作上，现有整流站仍未能覆盖一些片区（如中山西路），在这些区域新辟电车线路应考虑以下问题：一是电车线路优化需结合轨道交通网络的完善、地面公交配套调整规划的实施，删减复线；二是要充分考虑供电设施建设的问题。

上海市的整流站可覆盖内环线以内大部分地区和部分环外地区，对于那些未能覆盖的地方，是否新建整流站主要考虑以下几个因素：

①整流站建设。

目前，整流站用地的土地征用工作存在较大的困难。

②整流站的覆盖半径。

若整流站的覆盖半径过大，所需的馈线长度长，电压损耗大。一座整流站最佳覆盖半径为 2 公里，最大覆盖半径为 3 公里。

③资金投入。

A. 土建成本。

整流站的土建成本约为 2000 元/平方米。一座整流站最大的投入在 60 万元左右。

B. 机组成本。

机组主要包括：变电、整流、直流供电设施。一台机组 200 万元，一座整流站起码配备2组机组（一组常用机组，一组备用机组），因此一座整流站至少需要400万元以上。

C. 线路成本。

一对馈线170万~180万元/公里。一台机组需要配备4对馈线。

根据电车线路的数量、长度以及发车频率的不同，整流站所需配备的容量、机组和馈线也随之不同。因此，一座整流站的总价根据实际状况不同会发生较大的变化，少则800万元，多则4000万元。鉴于以上因素，因此建议促使无轨电车向高架下面延伸，重点巩固和发展原有供电设备能够覆盖的区域，远期结合轨道交通网络的完善、地面公交配套调整规划的实施，适当扩大供电设施的覆盖区域。

（4）结合环境和历史文化风貌保护区域发展无轨电车

从环境保护的角度看，由于无轨电车零污染、低噪声，建议在一些环境需要特别保护的地方发展无轨电车，如人口稠密的市中心、新城区，以及高新技术开发区和经济开发区等区域。以中心城为例，道路两旁高楼林立，公共汽车产生的废气很难在城区中扩散、稀释和外排，从而会严重伤害人体的呼吸系统。此外，汽车的噪声在道路两旁建筑几经折射后而增强，令人更加难以容忍。而无轨电车清洁，不排放气体，对环境保护起了重要的作用。

从历史文化传承的角度看，可结合历史文化风貌保护发展无轨电车。作为上海百年发展的见证者，无轨电车记录了城市的变迁，成为老上海风情的一部分，与历史文化风貌保护区融为一体。衡山路等文化风貌保护道路不仅具有悠久的电车历史文化，而且电车线网结合道路风景架设，已经成为具有独特风貌的游览区。结合上海出台的文化风貌保护道路的条例，对于那些代表上海悠久历史文化的部分一类风貌保护道路，如衡山路、愚园路、南京东路、南京西路、人民路、北京东路和北京西路，建议相关政府部门在充分考虑文化风貌保护的前提下，结合无轨电车的发展，完善相关行业规章，使得部分电车线路作为上海独特的文化遗产得以永久保留。

1.8 相关政策措施与建议

1. 政策措施

无轨电车由于线网调整困难、机动性能差等原因，企业并不青睐电车的市场行为使得电车规模逐年递减，无法形成规模经营，运营成本进一步上升。因此，政府提倡环保和历史文化传承，需要对由节能减排而增加的成本提供相应的政策支持与财政补贴，政策建议如下。

（1）纳入总规，协调发展

明确无轨电车在城市公共交通中的定位，纳入城市公共交通发展规划，在适合无轨电车发展的区域，在城市建设和发展过程中，尽可能避免架空线网拆除的随意性，充分利用供电设施，使无轨电车作为公共交通不可缺失的一部分与公共交通持续共同发展。新型电车目前尚处于阶段性试验阶段，后期宜结合新型电车的运营情况进行进一步深入研究。

（2）制定政策，有序发展

制定电车健康发展的相关保护政策。上海无轨电车的规划与发展没有一个行之有效的政策方向与约束，这样就导致了上海市无轨电车线路在撤除、改线等方面没有形成相应的规划和机制。造成“遇到就拆”、“有拆无复”的恶性循环，最终导致绿色无轨电车逐渐衰退的趋势，给上海可持续发展绿色公交造成不良影响。

在电车线网的架设方面，（如集电杆、灯杆合二为一，高架下面架设电车线网）由于部门之间没有一个可行的政策平台，使得电车线网的架设受到严重阻碍，制约了电车的发展。因此建议：

①相关部门制定行之有效的电车保护政策，如电车线路变更或者撤销方面制定详细的规范和相关政策，确保上海市电车运营健康有序发展。做出明文法律条例，严禁运营企业擅自“电改汽”的行径，否则按一定规则予以处罚，直至取消其对该电车线路的运营资格。②制定上海市电车基础设施建设的相关政策，加强电车基础设施建设行业管理，为电车发展扫除障碍。

（3）财政补贴，扶持发展

①购车补贴。

无轨电车只能在固定线路上行驶，是一种公交专用车型，公交补贴资金应向无轨电车倾斜，建议无轨电车享受购车补贴。维持现状无轨电车规模，至少要与公交汽车享受同等的补贴标准，以车价10%的标准计算，普通空调无轨电车补贴额度为6万元/辆，非空调无轨电车为5万元/辆。若要适度发展无轨电车，建议以车价15%的标准享受购车补贴，普通空调无轨电车补贴额度为9万元/辆，非空调无轨电车为7.5万元/辆。

②节能减排补贴。

无轨电车是零排放车辆，建议在市节能减排资金中列支无轨电车运营补贴项目，以稳定现有规模、支持无轨电车的适度发展。

③电价政策调整。

合理调整电车电价，确保公益性产业发展。建议调整电车电价收费标准，参照排灌用电电价供应。或建立电价补贴机制，参照目前公交柴油车的油价补贴，电车动力价按60%比例由运营企业承担，40%由政府补贴。

（4）完善制度，规范管理

①细化和完善无轨电车线路运营的管理规章，建议在《上海市公共汽车和电车客运管理条例》中明确，禁止企业擅自将无轨电车更换为汽车，对违规企业应征收相应的排污费。②加强无轨电车运营的市场稽查，完善线路经营权考核，将稽查结果纳入电车线路经营权的考核，并记入企业诚信档案。③交通管理部门要切实组织实施公交优先的管理措施，继续推进公交专用道的建设，做到专道专用，杜绝其他车辆非法占用，并配合公交规划的实施，在方便乘客，不妨碍安全的前提下，尽量给予某些单向禁机路段以公交专线优先通行的权利。

2. 相关建议

若要实现无轨电车发展，需引起相关职能部门的重视，形成共识，着重研究无轨电车扶持政策，并进行无轨电车技术改良。就目前来讲，要解决电车线路运营难以为继的状况，必须着重关注和落实以下几方面工作：①政策配套，维持现有的规模，乃至适度发展，关键取决于无轨电车扶持政策落实程度如何。必须抓紧研究制定无轨电车发展的相关配套政策，特别是购车补贴、电价补贴等政策。②工程配套，根据阶段性规划方案落实项目立项，明确资金渠道，部分涉及工程建设的项目需请有关部门给予支持和配合，以保证相应的配套设施建设同步完成。③技术配套，进一步完善超级电容车技术，扩大示范试运行范围。同时抓紧开展双电源无轨电车的技术攻关，包括无轨电车集电系统自动升降和辅助电源技术的完善，以克服普通无轨电车机动性的不足。④人员储备，要在中心城区形成一定的无轨电车运营规模，需要配备一定量的无轨电车驾驶员来保障规划方案实施的有效衔接。根据阶段性实施规划方案估算，每辆电车配备2.5名驾驶员。按目前培训规范要求，电车驾驶员培训周期为1.5年（培训期5~6个月，实习期为1年）。为了解决电车驾驶员后继乏人的状况，从现在开始应落实相关运营企业着手组织驾驶员的培训工作。

2 新能源公交车

上海从21世纪初就探索新能源汽车的应用。截至目前，上海市公交系统共有新能源公交车360辆，其中：纯电动公交车120辆，超级电容公交车78辆，电—电混合电动公交车 12 辆，油—电混合动力公交车 150 辆。

为响应国家和上海市政府实施“节能减排，发展绿色经济，实施新能源汽车产业化”战略，促进汽车产业升级，展示低碳绿色、节能环保等先进理念，以 2010 年上海世博会为契机，科技部和上海市政府联合开展了世博“千辆级”新能源车示范营运。此次世博会是新能源车辆第一次大规模、集中应用，期间，新能源公交车经受住高温、高湿、雷暴和大客流等极端环境考验，取得良好的环保效益和示范效应，为我国新能源公交车的发展提供了宝贵的经验。

2. 1 研究意义

新能源车辆是基于世界能源的战略意义而提出的，其概念和节能减排是有区别的，尽管如此，绿色环保还是成为多数新能源车辆的发展方向。在当前环保形势严峻及世界石油资源匮乏的情况下，寻到替代能源、缓解大气污染问题，主要的解决措施之一就是发展低污染、零污染的交通工具。城市公共交通尾气排放是城市大气污染主要来源之一，因此新能源公交车的推广使用意义深远。

基于上海市公共交通发展面临的实际问题，即基于绿色无污染城市的可持续发展、建设和谐社会与当今公共交通存在高污染、资源相对匮乏等矛盾，通过从技术性、经济性、环保性等方面探讨上海新能源公交车发展的前景，对上海市公共交通未来规划及可持续发展有着积极的意义。

2. 2 国外新能源车辆发展

1973 年因争夺石油资源爆发的中东战争，引起了世界性的石油危机，导致美国、欧洲和日本等一些依赖石油进口的国家，在经济发展上受到了能源的威胁。为此，各个国家开始重视对新能源汽车的研究和开发。

1. 美国

美国汽车年产量超过 1000 万辆，汽车保有量超过 2 亿辆以上规模。汽车产业作为美国的支柱产业，在给美国带来经济繁荣的同时，也带来了能源危机、环境污染及资源的浪费。从 1976 年开始，美国就通过立法、政府资助和财政补贴等形式促进新能源车辆的发展。1990 年，加利福尼亚州在对防治大气污染而制定的限制法规中规定，至 1998 年，“零污染”汽车的销售比例要占新车销售额的 2%；至 2003 年，这个比例要提高至 10%。1991 年，美国通用、福特和克莱斯勒汽车公司共同成立了“先进电池联合体”（USABC），共同研究开发新能源电动车所需要的高能电池，主要包括镍—氢、钠—硫、镗聚合物和锂离子等高能电池。又由联邦运输管理署、纽约市运输局、电力局等部门共同制定了《美国混合式电动大客车的发展规划》，目标研制 12.2 米低通道、225 千瓦高功率、低尾气排放的混合式电动大客车。2002 年年底，美国政府推出“清洁通勤”项目，采用租赁方式投入电动环保汽车，往返于城区交通示范运营区，为纽约市中心及周围 8 个镇区上班人士服务。

近几年，在发展新能源汽车方面，美国主要推出了包括新一代汽车伙伴计划、自有车计划、EV 电池利用研究、2 亿美元代用燃料示范、氢燃料研究和发展、绿色小车示范项目、AVP 计划等相关项目与计划，在美国政府的大力支持下，投入了大量的资金和科研力量，以三大汽车公司为主体，充分利用汽车、机电、电子、控制和材料等行业优势，分工开发研究新能源车辆的各种总成和技术单元，使新能源车辆技术迅速发展，不断改进提高。在公共交通方面，美国政府批准了在 2002 年至 2006 年财政年度，总费用为 1.5 亿美元的燃料电池公共汽车示范项目，以从事氢生产、储存和运营的公交汽车中的使用。2009 年 8 月美国政府推出总经费为 24 亿美元的“新一代电池与电动汽车计划”，研究内容包括电池及其配件制造、锂离子电池再生、车辆的电动力系统、纯电动汽车和插电式电动汽车示范和车辆电气化等。2010 年，美国能源部继续推进新能源领域的发展，于近日发布了氢能与燃料电池项目计划草案（意见征求稿），该计划勾勒出了美国在氢能与燃料电池领域的战略、科研活动以及远期规划。现在，美国拥有 200 辆燃料电池汽车，15 辆燃料电池巴士以及 60 个加氢站。参照整车厂的调研报告，到 2014 年、2017 年加州的燃料电池汽车保有量将分别达到 4000 辆以及 50000 辆。2009 年 10 月下旬，美国总统奥巴马签署了 2010 年能源预算，将氢燃料电池方面的研发投入增至 2.83 亿美元。

2. **日本**

从世界范围的新能源车产业发展现状看，日本是最早开始发展新能源车辆的国家之一，由于资源匮乏，日本政府尤为重视新能源车辆的研究与开发。

日本通产省自 1965 年就正式把电动车列入国家项目，开始进行电动汽车的研制。1991 年，日本通产省又制定了电动汽车普及计划，提出到 20 世纪末电动汽车的年产量要达到 10 万辆，保有量达到 20 万辆的目标。在电动汽车发展方面，日本主要推出以下几个发展计划，包括低公害汽车开发普及行动计划、专项研究计划等。在政府的推动下，以企业为主体，日本的新能源车辆始终走在世界的前沿。丰田汽车公司在 1996 年就成功地研制出了世界各大公司至今仍在开发的燃料电池汽车的生产样车，并先于其他汽车厂家在 1997 年开始生产混合动力汽车，成为世界新能源汽车产业的领头羊。

日本政府和整车厂对燃料电池汽车发展高度重视，丰田、本田、日产都在大力发展燃料电池汽车。据日本车企一位负责人介绍，目前日本30%的传统内燃机汽车排量在0.6升以下，这部分小排量汽车将来会由纯电动汽车取代。而在较大排量汽车领域，2050年以后燃料电池汽车将占主导地位。2016年，日本要在全国推广5000辆燃料电池汽车，2017年其数量要达到1万多辆。与此同时，日本政府正在积极推进相关配套设施建设。日本政府还在筹划组建一家国有企业，全面负责国内加氢站建设，其目标是到2020年建成1000个加氢站。

3. 欧洲

法国是世界上纯电动车保有量最大的国家，目前实际运行的电动汽车约有8000辆，部分是私人小轿车用户，用于日常的上下班、购物、上学、社区活动等短程运输，线路相对固定，空间分布较广。法国的巴黎、波尔多、拉罗谢尔等10多个城市都有纯电动汽车使用者俱乐部，通过租赁的模式解决用户"最后半小时"的运输问题。法国政府、法国电力公司、标致—雪铁龙和雷诺汽车公司签署协议，共同承担开发和推广电动汽车，合资组建了电动汽车的电池公司，承担高能电池的研究和开发。法国政府积极推广电动汽车的使用，出台了各种优惠政策保障新能源车辆的发展。在政府的积极推进下，法国新能源车辆产业得到迅猛的发展，在电池、电子控制和电机技术等方面都位列世界前茅。

德国政府在1971年就成立了城市电动车交通公司，积极组织电动车等新能源车辆的研究与开发。1992年德国政府拨款2200万马克，在吕根岛建立欧洲电动汽车试验基地，组织了四大公司对64辆电动汽车的系统工程进行了长达4年的大规模试验，于1994年推出了19款轿车、13款面包车和4种大客车，均进入了实用阶段。德国奔驰公司于20世纪80年代初期就生产出了电动大客车，该公司还宣布将在开发燃料电池方面投入4.7亿美元的巨额资金，计划于2005年实现产业化。如今，燃料电池已成为了汽车动力的终极发展目标，德国联邦政府和许多州政府均积极推进开展燃料电池发展计划，每年的投入达800万~1000万欧元。

英国是当今世界生产电动汽车较为先进和使用最广泛的国家之一，至20世纪80年代中期英国就有12万辆电动汽车在运行。政府在支持新能源车辆开发方面，实行了多项优惠政策，例如免收牌照税、养路费，夜间充电只收50%的电费等。近期，英国又推进ITT伦敦燃料电池车计划，规划至2015年，氢燃料电池政府公务车辆要大于燃料电池车总量的5%；至2020年，伦敦的氢燃料电池车要大于汽车总量的2%；伦敦所有售出的车辆要包括大于5%的氢燃料汽车份额；氢燃料电池政府公务车辆要大于燃料电池车总量的20%。

此外，丹麦、奥地利、捷克、匈牙利、瑞典、意大利等国也均在积极推进新能源车辆的发展。

欧洲各国发展新能源车辆主要有以下几项计划：法国 PREDITⅢ 2002/2006 计划，除了对新能源车辆研究、开发大力支持外，还实施对车辆购买的财政鼓励措施；德国政府 9 个主要公司签订了一份理解备忘录，意在创建一个清洁能源城市柏林；冰岛 ECTS 和欧洲七国九城市的 CUTE 项目，通过每个城市有 3 辆燃料电池公交车参与运营和加氢站建设，提高公众对燃料电池客车和有关加氢基础设施的认识，并获取数据，进行深入研究，同时组建“燃料电池巴士俱乐部”，推进新能源公交车辆的发展。近期，又推出 FP7 框架计划，决定 2008 年之后的 5 年内，投入总额达 15.35 亿美元的专项资金进行氢能与燃料电池研究，并计划至 2015 年，实现燃料电池汽车在欧洲市场的全面销售。

2.3 国内新能源车辆发展

我国能源资源丰富，但人均占有量低于全球平均水平，尤其是优质石化资源相对不足。近几年来，随着经济快速发展和人民生活水平提高，机动车的保有量快速增加，对石油的需求快速增加，目前，约 60% 的石油需依赖进口，对国家的能源安全的影响将越来越大。在石油消费中，交通燃料消耗约占 70% 以上，其中，70% 又来自汽车消耗，城市交通燃油供需矛盾的日益突出。与此同时，汽车尾气对大气环境的污染也十分严重，对国民经济的可持续发展带来不利影响。因此，依靠科学技术进步，使汽车能源多元化、使能源消耗高效、低碳、环保就成为汽车发展的战略选择，发展节能与新能源汽车被纳入国家科学技术中长期发展规划纲要等产业政策中。本市发展和促进新能源车辆的推广成为落实科学发展观和国家有关产业政策的重要举措之一。

我国对新能源汽车的研究始于 20 世纪 80 年代。1998 年，国家电动汽车试验示范区在广东汕头南澳正式建成；2002 年，第一家电动汽车产业化基地在武汉兴建；2003 年，中国燃料电池客车商业化示范项目在北京和上海启动。“十五”期间，国家科技部通过实施“863 计划”电动汽车重大科技专项和清洁汽车行动计划推进燃料电池汽车、混合动力汽车、纯电动汽车和清洁燃料汽车的开发与应用，取得了丰硕的成果。“十一五”以来，科技部将“863 计划”电动汽车重大科技专项和清洁汽车行动计划归并为“863 计划”节能与新能源汽车重大项目，其重点任务是：推进燃料电池汽车研发和示范运行，实现混合动力汽车规模产业化，拓展纯电动汽车的应用范围，进一步扩大代用燃料汽车的推广应用；促进节能与新能源汽车产业政策、法规和相关标准的研究与制定，完善相关检测评价能力，形成知识产权保护和投融资服务体系，构建节能与新能源汽车公共服务平台，建立我国节能与新能源汽车产业联盟；把握交通能源动力系统转型的重大机遇，建立以企业为主体的产学研结合的自主研发创新体系。

2009 年，国家科技部、财政部、发改委和工信部启动“十城千辆节能与新能源汽车示范推广应用工程，主要内容是，通过提供财政补贴，计划用 3 年左右的时间，每年发展 10 个城市，每个城市推出 1000 辆新能源汽车开展示范运行，涉及公交、出租、公务、市政、邮政等领域，力争使全国新能源汽车的运营规模到 2012 年占到汽车市场份额的 10%。首次确定参与的城市包括北京、上海、重庆、长春、大连、杭州、合肥、济南、武汉、深圳、长沙、昆明、南昌等 13 个城市。截至 2011 年 2 月，新能源汽车示范推广城市已扩大到 25 个，6 个城市启动私人购买新能源汽车补贴试点工作，已有 54 家汽车生产企业的 190 个车型被列入《节能与新能源汽车示范推广应用工程推荐车型目录》。

现在我国自主研发的新能源车辆品种主要包括燃料电池车、混合动力车和纯电动车等。燃料电池电动汽车是以燃料电池为动力电源的汽车。燃料（通常为氢气）通过燃料电池的电化学作用直接将其化学能转换为电能。由于燃料电池的能量的转换效率比内燃机高得多且没有污染物排放，许多国际著名汽车公司纷纷开发燃料电池汽车。我国也将燃料电池汽车作为新能源汽车的发展方向之一。

混合动力车是至少可从燃料和可再充电能（或能量储存装置）中获得动力的汽车。目前，在我国确立的电动汽车“三纵三横”，即以燃料电池车、混合动力车、纯电动车为“三纵”，以多能源动力总成控制、驱动电机、动力蓄电池与燃料电池等关键零部件为“三横”的研发布局中，以油—电混合为主的混合动力汽车由于可以利用燃油汽车的基础设施，其采用的电池、电机和控制等技术可为进一步发展各种电动汽车奠定基础，因而得到较多的关注。国内的主要汽车生产企业均开发了多种类型的混合动力汽车并已经得到一定数量的应用。其技术方案按混合方式可分为并联、串联和混联三种。串联技术的结构相对简单，其发动机可稳定运行在低排放和低油耗工况，但由于能量需经过多次转换，节能效果较差，因此，串联式混合动力公交车仅适用于对公交车排放要求高的城市或地区。并联技术通过适当的控制策略和机构实现车辆的油、电动力单独或混合驱动，在提高能源效率方面有一定的潜力。混联技术综合了串联技术和并联技术的优点，可兼顾排放和燃料效率。后两种技术对发动机瞬态排放性能要求较高，但目前耦合油、电动力的 AT 或 AMT 尚无理想的国产产品，是该技术成熟的瓶颈之一。图 6-2-1 为国内保有的混合动力客车分布情况。

纯电动汽车以动力蓄电池或超级电容器为车辆提供电能。近几年来，由于比能量、比功率较高的锂离子电池在安全性方面取得明显进展，纯电动汽车的产业化开发有所加快。特别是“十一五”后期，多个型号的纯电动汽车取得新能源汽车产品准入公告，目前已经小批量生产和示范应用。北理工等研发的 4 种车型 40 辆纯电动公交车已投入北京 121 路公交线和密云区进行载客示范运行。天津清源电动车辆股份有限公司与天

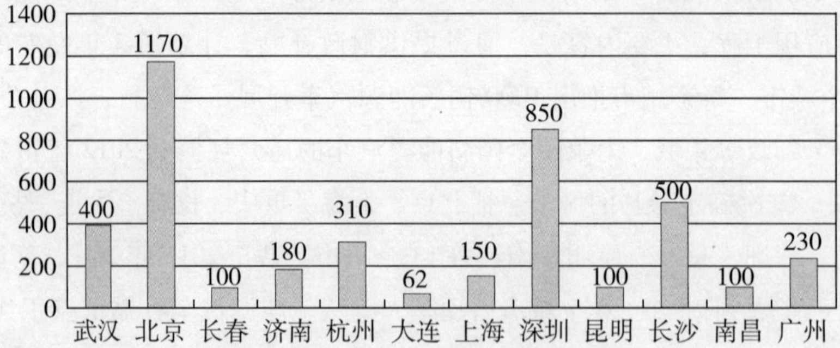

图6－2－1 国内混合动力客车分布情况

津汽车集团等单位联合研制的纯电动轿车最高车速超过120km/h，车辆已出口至美国。到目前为止，我国已经发布电动车辆国家标准、行业标准共42项、报批11项，初步形成了电动车辆的标准体系，涵盖纯电动汽车、混合动力汽车、燃料电池汽车等多种电动汽车整车、动力电池、充电机、电机及控制器等关键零部件，已能够初步满足对电动车辆管理、研发和测试的需要。"十一五"期间，以混合动力和多种燃料为主体的新能源汽车出现研发和产业化高潮，2008年奥运会期间，所有运动员、裁判员及国际奥组委工作用车，均采用我国自主研制的电动汽车，充分体现了"绿色奥运、科技奥运"的主题。2010年，上海世博会期间，新能源车辆又再一次得到了全面展示，且运营时间更长，利用效率更高，很好地展示和宣传了我国新能源车辆的发展方向。

2010年，国务院在《关于加快培育和发展战略性新兴产业的决定》中将新能源汽车列为加快培育和发展的七个战略性新兴产业之一，从而将对新能源汽车的发展提高到国家战略的高度。根据中国汽车工业协会提出的新能源车辆发展战略目标，至2015年，纯电动车应用应达50万辆以上，不同程度的混合动力车比例将达到年产量的30%以上，国内的新能源汽车整车及关键零部件产业化达到世界先进水平，新车平均单车油耗下降30%以上，达到国际先进水平。如果我国新能源汽车能够得到快速发展，2020年全国可节约石油3229万吨，替代石油3110万吨，合计6339万吨；至2030年，这一数据将达到16000万吨，相当于汽车用油削减41%，节约能耗十分可观。

2.4 上海新能源公交车发展

上海公交车采用电力驱动系统历史悠久，于1914年就开始在市内推广使用无轨电车，至1990年逐步达到923辆、22条线路的规模。虽然自20世纪90年代后，上海市无轨电车营运规模逐步缩减，但从21世纪初上海与世界新能源车辆发展接轨，开始探索利用电力或其他燃料驱动公交车辆的发展与应用，车辆逐渐呈现多样化的发展趋势。

从2006年开始试点超级电容公交车，到2007年将电—电混合电动公交车投入上海市公交线路上运营，再到2010年借助上海世博会的有利平台，在世博园区内共投放360辆新能源公交车，包括纯电动公交车、超级电容公交车、油—电混合动力公交车、电—电混合电动公交车四种车型进行了大规模的示范运营，广泛积累了新能源车辆运营经验，促进了新能源车辆的技术改进。

1. 新能源公交车运营情况

纯电动公交车是由电力驱动系统、底盘、车身、电气设备等组成。在纯电动公交车中，驱动控制系统是电动车的核心，动力蓄电池储存并向电机提供电能，电机控制器把电池的电能转换为电机需要的形式，电机则把电能转换成机械能并通过变速箱驱动车辆。图6-2-2为SWB6121EV型纯电动公交车动力系统的工作原理。

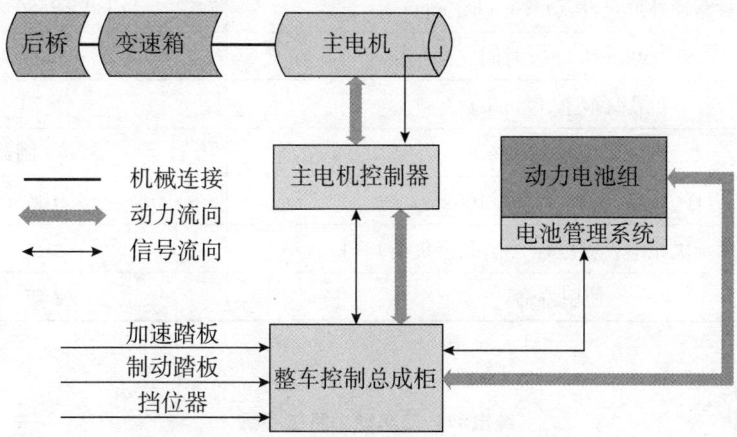

图6-2-2 纯电动公交车动力系统工作原理

世博园区内的纯电动公交车是由上海汽车下属商用车技术中心研发、申沃客车生产的零排放低入口公交车。该车动力系统采用交流异步电动机和与之相配套的电机控制器，主电源采用锂离子动力电池，并带有自动检测功能的能量管理系统，使整车具有较好的动力性能，具有起动力矩大、效率高、工作安全可靠等优点。

纯电动公交车动力系统主要采用两种技术方案。一种为磷酸铁锂系统方案：方案采用万向电动汽车有限公司生产的WX12I3215磷酸铁锂电池（单体电池额定电压3.2V/电池容量15Ah，组总电压544V/容量255Ah）、襄樊特种机电有限公司生产的YCVF250L-4电机（电机额定功率100kW，电机峰值功率200kW）、万向电动汽车有限公司生产的WXMC-6-24-A控制器和QJ1112变速箱。另一种为锰酸锂系统方案：方案采用了奥运会纯电动车的动力系统配置，采用中信国安盟固利动力科技有限公司生产的SPIM23300260锰酸锂电池（单体电池额定电压3.8V/容量90Ah，电池组总电压

395V/容量 360Ah)，中国南车集团株洲电力机车研究所生产的 JD132A 电机（电机额定功率 100kW，电机峰值功率 150kW)；中国南车集团株洲电力机车研究所生产的 TGN14 控制器。配 S3－120AMT 变速箱。

鉴于当前纯电动公交车的动力蓄电池的能量密度尚不能满足车辆运营对续驶里程的要求，世博纯电动公交车采用了充电站集中充电和用机械手快速更换电池的运营模式。为此，在世博园内专门投资建设了纯电动公交车充电站。

表 6－2－1　　纯电动公交车整车参数

主要性能	指标
整车型号	SWB6121EV
整车整备质量/总质量（kg）	13900/18000
车辆外形尺寸（l×w×h，mm）	11980×2550×3160
0～50km/h 加速时间（s）	≤25
最高车速（km/h）	≥70
最大爬坡度（%）	≥20（满载）
百公里耗电量（kWh/100km）	100
城市工况一次充电续驶里程（满载全负荷）（km）	≥80
使用寿命	8 年

表 6－2－2　　纯电动公交车动力系统参数

系统名称	技术参数名称	锰酸锂系统技术参数	磷酸铁锂系统技术参数
主驱动电机系统	类型、规格	交流异步 JD132A	交流异步 YCVF250L－4
	额定功率/峰值功率（kW）	100/150	100/200
	额定转矩/峰值转矩（Nm）	470/850	636/1800
	额定转速/峰值转速（r/min）	2000/4500	1480/3600
	重量（kg）	400	422
	控制器	TGN14	WXMC－6－24－A
动力电池系统	类型、规格	锰酸锂 SPIM23300260	磷酸铁锂 WX1213215
	容量、额定电压	360Ah，395V	255Ah，544V
	能量密度 Wh/kg 单体	112	115
	电压范围（V）	312～437	527～595
	最大放电电流（A）	360（1C3A）	300（≤10s）
	最大放电功率（kW）	142	180

续 表

系统名称	技术参数名称	锰酸锂系统技术参数	磷酸铁锂系统技术参数
动力电池系统	工作温度（℃）	-20~50	充电：0~45； 放电：-10~45
	重量（kg）	1700（不含外箱1670kg）	2050
	充电时间（h）	3	3
	控制器（BMU）	EV01	HM-C-CXX-V2.0
电空调	类型、规格	BPKD5-EV	BPKD5-EV
	额定功率（kW）	10.8	10.8
	工作效率（%）能效比	3	3
	工作电压（V）	DC250-830	DC250-830
	工作电压（V）	380/220	380/220
	工作电流（A）	8	8

图6-2-3　SWB6121EV型纯电动公交车

120辆纯电动公交车于2010年2月陆续出厂投入试运行，于当年4月中旬全部交付使用。5~10月世博会期间，主要在世博大道越江线和国展线上营运，闭幕后陆续投放到中国馆班车线路上使用，目前运营状况良好。

（1）运营情况分析

①世博会期间。

从5月1日世博会开幕至10月31日闭幕，120辆纯电动公交车共行驶4000238公里，平均每日行驶里程21740公里；车日行驶181公里；合计载客90179317人次，日均载客490105人次，平均每辆车载客近23人次/公里；总用电量5885200kWh，平均电耗1.47kWh/km；快换电池58999辆次，平均每天每辆车更换电池2.7次；车辆完好车率99.86%。

②世博会后。

从12月1日起，120辆车除6辆租借世博局用做班车外，其余车辆由巴士集团新开3条线路运营。分别为中国馆班车1线（中国馆—浦东陆家嘴），线路长度12.5公里，配车12辆；中国馆班车2线（中国馆—上海南站），线路长度14.9公里，配车15辆；中国馆班车3线（中国馆—人民广场），线路长度10.25公里，配车24辆。剩余的60余辆车作为上述3条线路的备车使用。

从12月1日至12月31日，120辆纯电动公交车共行驶132743公里，平均每车日行驶里程为106.54公里；总用电量196250kWh，平均电耗1.48kWh/km；快换电池1991辆次，平均每天64辆次；合计载客37458人次，日均载客1208人次，平均每辆车载客近0.3人次/公里。从各指标上看，较世博期间运营状况基本持平。

（2）技术性分析

在世博运营期间，为保障营运安全与质量，纯电动车动力蓄电池主要采用浅充浅放的使用方式。在这种方式下，非高温季节，车辆一次充电平均续驶里程为80公里左右。在世博园内运营的纯电动公交车虽然在通道上换电池的平均时间为9分钟，最快5分钟，但是电池平均充电时间需要3小时左右。由于世博会的特殊性要求，采用快速更换电池模式，而在后续利用中，若不采用快速更换电池模式，则一次充电后续驶里程还不能达到常规运营要求，将成为纯电动公交车的应用和推广存在的主要问题。现阶段建议仍以电池快换模式来解决电池能量密度低导致的续驶里程短的问题，同时也有利于在电池的使用环节、充电环节实现对电池的保护性使用和保养。

（3）经济性分析

①常态化综合成本分析。

在常态化运营情况下，按纯电动车每车行驶100公里/天计算，在没有任何政府补贴情况下进行车辆成本核算，常态化下纯电动车百公里综合运营成本超过3000元，其中包括车辆折旧、人工成本、能耗成本、保险费及事故费、场地租赁费、车队经费、其他营运业务费、纯电动车电池折旧、电池服务费、保养修理费等。

②基础设施成本分析。

此外，纯电动公交车基础设施投资较大。根据世博经验，世博园区内纯电动公交车配套基础设施包括纯电动公交车专用充电站厂房、维修厂房、检修厂房和综合办公房各1幢。充电站由电池快速更换系统、电池充电系统及电池监控系统三大系统组成。投资成本约8000万元。

（4）可靠性分析

总体而言，在世博运营团队的保障下，纯电动公交车在世博园区内的万公里故障次数随着时间的推移不断减少。随着车辆运营过程中出现问题的不断解决、性能的改

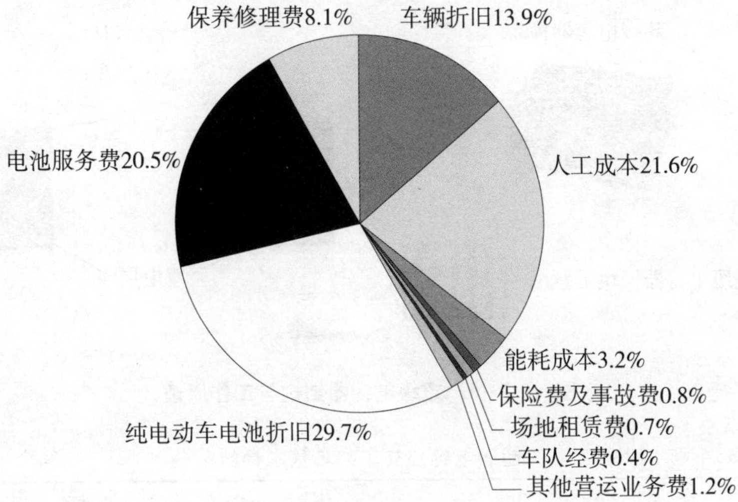

图6-2-4　常态下纯电动车成本构成

良和驾驶员操作的逐步熟练，车辆运营情况基本得到稳定。据统计，纯电动公交车动力装置中，电池箱、电压控制器、变速箱的故障相对较多。考虑到纯电动公交车目前仅运营时间尚不长久，车辆状况相对稳定，车辆及其动力装置尚需进一步通过实际运营来考验。常态化运营后应进一步跟踪车辆运营情况，提高车辆及其电池的应用技术水平，进一步发现与解决车辆系统存在的问题，使该技术趋向成熟。

2. **超级电容公交车**

世博园内的超级电容公交车是由上汽集团下属申沃客车在市科委支持下开发的一种安全、环保的新型公交车。车辆外观新颖、乘坐舒适、性能优越，具有“零”排放、低噪声的优点，有良好的展示效果。车载的超级电容器作为车辆的储能装置，具有大电流快速充放电特性，不仅可提供很大的瞬时放电功率，以满足车辆行驶对动力的需求，而且可高效回收车辆制动时再生的能量，节约了电能的消耗。此外，超级电容器还具有循环寿命长、维护简单、环境友好等优点，在各类电动汽车上开始得到应用。

超级电容公交车前桥选用德国ZF RL85A大落差桥，额定轴荷8500kg；后桥选用德国ZF AV132/90偏置后桥，额定轴荷13000kg。前、后桥均配VIE22.5盘式制动器，空气悬架布局为前2后4，转向机选择了德国AZ8098及角传动系统。车架采用15Mn全承载式车架。

车内电传动系统采用交流传动，牵引电机结构简单、重量轻，维护量小，可靠性高，同时具有良好的牵引特性，充分满足车辆的运行需要，具有再生制动功能，在下坡或减速时，可实现能量回收，降低机械制动垫片产生的粉尘污染，减少压缩机的使用与电能消耗，降低车辆运行噪声。

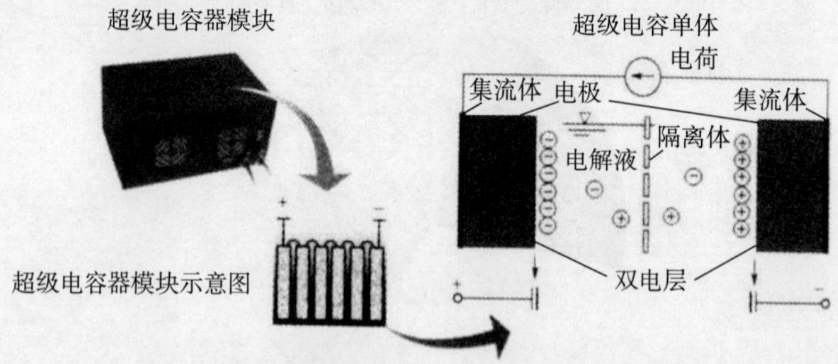

图 6－2－5　超级电容器结构与工作原理

表 6－2－3　超级电容公交车整车基本参数

主要性能	指标
整车型号	SWB6121SC
整车整备质量/总质量（kg）	13800/18000
车辆外形尺寸（l×w×h，mm）	11980×2550×3700（包括集电弓）
0～40km/h 加速时间（s）	≤18
最高车速（km/h）	≥50
最大爬坡度（%）	≥12
百公里耗电量（kWh/100km）	≤120
一次充电续驶里程（km）	≥2.5
使用寿命	8 年

表 6－2－4　超级电容公交车动力系统参数

系统名称	技术参数名称	技术参数
主驱动电机系统	类型、规格	JD132A
	额定功率/峰值功率（kW）	100/150
	额定转矩/峰值转矩（N·m）	477/850
	额定转速/峰值转速（r/min）	2000/4500
	重量（kg）	400
	控制器	TGN14
超级电容系统	类型	UCE15V80000A
	容量	单体 8 万法拉
	电压范围（V）	DC（320～600）
	最大放电电流（A）	400
	总重量（kg）	1500
	充电时间（s）	30～180

表 6－2－5　　超级电容公交车电气参数

线网电压	DC580～720V
电容储能电压	DC320～600V
低压电源	DC24V
驱动控制系统	变频调速
驱动电机功率	100kW
整车通信网络	SAEJ 1939＋数字信号
充电电流	200A
充电时间	30～180 s
工作环境温度	－20℃～45℃

超级电容公交车的第一批 10 辆车于 2006 年 8 月开始投入 11 路上营运，第二批 7 辆车于 2008 年 4 月也投入 11 路上营运。第三批 61 辆车 2010 年 3 月陆续出厂，从 2010 年 5 月陆续投入到世博园区内的世博大道线上营运。

图 6－2－6　超级电容公交车

(1) 运营情况分析

①世博会期间。

总体来看，受续驶里程限制，世博超级电容公交车不能承担越江线路运营，故运营强度低于纯电动公交车。5 月开始营运至世博会闭幕，61 辆超级电容公交车共行驶 1028263 公里，车日平均行驶里程 118 公里；总消耗电量 2192312kWh，平均电耗 2.1kWh/km；合计载客 31251246 人次，每车日均载客 2784 人次，平均每辆车载客近 30 人次/公里；车辆完好率达到 84.03%。

表 6-2-6　　超级电容公交车相关营运指标

月份	日均出车数（次）	车日均运营里程（km）	日均总充电量（kWh）	每公里充电量（kWh/km）	单车日均载客量
5	36	143	9488	1.69	4277
6	47	127	11947	2.02	3972
7	51	104	14352	2.70	3297
8	58	89	15905	3.11	2744
9	43	131	11101	1.98	3616
10	49	133	9489	1.47	4097

注：剔除办公和修车用电，超级电容公交车运营期间平均百公里耗电约 212kWh。由于世博期间对车辆散热系统进行了改造，不同于原来的 11 路公交车，平均电耗较高。

②世博会后。

世博会结束后的过渡期间，对第一批 10 辆超级电容公交车做技术改造，并将世博园区内使用的 61 辆超级电容公交车从世博园区内移出，投放到 11 路和 26 路公交线上运营使用。26 路上配备 50 辆超级电容车，车辆交替使用，每天实际使用 25 辆；11 路上配备 14 辆超级电容车，4 辆备用。从 11 月 1 日至 12 月 31 日，68 辆超级电容公交车共计行驶了 208672 公里。

（2）技术性分析

从世博运营期间车辆日均充电量和每公里充电量等数据来看，气温对超级电容车电耗的影响较大。一方面，随着天气气温的增高，车辆电容受散热不佳的影响，导致电阻增加，内耗增大，同时电容温度的过高对充电量和充电效果也有很明显的影响。另一方面，在高温季节，由于空调耗电量的增加需要消耗更多的电量。这样的恶性循环对超级电容公交车的电耗影响十分显著，8 月车辆每公里耗电量为 3.13kWh，而 10 月仅为 1.47kWh。超级电容公交车在后续利用中，应尽量避免车辆在高工作强度和高温天气双重压力下的使用，若确实有必要使用，应注意做好运营保障工作。

（3）经济性分析

①常态化综合成本分析。

超级电容车在常态化运营情况下，按每车行驶 100 公里/天计算，在没有任何政府补贴情况下对车辆进行成本核算，常态化下超级电容车百公里综合运营成本约 1900 元，其中包括车辆折旧、人工成本、能耗成本、保险费及事故费、场地租赁费、车队经费、其他营运业务费、线网维护费、保养修理费等。

②基础设施成本分析。

此外，超级电容公交车配套基础设施投资规模也较大，其配套设施主要由整流站、充电支架、电缆电箱以及电力监控系统（SCADA）组成。根据世博经验，世博期间6.4公里的世博大道线总投资约5000万元。

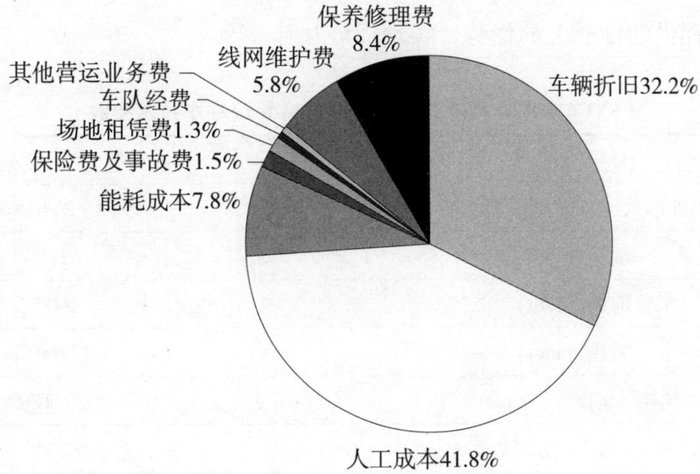

图6－2－7　常态下超级电容车成本构成

（4）可靠性分析

从超级电容车的使用情况来看，各方面的机电设备技术状况相对比较正常，但超级电容器本身发热、损坏及辅助电路的故障占总故障次数占比较高，尤其是高温对超级电容的影响。在世博会7月、8月，超级电容车出现了电容温度过高的问题，直接导致了车辆故障次数的不断增加。

由于世博期间对车辆散热系统进行了改造，不同于原来的11路公交车。由于超级电容器本身的充放电效率较低及模块内部材料和结构的问题，导致产生大量的热量并散热困难。其外壳采用非金属的材料，不利于表面散热。多个电容器模块紧密地安装在箱体内，其结构不利于通风散热，导致超级电容器充放电时产生的热量不能有效传递出去。而随着时间的推移，热量积累，容易引发超级电容器过热、冒液、损坏，影响车辆的正常使用，迫使车辆停驶，并不得不采用车用空调对其强制降温。超级电容器在车辆上的安装结构也不利于通风散热。在高温季节，即使采取车用空调对其强制降温，其时间一般不少于3小时，严重影响了超级电容车在高温季节的正常使用。

因此，首先要优化超级电容器的性能，进一步提高充放电效率，以减少充放电过程中产生的热量。同时，也需要改进超级电容器组装后的散热结构和超级电容器在车辆上的安装结构，使超级电容器在高温季节能够正常工作，满足公交车的运营条件。

3. **电—电混合电动公交车**

电—电混合电动公交车是以高性能电池和超级电容器为储能器的纯电动公交客车，利用超级电容器充放电快速的特点，增加了车辆起步、加速时的扭矩，改善了车辆制动时的能量回收，达到改善动力性、提高能量的利用效率和增加续驶里程、延长电池使用寿命的目的，具有低噪声、零排放、机动性强等特点。车辆采用DSP数字处理技术，并在核心控制器中，将超级电容和动力型锂电池进行分时控制，充分发挥了超级电容和动力型锂电池性能上的优势，实现优势互补。

表6-2-7　　SXC6120GD纯电动（电—电混合）公交车技术参数

项　目	参　数
车辆外形尺寸长×宽×高（mm）	11960×2540×3300
轴距（mm）	6100
前悬（mm）	2600
后悬（mm）	3260
轮距（前/后）（mm）	2020/1860
车厢内高（中门至前门处）（mm）	≥2300
地板离地高（前桥处）（mm）	≤400
前、中客门一级踏步离地高（mm）	360
乘客门净开启宽度（前/后）（mm）	>850/>1100
座位数（个）	26~34
最大乘员数（个）	60
整车整备质量（kg）	14100
最大总质量（kg）	18000
最小转弯直径（m）	23
接近角/离去角（°）	7/7
最小离地间隙（mm）	180
最高车速（km/h）	80
最大爬坡度（%）	18
百公里耗电量（kWh）	110
制动距离（30km/h）（m）	≤9.5

车辆通过耦合器的调节控制完成双电能载体的有效利用。在车辆启动时，利用超级电容的特性，瞬间释放大电流，当电容电压下降至控制器整定的限幅值后，由电池组给予能量，使整车在启动时动力特性发挥得更好，车辆启动特性明显加强，同时降低了对锂电池瞬间放电的需求；在制动的瞬间，车辆动能迅速地转化成电能，电池组自动切断开关，由超级电容器独立承受大负荷电流回馈，将电能存储在超级电容中，避免冲击电流对锂电池组的损害，提高了效率，延长了电池的使用寿命；在车辆正常

行驶状态，超级电容和电池组在耦合控制器作用下处于并联状态，其之间的能量可在外部功率要求下自由交换、流动，也使得电池寿命得到了有效的延长。

图6－2－8　电—电混合电动公交车

电—电混合电动公交车可采用车载式或地面式的充电方式，其中车载式充电时间5～8小时，地面式充电时间3～5小时，根据运营距离的不同，可实现快速充电，一般1～2小时充电达电池容量的70%。

电—电混合电动公交车是从2007年7月开始陆续投入上海市公交线路运营的，截至2011年6月底，共有12辆电—电混合电动公交车在市内公交路线上营运，其中，2辆车在20路上运营，2辆车在825路上运营，6辆车在嘉定南翔运营，另有2辆在浦东试运营。

（1）运营情况分析

截至2011年6月底，上海市前后共有12辆电—电混合电动公交车在公交线路上开展试运营。根据不完全统计数据显示，2010年全年，电—电混合电动公交车共行驶258680公里，车日平均行驶里程109公里；总充电时间764721分钟，平均每公里需充电3.4分钟。其中，2辆20路电—电混合电动公交车，于2010年7月正式投入公交线路运营，配备有500Ah锂离子电池，为同种类最新型公交车。截至2010年12月31日两辆混合电动公交车共行驶31287公里，平均车日行驶里程达到109公里；总充电量53917kWh，实际线路运营中平均电耗1.72kWh/km；总充电时间67783分钟，平均每公里需充电时间4.56分钟；车辆完好车率达83.43%。

而根据相关车辆运营数据显示，经过技术改进，2011年电—电混合电动公交车实际线路运营中车辆故障频率有所降低，车辆平均电耗也有所下降。根据各条线路不同路况，车辆运营时平均电耗可降低0.1～0.5kWh/km，需进一步跟踪车辆能耗变化情况。

（2）技术性分析

①动力性能。

电—电混合电动公交车电容组可提供瞬间大电流，整车的动力性能较好，车辆可在短时内达较高的时速，车载电容可对回馈电流加以吸收，有利于电能的反馈及再利用，这样就避免了电池组瞬间大负荷的输入和输出。

②续驶里程。

电动公交车的续驶里程取决于车载动力蓄电池的总容量。而当前制约车辆采用更多地增加蓄电池容量的主要因素是电池的能量密度，即单位质量电池所储存的电能。由于当前最先进的动力蓄电池的能量密度尚不能满足车辆的要求，因此，在车辆设计中采取了适当增加车辆自重和牺牲载客数量和续驶里程的方法，方能使电动公交车得以投入示范运营。

同时，电动公交车使用的锂离子电池组是数万个电池单体通过串联和并联组成的，由于电池材料和制造工艺的原因，各电池单体的性能存在一定的差异。为保证电池组的寿命和安全，电池组充放电的管理必须考虑到这种不一致性，从而也影响了电池的有效容量。

目前，电池管理对剩余电量（即 SOC）的测量精度尚有进一步提高的余地，提高 SOC 测量精度可以改善电池的充放电，也有利于提高电动汽车的续驶里程。

此外，车辆目前使用的驱动变频装置工作电压范围偏小，其机型不能很好地满足实时控制的要求，当锂离子电池组还有有效存储电能时，驱动变频装置就不能正常工作了，也造成车辆续驶里程相对较小。

③电控系统。

目前，本市投入运营的电—电混合电动公交车使用的电控系统仅有单组电压提示功能而不能直接显示锂离子电池组剩余电量。驾驶员在无法确定剩余电能还可以行驶多少路程的情况下，为了运营安全起见，车辆都会提早进场，使有效电能无法得到充分利用。该车型的电控技术有待采用成熟技术予以完善。

④电能消耗。

电—电混合电动公交车实际运营平均电耗为 1.72kWh/km，其电能消耗指标有待进一步改善。有必要从系统匹配、整备质量等方面深入分析原因，为进一步优化车辆性能提供依据。

（3）经济性分析

①常态化综合成本分析。

在常态化运营情况下，电—电混合电动公交车按每车行驶 110 公里/天计算，在没有任何政府补贴情况下进行车辆成本核算，常态化下电—电混合电动车百公里综合运营成本约1900元，其中，包括车辆折旧、人工成本、电池折旧、能耗成本、保险费及事故费、保养修理费、车队经费、其他营运业务费、管理费用等。

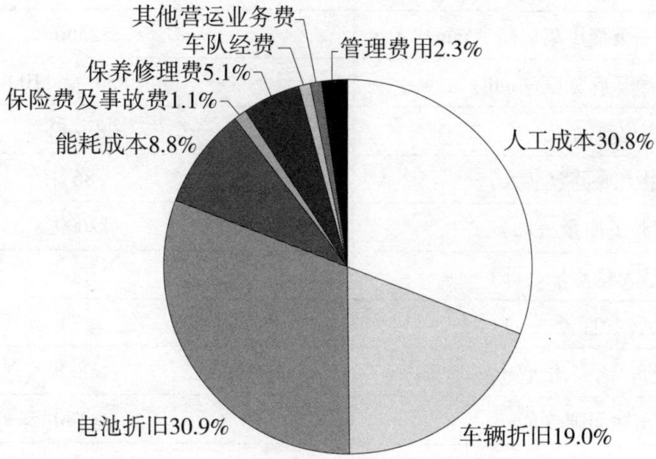

图6－2－9　电—电混合电动车运营成本构成

②基础设施成本分析。

此外，电—电混合电动公交车还需配套建设充电站、充电桩、机房、监控室、维修车间等基础设施。据初步估算，设施投资约20万元/车。

（4）可靠性分析

由于电—电混合动力公交车存在部分总成件的设计和选用不合理的问题，造成车辆故障率偏高。而车载电池性能也尚不稳定，容易造成电池短路或电池组发热，给车辆运营带来一定的安全隐患，需进一步的技术改进与及时跟踪。

4. **油—电混合动力公交车**

150辆油—电混合动力公交车于2010年4月陆续出厂，6月全部交付完毕，投入到世博园区外公交线路的运营中。

表6－2－8　　SWB6127HE2型油—电混合动力公交车技术参数

主要技术参数	
车辆外形尺寸长×宽×高（mm）	11840×2500×3460
轴距（mm）	6000
前悬（mm）	2360
后悬（mm）	3480
轮距（mm）	前2101/后1860
车厢内高（mm）	≥2295

续 表

主要技术参数	
地板离地高（mm）	600
前、后客门一级踏步离地高（mm）	≤360
乘客门净开启宽度（mm）	前850/后1100
座位数（人）	28～42
厂定最大乘员数（人）	86
整车整备质量（kg）	12600
厂定最大总质量（kg）	17500
最小转弯直径（m）	≤24
接近角/离去角（°）	≥8/8
最小离地间隙（mm）	≥180
最高车速（km/h）	≥80
最大爬坡度（%）	≥20
制动距离（m）	≤9.5（30km/h）
高压电压（V）	AC　400
储能电压（V）	DC　576
路面积水停驶高度（mm）	≥300

（1）运营情况分析

150 辆油—电混合动力公交车中，75 辆由浦东新区公交公司负责运营，另 75 辆由巴士集团所属二汽和新新公司分别于 5 条公交线路上营运。

由巴士集团负责营运的 75 辆油—电混合动力公交车从 2010 年 5 月 1 日至 12 月 31 日，共行驶 2756813 公里；总加油量 1122667 升，平均油耗 40.72 升/百公里；平均单耗 1.04 升/百公里。

单从车辆油耗方面来说，与同路线的柴油车相比，油—电混合动力车比自动变速箱柴油车平均油耗 47.37 升/百公里下降 14% 左右。而与手动变速箱柴油车相比，不同线路的平均节油是不相同的。从 2010 年 5～12 月，在 931 路上，平均每月的节油可达 4%～9%；在 89 路上，平均每月的节油仅为 1%～4%；在 205 路上，两种车型的油耗基本相同，油—电混合动力车略高 1% 以内；而在 43 路上，平均每月要超油 4%～9%。

由浦东公交公司负责营运的 75 辆油—电混合动力车从 2010 年 5 月至 12 月 31 日，共行驶 430.7 万公里，总加油量 167 万升，平均油耗 38.86 升/百公里；2011 年 1 月至 5 月，共行驶 208.8 万公里，总加油量 76.2 万升，平均油耗略有降低，达 36.48 升/百公里。但由于目前除 119 路上使用 SWB6127HE2 车型外，其余车辆均为 10 米长度的

SWB6100V2 车辆，与 12 米车辆存在油耗差异，因此与同线路上柴油车油耗没有可比性。

（2）技术性分析

油—电混合动力公交车的动力总成系统采用混联技术。采用这种混联式混合动力总成系统是考虑到我国目前的混合动力客车产业现状。针对目前国内 AT 或 AMT 欠缺，导致国内前期开发的采用自动变速箱（或 AMT）混合动力客车产生的一系列可靠性问题，该车型的动力总成取消了耦合油—电动力的自动变速箱，而是利用大功率电机提供车辆低速区间的驱动力，中速区间由发动机和电机共同驱动，而高速区间由发动机单独驱动，以此满足车辆的动力性，提高车辆的可靠性。

该产品研制过程中，上汽集团商用车技术中心、申沃公司和万向电动车公司从设计、部件选型及加工制造等方面进行了一系列技术改进。2009 年 7 月底至 8 月初，启动第一阶段的技术改进工作，9 月初启动第二阶段的改进工作。世博运营中，有关单位针对发现的问题，采取了改进措施。通过对车辆各系统的技术改进，使相关部件的故障大幅度下降。但由于受到国内新能源车辆的相关配套件产品质量的制约，部分零部件及器件质量还不够稳定。ISG 电机断轴率和车辆传感器损坏率还比较高，控制器模块易发生早期损坏，电路设计及器件选型尚需进一步优化。

在后续利用中，还需积极推进车辆的技术攻关，优化动力总成系统匹配及整车控制策略，优选质量可靠的零部件，并进一步研究发动机、电动机、发电机等相关参数匹配问题，切实提高混合动力汽车的节油率，提高车辆运营的可靠性和节能效果。

（3）经济性分析

油—电混合动力车百公里综合运营成本约 1300 元，其中包括车辆折旧、人工成本、能耗成本、保险费及事故费、保养修理费、车队经费、场地租赁费、营运业务费、管理费用等。

根据不完全统计数据显示，油—电混合动力公交车综合运营成本与普通公交车相当，但能耗水平与设计要求有较大差距，有待进一步技术攻关，降低车辆能耗。

（4）可靠性分析

油—电混合动力车新能源部分故障较多，主要反映在以下几个方面：①动力装置可靠性差，ISG 电机断轴故障多，造成车辆运营中抛锚。②电动机及各类电气控制器设计、制造、安装等不合理，导致部分器件早期损坏，如电路板变形、继电器过流、模块过热过载等。③变速器及控制操纵系统设计、选材不合理。离合器拨叉材料问题及拨叉摇臂孔套固定模式不适合使用工况，导致拨叉断裂，拨叉摇臂孔套退出；气泵电机早期损坏；气动控制回路的传感器等部件失效，造成车辆故障。④电动机水循环及散热系统设计及配套件选取不合理。水循环冷却系统负荷大，冷却管路散热效果不佳，

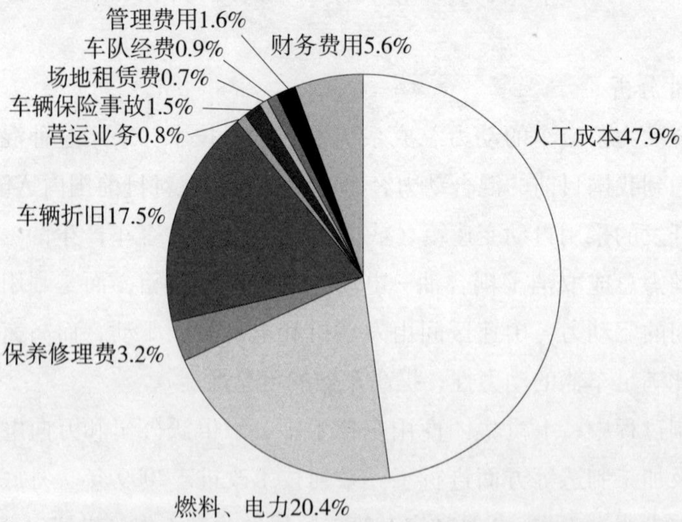

图 6-2-10　油—电混合动力车运营成本构成

冷却水泵质量不稳定，散热风扇早期损坏，车辆因电动机温度上升达到上限而抛锚。⑤传感器质量不够理想，导致早期损坏，造成车辆故障。⑥接插件触点材料及结构不适合车辆使用状况，经常发生接触不良故障。⑦整个电控系统工作不稳定，经常产生故障乱码，必须消码后，车辆才能恢复正常。⑧满载时起步加速较慢，尤其是坡道起步困难。按照混合动力车设计模式，车辆从起步到 23 公里车速时，都是纯电动模式。仅以电动机参与牵引。由于电池容量较小，起动电流不易过大，造成起动扭矩偏小。

2.5　新能源公交车推广应用研究

（1）发展前景

根据国家《汽车产业调整和振兴规划》，近期全国要形成包括纯电动、充电式混合动力和普通型混合动力在内的新能源汽车 50 万辆的产能，新能源汽车销量要占到乘用车销售总量的 5% 左右。并且，主要乘用车生产企业应具有通过认证的新能源汽车产品。

一定规模的新能源汽车的示范与应用是促进新能源汽车的发展、降低新能源车辆及零部件的制造成本并走向产业化的重要环节，可以反过来促进新能源汽车使用规模的进一步扩大，形成良性循环。现阶段政府在公共财政方面给予新能源公交车运营以支持来促进这一良性循环的实现。

（2）发展新能源公交车的战略意义

节能与新能源汽车作为国家的新兴战略产业，对于转变经济发展方式，推进产业结构优化升级，加快高新技术产业化，大力发展能够缩小与发达国家制造业水平差距、对提升国家自主创新能力和产业竞争力有重要推动作用。

随着世界能源结构的变化，城市交通燃油供需矛盾将日益突出，车用燃料将逐渐步入多元化的发展阶段，各国的汽车生产厂商都在政府的引导下积极寻找替代能源，推进新能源车辆的发展。

电力资源是全世界通行的能源，使用电力为主要动力的电动汽车，除通过煤电实现电力供应外，未来还可探索发展通过风力、水力、太阳能发电等供电方式，实现电动汽车的全寿命周期低排放。此外，电动汽车可以错开城市用电高峰，利用夜间充电，充分利用电力行业的峰谷电力，节能减排，经济实惠。因此，发展电动汽车已经成为目前发展新能源汽车的重点。

（3）尚待妥善解决的问题

目前在本市使用的各种新能源公交车尚处于产品研发向产业化过渡的阶段，尚待妥善解决的问题主要有：

①车辆性能和可靠性以及关键零部件、关键技术需进一步完善。

本市新能源公交车辆的实际运营表明，车辆采用的关键零部件、关键技术直接关系到车辆的性能、可靠性。对纯电动公交车而言，关键是需要提高动力蓄电池的安全性、能量密度、功率密度和一致性，攻克电池模块的成组技术，提高电池利用效率和管理水平，延长电池使用寿命，从而延长车辆续驶里程，提高安全性，降低运营成本。对超级电容公交车，则需要提高电容器的充放电效率、改善单体的一致性和成组技术，使续驶里程和安全性有所提高。对采用并联或混联技术的混合动力公交车，除需要电池、电机和电控技术的成熟外，高效、可靠和价格适当的 AT 或 AMT 也是需要突破的关键。

②车辆系统的集成能力和开发能力有待提高。

新能源汽车运营的结果表明，车辆的性能与理论上的效果相比有一定的差距。以本市现在使用的油—电混合动力公交车的节油率为例，理论上至少可以达到 20% 左右，而实际的节油效果则比较有限。这反映了系统部件参数的选择和系统匹配工作还有待优化，开发中缺乏必要的评估、测试硬、软件手段，也影响了开发质量和使用效果。应提高车辆的开发能力和开发质量，尽可能把问题解决在车辆开发阶段，为新能源车辆的应用奠定良好基础。

③车辆购置、运营成本较高。

新能源车辆购置成本较高，纯电动、超级电容、电—电混合电动车购车费用在 120 万元至 150 万元不等，比普通公交汽车的 90 万元购车成本高出许多，给企业带来不小的经济负担。车辆在运营过程中还未形成规模经济，运营成本也居高不下。相比普通公共汽车，百公里运营成本要高出千元之多，而随新能源车辆运营里程的增加，维修成本也将逐年递增，在政府补贴政策未明朗的情况下，将给运营企业造成经营困难。

④配套设施投资成本较高。

新能源公交车辆配套基础设施建设、维护投入费用较高。纯电动车需要建设充电站为其配套，超级电容车需要进行配套电网线路建设，电—电混合电动车需要建设充电桩等作配套。由于目前新能源公交车辆线路和运营车辆未达到一定规模，致使配套设施利用率偏低，规模经济效应不显著。而新能源公交车辆往往对停车及维修场地也有一定的特殊要求，现有的公交停车场及维修场站需进行改建，车辆要引入专用的设备才能进行维修，因此在新能源车辆在推广使用初期资金投入较大，需政府财政的大力支持。

（4）技术总体评价

①纯电动公交车。

纯电动公交车于2010年借助上海世博会开始在上海地区推广，承受住了世博运营期间园区主要干线高强度、长时间、大负荷的运营。通过实践证明，车辆运营总体上是安全可靠的。车辆故障率相对其他新能源车辆来说较低，车辆平均能耗较低，每公里耗电1.47kWh，低于其他电力消耗新能源车辆。

然而，由于车辆发展时间不长，还存在一定的问题。纯电动车辆主要采用快速更换电池模式运营，需配套安排土地建设充电站等设备，投资较大，且对停车、维修场地有特殊要求。车辆设计、制造未达到产业化要求，动力蓄电池等关键部件和关键技术还有待进一步改进。车辆续驶里程有待提高，目前，实际运营中车载电池可储存电量利用率在60%至70%，电池性能有待进一步提升。车辆运营成本较高，其中，电池折旧、电池服务费占比高达50%，是成本居高不下的主要因素。需进一步进行规模化生产，改进技术，提高电池的利用率，降低车辆运营成本。

鉴于纯电动公交车在世博的成功示范运营，基本满足城市公交的运营要求，建议在世博120辆纯电动公交车的基础上，继续推行纯电动公交车的产业化发展，适当选址建设充电站及其配套，进一步锤炼纯电动汽车相关技术，降低运营成本，促进纯电动公交车在上海市适合的公交线路上推广使用。

在现有条件下，针对纯电动公交车存在的问题，为提高纯电动公交车的续驶里程和改善车辆充电条件，国内外汽车制造业推出了采用增程器和可采用插电式充电方式的增程式电动公交车技术。国家科技部“十二五”的“863计划”也将增程式电动公交车研究列为发展方向之一。目前，本市申沃客车已完成了11米增程式电动公交车样车制造，并进入优化完善阶段。据对样车的测试，车辆的续驶里程可达300公里，市区工况的能耗换算成柴油为26升/百公里。建议在严格测试和考核通过的基础上，支持在本市公交线路上投入少量的车辆示范运营，以探索纯电动公交车应用的新途径。

在运营成本中，动力蓄电池的维护、折旧费占有很大的比例。实际上，不适用电动汽车的动力蓄电池仍可用于风电场和太阳能发电的储能。如能在运营模式上创新，使动力蓄电池物尽其用，电动汽车的运营成本还可以有明显的下降。

②超级电容公交车。

超级电容公交车从2006年8月投入使用至今，已有五年的发展历史。在11路公交线路商业化示范运营的基础上，通过世博园区内干线路网的高强度、大负荷和长时间运营，证明其在运营上是基本安全、可靠的。车辆采用电力作主要燃料，可以促进城市交通的节能减排，有利于改善城市大气环境。

但超级电容公交车车辆机动性较差，对路段车流、路况等有特殊要求，平均行驶2～3公里就需及时停靠站点进行快速充电，且充电时对停车位置有一定限制，易受其他行驶车辆的影响，仅能适应车流量较少、平行公交线路较少等特定线路的运营要求。平均每公里耗电2.13kWh，高于纯电动车平均电耗水平。高温期间电容故障率较高，电容器能量密度、耐高温性等关键技术有待改进。在散热问题解决前，只适宜在客流量不太大的线路运营，应用规模也不宜过大。常态化运营下车辆补贴前百公里综合运营成本较高，需要政府出台相应激励和扶持政策。且须配套建设充电支架、整流站等配套设施，若新建线网投资较大。

③电—电混合电动公交车。

相比纯电动、超级电容公交车，电—电混合电动公交车采用整车充电模式，可利用小块土地建设充电柱进行分散充电，无须占用大量土地建设充电站，且车载电容组可提供瞬间大电流，整车的动力性能较好。

从技术方面分析，电—电混合电动公交车车载电池可储存电量约300kWh，电池容量是纯电动车的两倍多，但现状为平均充电一次续驶里程有待提高，电池利用率有待提高，车载电控设备等关键零部件有待进一步优化。世博运营期间，实际线路运营中平均电耗1.72kWh/km，通过技术改进，电耗有所降低，车辆节能性能有待深入研究。综合运营成本较高。

电—电混合电动公交车是针对以动力蓄电池为储能器的纯电动公交车的动力性、能量利用效率和续驶里程以及延长电池寿命而开发的新技术，但目前在本市运营的电—电混合电动公交车却未能够达到预期的性能要求，车辆运营安全性也有待提高。建议制造企业应加强车辆的技术攻关，完善各系统的匹配，重点对车载电池、电控系统等进行技术改造，降低车辆电能消耗，提高车载利用率和车辆的续驶里程，以满足较长或超长公交线路的运营要求。同时，应考虑采用有研发能力厂商生产的、性能和可靠性更为完善的电—电混合电动公交车。

④油—电混合动力公交车。

自2010年世博以来，150辆油—电混合动力公交车陆续出厂后投入到世博园区外公交线路运营。车辆机动性能好，无须配套新建基础设施，相比其他新能源车辆，车辆采购、运营和维修成本较低，运营成本与普通公交车相当。较适宜在中心城区线路上运营。

在技术层面，车辆的系统匹配还可以进一步优化，设计、制造及配套零部件的质量水平还有待进一步提高，可靠性问题必须抓紧解决；现有混合动力公交车的控制模式与设计的节油指标有较大差距，首先应有针对性的优化车辆控制策略，使不同线路车辆的常用工况位于发动机的经济油耗区内。从实际使用情况来看，车辆在拥堵的道路上行驶，燃料经济性更好，但若在市通郊等线路上运营，节油程度则没有显著优势。因此，应结合车辆节油特性适当进行线路布局，以充分发挥车辆在拥堵路段上的节能优势，降低中心城区的车辆尾气排放，达到一定的节能减排效果。

（5）发展定位

要发展新能源车辆，关键是对新能源车辆有客观的认识，树立科学、公正、全面的评价理念，正确处理经济利益和环境影响的关系，明确新能源车辆在城市公共交通发展中的地位，促进新能源车辆的健康发展。根据上海市世博以来本市和国内新能源公交车应用的经验，可以认为当前的新能源公交车及其关键技术和关键零部件技术尚处于从开发成果走向成熟和产业化的阶段，通过适当规模的示范性应用，将促进新能源公交车技术的成熟和产业化，同时也可为更大规模的推广和应用积累经验。

当前，首先应充分利用现有新能源公交车辆，根据目前掌握的规模运营的适用条件，继续妥善组织示范运营；在技术上，通过与车辆供应商、关键部件供应商的合作互动，优化车辆性能，提高车辆的可靠性、安全性，完善车辆的维护技术与规范；在技术稳定的基础上，适度发展新能源公交车辆，使运营车辆达到一定的经营规模，降低单车运营成本；在供电基础设施上，充分利用现有的配套基础设施，减少国有资产的闲置浪费；在政策倾斜上：落实购车补贴、电价补贴、维护保养补贴、节能减排补贴等优惠政策，并明确充电设施建设主体，新增配套设施建设补贴。

另外，稳步推进新能源车辆的发展，建议本着先易后难的原则，近期以投资较少、对基础设施依赖较少的、适应性较强的车型为主，并根据关键部件和关键技术的成熟程度和基础设施建设的进展，逐步增加应用的数量。同时，随着汽车技术的进步，还会有新型的新能源汽车问世。应本着大胆试验、谨慎推广的精神，建立必要的运行、评估机制，以促进适用的技术尽快完善，同时也可避免不成熟技术给运营企业带来不必要的损失。

（6）发展思路

①合理规划，确定发展目标。

新能源车辆种类繁多，使用不同燃料作动力的各种车辆环保性、能源利用性、可靠性、安全性、经济性等方面都有所不同，政府应通过对不同新能源车辆的示范运营，对各种车辆的性能及发展前景做深入研究，在保证车辆运营高安全性的基础上，确定新能源公交车的发展目标，合理规划线路，建设相关供电等配套设施，推动新能源车辆在公共交通领域的发展。建议首先采用技术比较成熟、可靠的新能源公交车替代传统公交车。进一步提高新能源公交车技术水平，充分利用世博基础设施，适当加大示范应用的力度。

②推进车辆技术改进。

从技术层面来说，新能源车辆不管是整车控制、动力系统集成，还是电池、电容等关键技术都不是很完善，某些关键零部件需要进口，自主知识产权体系有待进一步形成，需要政府在新能源公交车发展领域加大政策扶持力度，全面引导汽车制造企业及零部件企业进行关键技术的研发，提升新能源公交车辆的开发能力和开发质量，提升关键零部件的性能与可靠性，从整体上提升本市新能源公交车的市场竞争力。

③适度发展，形成规模，降低运营成本。

新能源车辆大多对停车场、充电站、整流站、线网设置及维修设备等有特殊要求，前期投入及维护成本较大，导致车辆的运营成本较高。政府部门应根据新能源公交车的成熟程度，稳定和适度发展新能源车辆，逐步培养线路运营规模，在规模经济效应的影响下降低新能源车辆整体的运营成本。因此建议上海城市公交车辆中逐步提高公交车辆中新能源车辆比例。

④落实政府政策扶持。

政府相关部门应进一步明确新能源公交车辆的相关补贴政策，加大扶持力度，对新购车辆、基础设施建设、维护保养、电价及节能减排方面给予补贴，并落实资金投入，推动新能源公交车辆新技术的研发。

（7）技术展望

新能源车辆的推广离不开各方面的技术保障，从世博会期间园内以及园外各类新能源车辆的运营总体情况来看，新能源车在车辆、燃料、基础设施等方面仍存在部分问题，若要在未来几年内很好地推广新能源车辆，从车辆的技术保障上来需要从以下几方面进行优化、解决。

①车辆方面。

在新能源车辆整车的关键技术方面，自主知识产权体系还不够成熟；在整车控制及动力系统集成方面，如动力电池技术等严重制约了新能源客车整车的可靠性、操作平顺性、乘坐舒适性等；由于国内研发模式的历史承袭原因，电机及控制技术、电池及能力管理技术等两大核心技术均掌握在科研院校中，一般均作为科研成果用，往往缺少市场的验证，一段时间内难以满足产品规模化实际运营的特性需求。

另外，车辆的价格是制约新能源车普及的一大重要因素，也是最难解决的一个问题。车价方面，将12米的常规的公交车与12米的新能源车进行成本对比，假设以8年报废为期限，单纯从购车成本上来比较，以纯电动公交车为例，就要比普通公交车每年多近10万元的折旧。经过实际运营，成本并不像当初预期的那样可以轻易回收。降低成本主要还是靠市场，政策补贴只是一种促进方式，如果要降低成本，关键还是要在企业的生产过程中和产品的实际市场销售中得到实现。

②电池方面。

实践表明，电池主要的核心技术瓶颈主要存在四个方面：高安全性、长寿命、轻量化和低价格。从经济效应及实际应用角度来看，电池组采购成本高、电池续驶里程、电池维护、统一标准化问题等是制约车辆推广普及的重要因素。

电池组寿命方面，一般整车至少使用8年，而目前新能源客车的电池使用寿命无法满足。导致因电池新增的成本无法在车辆使用周期内通过节能方式予以弥补。即使有政府的购车补贴，却也无法平衡在整车产品使用寿命周期内可能更换电池成本的投入，也制约了运营单位购置新能源客车的积极性。因此，要解决电池的长寿命问题，必须要突破电池正、负极材料技术，改进电池隔膜和电解液技术。

电池价格方面，现新能源电车高价格主要源自电池（纯电动公交车单个电池组价格为车价的1/3左右，电—电混合电动公交车单个电池组价格和车价相当）。目前制造电池的关键材料，还不能完全达到标准。新能源公交车成本无法平衡，很大程度上制约了用户购买积极性。

③供电设施方面。

现状新能源电车的基础配套尚不完善，在上海仅有个别线路站点配套了充电设施，配套设施建设服务范围有限，对新能源车辆的推广带来一定的阻力。另外配套基础设施成本较高，技术还有待进一步改善。

从投资分析和对电网影响两方面考虑，在技术及运营都不太明朗的情况下，充电站建设存在以下的问题：第一，成本高，投入不知何时能收回；第二，标准、规范未落实；第三，充电站的布局问题；第四，对电网的冲击，多车同时充放电，对电网将造成何种影响；第五，电费的计算问题。因此，在具体实施过程中，配套设施方面主要解决的问题是如何实现充电快速化、接口标准化、充电智能化（电费计算）、电能转换高效化及充电模式的应用等（以纯电动公交车为例，其充电设施的质量，直接决定了电池的有效使用频率和使用范围）。

④环境影响方面。

新能源车辆的电池组、燃料等在研发、生产、售后及回收过程不可避免的会对环境带来一定的影响；因此，如何更好地利用科学技术，改善现有状况，减小对环境的影响，从根本上体现新能源车的“绿色”之本，是下一步工作中的重点任务。

2.6 相关政策措施与建议

新能源公交车辆还处于示范营运阶段，需要整车制造厂、营运企业、政府各部门大力支持和精心呵护。

“十二五”期间，在上海社会经济发展转型的重要时期，为积极响应“低碳交通”的发展理念，提倡未来交通的可持续发展，减少环境污染和弱化对不可再生能源的依赖性，建议政府部门加大对新能源车辆发展的扶持力度、增加相关资金补贴、完善相关管理制度等，以促进未来新能源车辆的推广和健康稳定发展，具体政策建议如下：

①政府引导。政府应主动争取科技部等中央部门支持，进一步推动上海新能源车的研发，加快新能源车产业化发展步伐。在推广新能源车方面，可考虑在政府管理部门、大型国有企业购置、更新公务用车时配备一定比例的新能源车辆，这个比例可随新能源车适用性的提高而提高，为推广新能源车起示范引导作用。同时，也有利于促进上海新能源车产业水平的提高。

②纳入总规。明确未来新能源公交车辆在城市公共交通中的定位，纳入城市公共交通发展规划，积极探讨适合新能源车辆发展的区域。新能源车辆的基础设施应纳入城市规划。目前城市用地尤其是中心区较为紧张，但新能源车辆的运营需一定规模的停车、维修场地、充电站等基础设施，因此必须纳入城市规划，以确保规划落地。

③有序发展。制定新能源车辆健康发展的相关保护政策。确保其规划与发展有一个行之有效的政策方向与约束，结合新能源车辆适宜的发展区域和线路，制定行之有效的新能源电车推广计划和保护政策，并在撤除、改线等方面形成相应的规划和机制。因此，对于未来新能源车辆的应用与推广，应吸取新能源公交车辆发展过程中存在的教训，做好发展规划，制定保护机制，为上海可持续发展绿色新能源公交提供保障。

④财政补贴。新能源车辆在国内外处于示范实验阶段，整车及零部件还未完全产业化，运行成本较高。为了提高营运企业使用新能源车辆的积极性，政府应制定相应的扶持优惠政策。从分析的情况来看，新能源车辆购置费用与运营费用都较高，企业无法承担，运营的积极性不高，不利于新能源车辆的推广。可从购车补贴、配套设施建设、电池（线网）维护保养、电价补贴、节能减排补贴等方面考虑。

⑤规范管理。建立适合新能源车辆示范初期的运营模式。示范运行应集中使用，

一方面可集中力量做好技术保障，发现问题及时组织攻关，另一方面提高设施的利用效率，降低示范运行的成本。建立有效的新能源车辆运营跟踪管理机制。跟踪示范运营新能源车辆的各项运营指标数据，形成有效的数据搜集与上报机制，汇总各种新能源车辆运营数据，为后续车辆评估、数据分析与技术改进提供便利。建立新能源车辆技术攻关的推进力度与政策。目前新能源车辆在运营过程中还存在较多技术性问题，应加大科研投入；同时，应加大整车及关键零部件厂家对示范运营新能源车辆的质保年限和范围，以使生产厂家第一时间掌握使用情况、发现技术问题，进行科技攻关，推进车辆的技术和质量的提高。

2.7 关于新能源车辆的思考

节能与环保是当今世界车辆发展的两大主题，在石油资源趋紧，油价节节攀升的今天，发展新能源车辆已成为世界车辆发展的必然趋势。现下，国内关于新能源车辆的发展有两种不同的声音：一种是循序渐进型，即应由易向难推进新能源车辆的发展，认为目前纯电动车的核心零部件达不到要求，应从混合动力车做起，通过对现有技术的改良提升核心零部件的配套能力，再研发和推广纯电动车辆；另一种是一步到位型，认为国内有一定的新能源车辆发展基础，既然混合动力车是过渡产品，最终要实现车辆的纯电动化，那就应该从一开始就致力于纯电动车辆的研发与推广，按照纯电动车辆的要求来推动核心技术的发展。可以发现，这两者有一个共同特点，就是要提高新能源车辆核心零部件的技术水平，这也是现阶段制约新能源车辆发展的最主要障碍。

在新能源车辆核心技术尚不成熟的条件下，要评判哪条技术路线更适合上海市新能源公交车辆的发展是十分困难的。2010 年借助上海世博会的平台，新能源车辆进行了大规模的示范运营，纯电动、超级电容、混合动力、电—电混合等新能源公交车纷纷亮相，各展所长。随着政府一系列车辆发展激励政策的出台，新能源车辆示范运营将进一步扩大，未来会有更多的新能源公交车辆上路运营。但从另一方面来说，新能源公交车，无论从车型选择，还是车辆运营，仅仅凭借政府补贴推动是远远不够的，在政府的财力、人力投入之后，若得不到市场认可，车辆也必然会遭淘汰。因此，要让这些贴着绿色标签的新能源公交车真正持久立足，摆脱示范运营的帽子，必将经受市场的考验。只有经过市场检验，才能真正确定适合上海市发展的性能优良、价格合理、运营成本经济的新能源车辆。

（1）发展车型方面

从上海市新能源车辆现有车型来看，现有的新能源公交车辆品种众多，纯电动、超级电容、电—电混合、油—电混合车辆各有优劣，单独选择某一车型发展都有机会和风险存在。

纯电动公交车采用电力驱动，电池可充分利用晚间用电低谷充电，但车载电池储存电量有限，车辆行驶约 80 公里就要进站换电池，若要满足公交线路的正常运营，则必须采取换电池模式，同时需在首末站附近配套投建快换系统、电池充电系统等基础设施，对土地有一定要求。超级电容车，作为上海市自主研发的新能源车辆，利用电容的快速充放电特性，保持单次充电 3km 左右的续驶里程，可充分依托市内无轨电车线网进行世博后续运营，但电容单体能量密度、单体性能的一致性、充放电效率及耐高温性等关键技术有待改进。电—电混合电动公交车与纯电动车类似，也用电池驱动，同时利用电容组对电流加以吸收、反馈和再利用，优势在于车辆采用整车充电模式，可设置充电柱进行分散充电作业，但现有车型的系统匹配、车载电池、电控系统等有待技术改进，车辆安全性能有待提高，若未来能够充分利用电池性能，续驶里程达到 160 公里及以上，则可在每天充电一次的基础上，保证市内较长公交线路的运营要求。混合动力公交车，仍使用柴油驱动，相比其他新能源车辆，节油减排的效果有限，但由于其运营、维修成本较容易被企业接受，且无须新建基础设施即可投入运营，因此，若在中心城区较拥堵的线路上布局并推广运营，能起到一定的节能减排效果。

鉴于上述新能源车辆整车及关键车载设备等设计开发尚不成熟，尚处于探索发展的阶段，建议可采取多样化的发展方式，根据各区县的不同情况，在适宜线路上安排不同类型的新能源车辆，并对车辆性能、节油率等各项指标进行有效跟踪，积累数据资料，为将来新能源车辆评估及车型确定打好基础。

（2）政府引导

在国家大力促进新能源车辆发展的条件下，国内生产新能源车辆的企业如雨后春笋般大量涌现，水平参差不齐，市场鱼龙混杂。多数客车制造企业，都延续了传统客车的拼装方式，核心部件依赖外购，缺少核心竞争力，导致市场上新能源车辆种类繁多，不同车型的节油率、稳定性等各有不同。针对此，政府应做到：

首先，建立有效的新能源公交车辆评估机制，针对现状技术尚不成熟的新能源车辆在不同线路上的运营情况，按照国家标准请相关专家对各种车型的电池电容性能、节能减排效率等进行定期的全面测评，出具权威的检验报告，推动新能源公交车技术改进，逐步向先进、高效的方向发展。

其次，针对新能源车辆的高购置成本、高维修成本，应引入竞争机制，采用招投标方式，全方位评估车辆生产企业制造、维修能力，全方面考察车辆及车载设备性能，突破地方限制，以市场化手段降低车辆购置、维修成本。

再次，政府在新购新能源车辆时，应多从使用者角度出发，给予公交企业一定的车辆使用选择权，包括整车、电池、电容、电控系统等，多听取公交企业意见建议，从运营经济性、可靠性等多方面考虑，优选新能源车辆及关键车载设备，以真正使用性能良好、节油率高、经济实惠的新能源车辆产品。

（3）运营模式与管理的创新

作为新兴产品，公交企业往往由于新能源车辆运营成本的居高不下而望而却步，因此，在新能源公交车的推广中，不仅要有好的产品，好的基础设施配套，还要创新好的商业模式，运用市场化手段降低车辆的运营成本。

探索新能源公交车租赁模式，包括电池租赁和整车租赁两种模式。以电—电混合电动公交车为例，电池租赁模式下，公交企业只购买车身，电池组和动力系统通过租赁使用；公交资产公司负责提供充电站、停车场等配套设施用地；电力公司负责充电站等配套设施建设；车辆生产企业负责提供电池组和动力系统；公交企业以同类型柴油车的油耗成本支付租金、以柴油车动力系统维护成本支付维修费用。在整车租赁模式下，车辆全部由车辆生产企业提供并负责维修，公交企业直接向车辆生产企业租用；公交企业以柴油车油耗成本支付租金、以柴油车维修成本支付维修费用，差价部分争取财政支持。另外，还应加大电网峰谷差价，鼓励用谷电充电，在合理的租赁制度和租金标准下发展电动车充电服务行业。

总而言之，从保障国家能源安全、减少二氧化碳排放、充分利用电网低谷电等角度出发，发展新能源公交车已成必然。虽然现状新能源公交车关键技术还不够成熟，但我们应该更新观念、保持信心，以百倍的热情、宽厚的心态对待公交领域的新事物，创造宽松环境，促进新能源车辆在城市公交发展中的迅速进步。

3 替代燃料公交车

3.1 甲醚公交车使用情况

根据科技部“863 计划”代用燃料汽车示范运营项目安排，10 辆二甲醚公交车于 2006 年年底制造完成，2009 年 12 月出厂，于 2010 年 1 月投入巴士集团所属一汽公司的 147 路上运营。据统计，2010 年全年 10 辆车共行驶 404828 公里，单车年平均行驶里程 4 万公里左右；总加注二甲醚 359280 升，平均单耗 88.75 升/百公里，按燃料的低热值换算，相当于消耗柴油46.88升/百公里；故障总数734次，故障频率18.13次/万公里。

表6-3-1　SWB6116ME型（二甲醚）城市客车技术参数

主要技术参数	
车辆外形尺寸长×宽×高（mm）	11290×2500×3450
轴距（mm）	5800
前悬（mm）	2360
后悬（mm）	3130
轮距（mm）	前2101/后1860
车厢内高（mm）	≥2200
地板离地高（mm）	600
前、后客门一级踏步离地高（mm）	≤360
乘客门净开启宽度（mm）	前850/后1100
座位数（人）	28~45
厂定最大乘员数（人）	86
整车整备质量（kg）	11100
厂定最大总质量（kg）	16500
最小转弯直径（m）	≤24
接近角/离去角（°）	≥8/8
最小离地间隙（mm）	≥180
最高车速（km/h）	≥80
最大爬坡度（%）	≥20
制动距离（m）	≤9.5（30km/h）

由于二甲醚独特的分子结构和燃烧特性，二甲醚发动机可在采用国II排放控制技术的情况下达到国III排放标准，且在任何工况下不冒黑烟，可彻底解决柴油车的排气黑烟问题。10辆车示范运营期间，通过各方努力，在车辆技术优化和密封技术方面取得一定进展。但该车型的燃料系统的关键部件——增压泵目前尚需进口，不仅价格高，性能与可靠性也很不理想，是造成整车故障多和燃料消耗高的主要原因，也是该技术走向产业化的主要技术障碍之一。此外，车辆制造完工后由于运营经费不落实，导致放置时间太长，影响了车辆质量，示范运营初期非二甲醚系统的故障多，也影响示范运营前期的车辆出勤率和故障率。对于二甲醚公交车，需认真总结示范运营的经验和存在的问题，推进发动机产业化和关键零部件攻关，使该技术走向成熟。

3.2　天然气公交车使用情况

上海的天然气公交车起步较早，从 2003 年 4 月就开始投入公交线路的运营，最初投放 30 辆，最多时达到 244 辆。车辆从 2009 年年初逐步进入报废期，目前仅一汽公司仍有 140 辆天然气公交车在营运。

统计数据显示，巴士一汽和二汽的 214 辆天然气公交车 2010 年全年共行驶 1046 万公里；加注天然气总量达 514 万余标准立方米，平均单耗 49.14 标准立方米/百公里；故障总数 17576 次，故障频率 16.8 次/万公里。

表 6－3－2　　SWB6115Q3 型（天然气）城市客车技术参数

主要技术参数	
车辆外形尺寸长×宽×高（mm）	11420×2500×3400
轴距（mm）	5700
轮距（mm）	2101/1860
车厢内高（mm）	≥2200
地板离地高（mm）	650
前、后客门一级踏步离地高（mm）	≤380
乘客门净开启宽度（mm）	≥850/1100
厂定最大乘员数（人）	81
整车整备质量（kg）	12380
厂定最大总质量（kg）	17000
最高车速（km/h）	≥80
最大爬坡度（%）	≥20
0～50km/h 加速时间（s）	≤35
50km/h 等速行驶燃料消耗/排放	≤30Nm^3/100km 国Ⅲ

天然气作为一种气体燃料，由于分子结构简单、能与空气混合充分而具有良好的燃烧特性，其排放控制比燃油汽车相对容易，天然气汽车的排放污染远低于汽柴油客车，尾气中不含硫化物和铅，一氧化碳降低 80%，碳氢化合物降低 60%，氮氧化合物降低 70%。发展天然气客车可大大改善汽车尾气对城市大气的污染，在替代石油和改善大气环境方面都有一定优势。天然气汽车从 20 世纪 70 年代开始在全球得到较快发展，近几年全球天然气汽车的保有量每年增长都在 200 万辆以上。其优点是整车及关

键零部件技术比较成熟，技术标准体系比较完善，推广、应用有良好的基础。缺点是天然气汽车的燃料供应基础设施与燃油汽车不同，基础设施占地面积大，建设费用较高。因此，天然气公交车只适用于具备天然气供应条件或能够接收进口液化天然气的地区和城市。

上海市的CNG公交车未能得到发展的原因主要是由于发动机的开发滞后于整车，使早期投入运营的车辆不得不采用进口的奔驰单燃料多点喷射天然气发动机。而进口机对匹配条件和使用条件苛刻，昂贵的维护成本、使用经验不足和运营单位缺乏政策支持，使运营单位采用了许多廉价替代配件又进一步降低了车辆的性能和可靠性，给CNG公交车的应用带来负面影响。而且全市的天然气加注网点较少，车辆为加注燃料，空驶里程较多，尤其进入冬季，民用天然气使用量大幅增加，对车用天然气的保障供应带来了问题。此外，公交运营企业近几年建设的多层停车场不能满足CNG公交车停车的安全要求，也制约了CNG公交车的应用。目前，本市运营的CNG公交车均进入服役后期，加上发动机采用了多种替代配件使车辆性能下降、故障率居高不下，车辆发动机较难发动，动力略显不足，造成车辆道路抛锚事故和性能故障较多，且维修零部件价格高，质量很不稳定，维修费用高。

07

展 望 篇

1 大数据时代的交通工程[41][42]

现代城市的发展产生了技术变革，新兴的技术变革为不断增强的信息化建设创造了条件，不断增强的信息化建设为动态海量的大数据[41][42]获取提供了可能。而此时，特大城市自身在进行空间布局调整和城市转型发展时，面对不断增大的交通压力，不断提升的多样化交通需求，而大数据的支撑，正好契合了目前交通规划和行业管理的一系列要求。基于以上两点，可以说动力有了，压力也有了，大数据为交通工程提供崭新的建模途径，但是在实际过程中大量的前期研究工作还不能为大数据在交通建模中产生强有力的支撑，实际工作暴露出传统交通模型的局限。

重力模型是预测区域间人口流动、货物运输、城际通信与国家贸易的常用模型，在交通工程"四阶段法"中的交通分布阶段中有着广泛的应用。"四阶段"包括交通生成、交通分布、交通方式划分、交通分配。前三个阶段估计某种出行方式的 OD 矩阵，第四阶段将 OD 矩阵中的出行分配在交通网络上。然而，重力模型仍然需根据区域特征的不同动态调整参数。而这些参数是有限的，而且不能很好地和现有技术和数据条件相结合。由于所依托的数据环境也出现了重大的变化，在此大数据背景下传统基于 OD 的交通模型出现了许多不适应，这就带来了新的思考：是否需要对传统交通分析理论进行创新？而这一技术变革的核心就是交通调查、交通模型的研究推进，尤其是新型交通信息技术的应用及其与传统方法的融合。

在进行空间布局调整和城市转型发展时，行业管理部门一方面要确实增强社会的可接受度和减少负面影响，另一方面又要提升城市交通战略管理，城市管理水平面临严峻甚至近乎苛刻的考验。怎么解决呢？这就需要借鉴美国军事战略中的"精确打击"概念，在追求效果最大化和社会影响最小化之间寻找对策平衡点，实现交通需求管理的"精确作用"方案。由此产生了对于网络交通流细化分析的要求，传统交通模型也难以胜任。整个模型体系建立在从相关信息系统中提取的多源数据环境基础之上，模型体系的底层是将数据组织成为信息的处理过程。多源数据既包括道路定点检测器数据、FCD 数据、公交卡数据、公交 GPS 数据、手机数据等连续观测数据，也包括传统调查数据等。

传统模型是规划，而不是分析，很难支撑精细化管理。而我们面临的问题再也不是简单地解决“有”“无”的问题，而是供需、结构、整合、均衡、引导的问题，这就要求我们把交通做成实事项目，而不是一个数据，一个分担比，老百姓搞不清楚也体会不到，一笔糊涂账试图让所有人说好话是不现实的。因此，亟待研究和解决的是，通过模型的建立和网络交通流细化分析，综合各种影响因素和约束条件，充分利用新的数据环境提升交通规划决策水平，实现社会经济发展对于交通规划决策的科学化、精细化要求，转变原有的阶段目标管理到动态化、过程化管理。在规划实施过程中不断观察交通系统状态的变化，从简单分阶段目标方案规划转变成为对于交通模式演变过程的动态调控规划。精细地分析不同空间区域之间在不同时段多种交通方式服务水平的竞争对于交通方式选择行为的影响，为市场竞争条件下公交优先对策分析建立模型理论。研究不同时段客流变化特征，为确定城市客运规模控制、交通设施规划等提供分析方法。

2 常态化的调查建模机制

1. 交通调查

为进一步落实优先发展公共交通战略，促进交通行业服务升级，必须注重开展常态化的交通调查，以持续掌握公共交通重要发展指标、积累行业基础数据，更及时、完整地反映公共交通发展中的新问题、新情况，为相关规划编制、设施建设、线网调整、资源配置、效率评估和政策制定等工作提供依据和保障。

在大数据背景下，调查覆盖范围广，内容丰富，系统性强。调查范围建议尽量区域全覆盖、方式全覆盖、内容全覆盖，调查全面覆盖全市公共交通设施、线网、运营、出行和客流等多方面，根据行业管理要求对重点区域、重点线路进行了重点专题调查。

（1）全面与重点相结合

完善公共交通评价指标体系，全面把握全市各区县公共交通发展情况，并针对重点区域、重点线路，结合公交行业实际需要解决的问题，选取重点指标进行客流调查。

（2）现有数据和调查数据相结合

重视现有数据收集和数据调查的结合，充分利用已有的交通信息资源，制订科学合理的调查方案，减少资源浪费。分别针对现有相关企业和部门统计数据、已有的信息系统数据和公共交通卡、AFC 数据、GPS 数据、手机数据等资源进行数据挖掘，力求各项调查相互补充、数据内容全面、各项指标相互校验、不同年份调查数据能够积累延续使用。

（3）近期与远期相结合

考虑到交通调查和建模具有长期性和连续性的特点。在近期方案中，兼顾远期拓展目标的要求（包括硬件设施的配套，配套软件的开发、完善和应用，以及实时抽样调查等方面的工作），为城市交通客流资料数据平台的建立提供翔实、可信的基础数据，体现数据信息为管理所用。

2. 调查方法

调查方法建议兼顾传统人工调查方法流程成熟、准确性高的特点以及新型调查方法信息量大、针对性强、可连续观察等特点，通过多层面数据校核和多来源数据验证保证了调查成果的可靠性和实效性。主要采用的调查方法包括：

（1）基础资料收集

通过基础资料收集，建立良好的数据基础，包括行业内积累的历年统计数据、历史公交客流调查成果等。这些数据覆盖面广时间跨度大，涉及轨道交通、公共汽电车、出租汽车、轮渡等多个行业，涉及全市、区县两级主管单位和几十家运营企业。在此基础上深入数据梳理和挖掘，与公交调查数据以及交通卡数据、手机数据、AFC 数据、GPS 数据等信息化大数据融合补充，进行对照交叉分类分析，为全市公共交通特征把握与综合评价奠定基础。

（2）交通信息采集技术

公共交通不仅是城市交通的核心，也是新理念、新技术实践的重要领域，近年来随着交通卡使用普及、公交信息化平台搭建等信息化建设逐步完善，已经具备了较好的实施基础。充分利用公交站点和线网的地理信息数据等信息化数据，在已有的公交基础设施、路网和线网模型基础上，进一步完善公交模型，优化数据结构，并且利用交通卡数据、轨道 AFC 数据、手机数据、GPS 数据等相关基础数据信息，进行更细致、准确的公交模型研究，为公共交通规划提供可靠的预测分析。

（3）传统人工调查

传统人工调查如跟车调查、驻站调查、问询调查等具有信息化技术调查方法不可替代的优势，可以作为主要校核依据。此外，也可针对设施建设、线路运营、客流分布等方面的数据需求，对各管理部门和运营企业进行了专门的表格问询调查，这些调查数据覆盖面广、信息量大，为公交模型优化、数据库完善、多源数据校核和历史趋势研判提供了重要基础。

（4）公交出行特征调查

传统上一般采用入户面访和电话访问两种方式。各区样本量严格按照人口普查人口结构比例，采用住户规模比例法（PPS）和随机等距抽样原则进行样本选取。入户面访是指调查员进入调查对象家中，调查问卷由调查员通过现场面访形式填写。电话访问则利用计算机辅助电话调查系统（CATI）进行问卷调查。调查通过电话录音、暗访调查、现场初审、审核确认、事后抽查等一系列质量控制措施可较大地提高调查问询和回馈数据的质量。

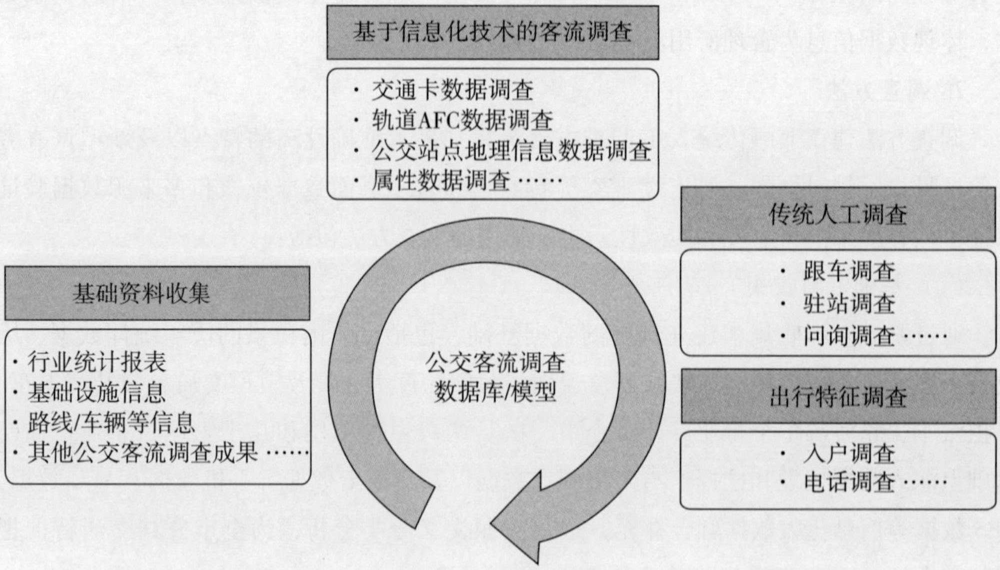

图7-2-1　调查方法

3. 数据校核及融合

由于调查工作的复杂性，调查实施过程中难免受到各种主、客观因素的干扰，造成采集到的个别调查数据与实际数据之间存在一定偏差。同时，不同形式、不同来源、不同口径的数据也决定了必须对各项调查数据作进一步的综合、系统处理分析，才能最终得到真实反映公共交通运行现状的可用、可信的调查成果。建议主要从以下四个方面对调查原始数据进行校核和修正：

①根据历史统计数据研究整体发展趋势，剔除原始数据中的偶然性因素，使之尽可能反映上海公共交通发展普遍规律。

深入调查客流变化趋势，剔除可能出现的偶然性因素，充分利用多源数据校核，综合分析明细数据和汇总数据，尽可能反映真实的公共交通运行状态。

②根据数据使用实际需要，统一原始数据在数据定义和统计口径上的差异，综合、系统地反映公共交通运行的复杂特性。

由于原始数据来源复杂，包括行业管理部门、运营企业、相关研究机构等，数据定义和统计口径不尽相同。因此，需要深入研究各个数据来源，根据数据的使用要求进行数据修正，以满足综合比较和长期数据积累的要求。

③运用科学方法修正抽样调查在实施过程中出现的误差，以保证修正后的数据与实际特征一致。

采用传统人工调查在实施过程中，不可避免的会与实际情况出现一定的偏差。在后期数据录入中也同样会出现类似问题，需要通过多源数据的比对核实，修正误差，尽量保证特征提取的真实可靠。

④充分利用已有调查数据从不同维度、不同层面校核数据分析成果，完分析模型，保证管理、规划、运营与建设的不同数据需求。

由于未来数据使用者角色和立场的不同，对于调查数据的分析角度和精度要求各不相同。因此，在充分了解成果使用者的业务需求之后，通过多来源数据校核不断完善客流分析模型，以提供满足不同决策需求的客流分析数据。

大数据时代必须注重数据融合和多元调查的结合。大数据为交通工程提供崭新的建模途径[41][42]。实际上，大数据挖掘技术已经被广泛应用到交通工程研究，特别是在交通需求预测方面，由于传统的 OD 调查分析方法耗费巨大的人力物力，利用各种信息资源进行数据挖掘，分析获取 OD 流成为了新的研究方向。通过大数据在交通中的一些最新应用，可以看出大数据在交通领域受到了很大的重视，多源信息挖掘已成为交通

图 7－2－2　数据融合和多元调查的结合

研究中的重要方法。不同特性的数据被用来研究不同的问题，例如浮动车数据多被用来估计路段车速，而手机数据用来估计 OD 矩阵。根据不同的研究问题和研究目的，数据挖掘的方法可能是很不相同的。合理、充分、巧妙地挖掘和整合，构建大数据背景下的交通分析理论是现状及未来一段时间内最重要的研究课题之一。

3 新型交通信息采集技术

交通信息采集是指利用各种检测技术手段对交通运输系统中的动态和静态交通信息进行获取的过程。由于静态交通信息相对比较稳定，在较短的时期内一般不会发生变化。而动态信息由于各种外部因素的影响，道路交通状态呈现出随机变化的特性使得交通信息的实时处理与发布成为一大难点。因此准确、全面、可靠地采集动态交通信息，是目前交通信息采集工作的主要内容。交通流数据通常是通过两种交通检测方式采集获得的：一种是定点检测器，另一种就是移动式检测器。

3.1 定点检测器

①定点检测器是针对预定地点的道路网络状态测量，它很难从地点速度和流量数据中获得行程时间的估计。定点检测技术测量范围有限，基本上都是点测量技术，检测的覆盖面小，检测设备的安装都需要改造或增设道路设施，适合于对固定点、某一交叉路口或特定路段的交通控制而采取的道路交通状态检测。可测参量有限：只能得到流量、地点速度、道路占有率等参数，很难从地点速度和流量数据中获得行程时间的估计，尤其是在城市地区就更加的困难。

②定点检测器安装和维护费用极高。要实现对整个道路路网的交通状态检测，采用固定检测技术意味着在路网各处都需要加装检测设备，首先意味着安装费用极高。定点检测器方式采集交通数据的可靠性相对较差，经常存在采集数据点停止运作的情形，其运营和维护费用较高。由于设备寿命短需人工长期维护，同时也存在需要经常破坏路面的问题，对交通环境产生较大的负面影响。另外，考虑到减小天气对检测效果的影响，需要增加的维护费用将更大。

3.2 移动式检测器

相对传统的定点感应器而言，移动式检测器安装更快，投资更省，运营成本更低。全天候24小时运行、无线实时传输、中心式处理等特点大大提高信息采集效率。所测量的数据能较准确地反映交通流变化，可得到车辆瞬时状态（速度、位置、方向）。另外报告的信息遍及整个路网，而不是仅限于预定地点。采用移动式检测器技术可获得大范围的道路实时交通信息，其灵活性和效率高，可以弥补固定地点检测所产生的局限性。

表7-3-1　各种交通检测技术对比

检测技术	检测参数	特点
环形线圈检测器	①流量 ②占有率 ③车速 ④排队长度	①安装和维护会影响道路交通 ②难以应用于已建成的道路 ③可靠性低，容易损坏需要经常维修
超声波检测器	①流量 ②占有率 ③车速 ④排队长度	①设备安装需要增加道路设施 ②检测精度受到天气的影响 ③检测器下方的物体易影响检测精度
红外检测器	①流量 ②占有率 ③车速 ④排队长度 ⑤车辆分类	①设备安装需要增加道路设施 ②检测精度受到灰尘、温度、天气等外界因素的影响
雷达微波检测器	①流量 ②占有率 ③车速 ④排队长度	①设备安装需要增加道路设施 ②对检测器安装精度要求高 ③一定程度上对人体健康有害 ④检测精度受到交通状态和铁质分隔带等外界因素的影响
视频检测器	①流量 ②占有率 ③车速 ④排队长度 ⑤车辆分类	①设备安装需要增加道路设施 ②精度受天气、可见度、车辆遮挡等外界因素影响 ③覆盖的空间有限
移动式检测器方式	①车速 ②行程时间 ③OD	①较定点检测器安装快，投资少，运营成本较低 ②精度受定位技术和样本量影响 ③另外具有更大的灵活性，报告的信息遍及整个路网，而不是仅限于预定地点

1. **移动式检测器交通信息采集技术**[43][44]

移动式检测器采集技术分为测试车技术（Test Vehicle）和浮动车（Floating Car）技术。

（1）测试车技术（Test Vehicle Techniques）

测试车技术可以同时采集某一道路的交通量、行程时间和行程车速，目前主要用于综合交通调查。测试车技术的测试方法是：交通采集人员在某一特定的测试车内，通过手工、距离测试仪（DMI）、GPS 等设备随时记录车辆行驶速度、行驶时间或行驶距离信息。通过 DMI 设备可以以每半秒甚至更小的时间间隔记录车辆速度和行驶距离等信息。GPS 设备也能以每秒的间隔记录车辆的位置和行驶速度信息。测试车技术通常需要选择某一特定车辆作为测试用车，该车在正常的交通流中的主要行驶目的是交通数据采集。

这种移动采集技术的主要优势是：①能够提供特定行驶行为条件下的交通信息采集；②通过 DMI 或 GPS 设备可以记录车辆整个行驶过程中的详细数据；③设备的初期投资较少。该技术也同样存在一些缺陷：①数据精度受到信息采集人员和采集设备的影响；②仅适合小范围的行程时间、车速测量；③整个路网的行程车速仅仅依靠某一特定的车辆的数据，从而带来了误差。

（2）浮动车技术[45]（Floating Car Techniques）

下文提到浮动车技术是指“对车辆本身及驾驶员的驾驶行为不做任何要求，与一般社会车辆无异，完全利用跟踪车辆的瞬时位置、速度和时间达到对大范围网络交通流信息的动态获取的一种技术”。使用的车辆可以是私家车辆、出租车、公交车辆或其他一些商业营运车辆。这些车辆的主要行驶目的不是交通信息采集，而是通过这些车辆的辅助仪器或远程传感器，在不妨碍本身行驶目的的情况下实时采集道路交通流信息。车辆和交通管理或监控中心（TMC）通过各种无线通信技术实时通信。

根据车辆上安装设备的不同，可将浮动车技术分为以下几种：

①基于信标（Signpost）技术的浮动车技术；

②基于自动车辆识别技术（AVI）的浮动车技术；

③基于广播电台定位（Radio）的浮动车技术；

④基于手机定位的浮动车技术；

⑤基于 GPS 技术的浮动车技术。

采用浮动车技术的主要优点：

①数据采集成本低。与定点检测器相比，浮动车技术设备投入低，不需要其他巨额的运营和维修费用。

②数据能够直接反映交通流特点。这些车辆的驾驶员属于随机选择而来的，而且浮动车直接行驶在交通流中，采集的交通流信息不受外界和主观因素影响，因此这些采集数据较能直接地反映实际交通流特点。

③能够获得持续不断的数据。系统一旦建立，设备可以全天候不间断实时获得道路交通流信息。

然而，浮动车技术也存在一些不足：

①初期投资较大。无论采取上述何种浮动车技术，均必须购置必须的车载设备或路边设施，必须培训相关人员进行监控和操作。

②浮动车系统一旦建立就很难改变。如基于手机定位的浮动车技术，系统建立时需要建立基站和天线，系统一旦建立就不能随意更改。

③浮动车系统建设带来个人隐私问题。因为采集设备安装在私家车辆或社会车辆上，这样浮动车的驾驶行为和出行地点都被监控中心实时监控，这也是系统建设中需要考虑的问题。

④浮动车系统不适合小范围的交通数据采集。车载设备初期投资大，而且浮动车的行驶区域比较自由，因而适宜大范围的交通数据采集。

浮动车可利用的车辆类型[43]可以分为：

①私家车辆。

从某种意义上来说，私家车是最佳浮动车车辆类型。一方面，随着机动化程度的迅速提高，全国各地尤其是城市中私家车数量在急剧增长，因而私家车在城市道路交通流中所占的比重也日益增加。另一方面，从采集信息的代表性和准确性来看，私家车辆运行数据可以真实地反映居民机动化出行的规律，且能准确反映实时交通流状态。

然而，将私家车作为浮动车也有自身的缺陷，这也使得私家车浮动车技术受到了限制。将私家车作为浮动车，首先面临的是成本问题。车载设备成本较高，其资金来源是一个有待解决的问题。其次，隐私也是一个重要的问题。私家车辆运行数据涉及个人隐私等问题，因此很多人不愿意提供其私人出行信息数据。针对以上这两个问题，也有专家提出不同看法。持乐观态度人士认为：随着车载设备价格的不断降低、数据加密技术的进步，以及相关法律法规的完善，上述问题将逐步得到解决。

②出租车。

出租车作为浮动车具有独特的优势和局限性。从优势来说，出租车出行率高、运行时间长（通常是全天候运行）、行驶范围广、占交通流比例较高。因为出租车的出行时间和出行距离远远高于一般车辆，在整个上海市的城市道路交通流中出租车的流量约为13%，中心区约可占20%。又如北京，在整个北京市的城市道路交通流中，出租车的流量超过15%。我国其他大中城市的出租车运行情况和上海、北京也较为相似。

目前很多城市（如北京、上海、杭州、厦门等）的出租车都建立了GPS监控调度系统，利用现有资源，将其作为浮动车不需要增加硬件设备，具有投资少、建设周期短、实用性强等优点。将出租车作为浮动车的缺点在于：首先，出租车在空驶待客状态时，其运行数据不能准确放映交通流总体状态，一般较正常行驶速度低；其次，出租车在停靠、上下客时，很难区分是因待客停车还是因交通信号、交通拥堵原因停车，给判断道路交通流状态带来了很大的难度。

③公交车。

将公交车作为浮动车的优势是：a. 公交车辆的路网覆盖率高，一般情况下能覆盖绝大多数城区主要道路，且每天的运行时间一般超过20小时；b. 公交车辆的运行时间和路线比较固定，能够稳定地提供固定时段和固定线路的交通数据，有利于建立交通信息历史数据库。将公交作为浮动车的缺点是：a. 公交车需要经常停靠站点，在进出公交站的时段内其运行数据难以判断道路交通流状态；b. 由于公交车辆运行线路和时间固定，也使得没有公交车辆的道路无法准确采集到实时交通信息。

④商业营运车辆以及各种特种车辆。

与私家车辆相似，将商业营运车辆以及特种车辆作为浮动车也存在着成本和隐私的问题。另外由于管理体制等原因，将公务车以及特种车辆作为浮动车的难度很大。

综上所述，许多专家认为，我国浮动车系统较为适合的发展策略[45]应为：在系统建设初期，将出租车和公交车作为浮动车，实现主要道路的交通信息实时采集。随着技术的进步和系统的完善，利用先进的加密技术保障用户的隐私权，通过向其提供动态交通信息服务以及其他增值服务，逐步吸引已安装了车载设备的私家车辆和商务车辆加入到系统中来，从而建立完善的浮动车采集系统。

（3）基于手机定位的浮动车技术

基于手机的交通信息采集技术一般只需要一定的初期设备投资，几乎无须任何其他投入，从而省去了利用其他技术所需要的巨额安装与维护费用。移动定位技术是基于手机定位的浮动车技术的基础。

①移动定位技术[46][47][48][49][50]的各种应用。

移动定位业务是基于移动用户位置信息的服务，它是指利用现有的移动通信网络资源，对终端用户或设备进行位置确定的增值业务应用。位置服务系统结合完备的地理信息系统，可以提供给用户丰富的位置信息服务。该项业务具备两个相对独立的过程：定位过程和提供与该定位的位置相关的业务过程。定位技术的应用广泛：如紧急救援、移动电话防盗管理、车辆导航、智能交通系统、工作调度和团队管理、移动黄页查询、与位置有关的计费、优化峰窝系统设计和资源管理等诸多方面。

②用户对移动定位技术各项应用的精度要求[51]。

表7－3－2给出了应用所需的下限精度和能被市场所接受的精度数据。

表7－3－2　移动定位各项应用所容许的精度误差

应用	下限精度要求	广泛接受的精度要求	设备定制的要求	目的	定位频率
于位置的记账	蜂窝小区/扇区	250米	不需要	具有竞争力的价格	具有竞争力的价格发起呼叫、接收呼叫、中介呼叫
路边求助	500米	125米	不需要	发送求救	发起呼叫
移动黄页	蜂窝小区/扇区	250米	不需要	我附近是什么	发起呼叫
交通信息	蜂窝小区/扇区	蜂窝小区/扇区	不需要	交通情况如何	发起呼叫或五分钟
基于位置的消息	蜂窝小区/扇区	125米	短消息或数据	广告、报警、通知	每5分钟或按需服务
舰队追踪	蜂窝小区/扇区	30～125米	不需要	资源管理	每5分钟或按需服务
追踪包裹	蜂窝小区/扇区	蜂窝小区/扇区	需要	定位和指挥	按需
驾驶导引	125米	30米	需要	指导	每5秒

③移动定位技术分类。

基于移动通信网络的主要定位技术有：小区识别号（Cell_ ID）移动定位技术；小区识别号（Cell_ ID）＋时间提前量（TA）移动定位技术；增强型观测时间差分（E－OTD）移动定位技术；到达时间（TOA）移动定位技术；到达角度（AOA）移动定位技术；电波特征波形（RF Signature）移动定位技术。

Cell_ ID技术是从网络中提取手机用户Cell_ ID，作为手机当前位置信息的方式。但其精确度最低。若是小区足够小，则Cell_ ID定位技术的精度就足够高了。该系统中，移动网络基站所在的蜂窝小区作为呼叫者的定位单位，故定位精度必须取决于小区的大小。

E－OTD（Enhanced Observed Time Difference）方式是GSM规范中增强的功能。它利用GSM网络中Observed Time Difference功能。手机对邻近的多个基站发送的无线脉

冲到达的时间进行测量计算，并将测量结果以短消息或其他方式返回给网络中的定位服务器。所有的基站需要精确测量时间间隔 RTD（Real Time Differences），这样才能对脉冲到达时间差进行精密计算。对各个基站的时间差的测量一般通过手机完成，因此手机中的相关硬件需要更新。

AOA 技术被称为“小缝隙方向寻找”，它需要在每个蜂窝小区站点上放置 4~12 组的天线阵列，这些天线阵列一起工作，从而可以确定移动设备发送信号相对于蜂窝基站的角度。当有若干个蜂窝基站都发现了该信号源的角度时，那么它们分别从各基站得出的角度引出射线，这些射线的交点就是移动电话的位置了。AOA 系统的缺点是当移动电话距离基站较远时，基站定位角度的微小偏差会导致定位线距离的较大误差。

表 7-3-3　各种移动定位技术的比较

技术方案	基于网络或终端	定位精度	优点	缺点
Cell_ ID（+TA）	基于网络	≥100m	响应时间短，运营成本低，不需要对终端进行改造，可以覆盖室内，技术复杂度低	精度较低。定位精度取决于小区的半径，也可通过场强或时间提前量来辅助提高定位精度
TOA	基于网络	60~200 米	兼容现有手机，不需要对终端进行改造。可以覆盖室内。通过提高定位测量单元（LMU）性能，可局部提高定位精度	运营成本较高，技术复杂度较高
AOA	基于网络	精度较低	只需要两个基站参与便可实现移动台定位，同时不存在移动台位置的模糊性问题	移动电话距离基站较远时，定位角度的微小偏差会导致定位线距离的较大误差。对智能天线要求较高，且有定位盲点
TDOA	基于网络	60~150 米	不需要对终端进行改造，可以覆盖室内	运营成本高，技术复杂度高
E-OTD	基于网络	50~150 米	定位精度较高	硬件实现复杂

选择移动定位方案的关键因素：应用、精度，以及投入。技术的精度是很重要的因素，但是并非唯一的考虑因素，并非最精确的技术就应该被采用。更重要的是针对具体的应用，选择满足需求而又投入最少的方案。技术方案只是到达应用的手段。而采用了某种技术方案的应用必须符合用户的需求。不同的应用需要不同水平的精度。就性价比而言，基于手机蜂窝小区（Cell_ ID）切换移动定位技术的采集技术具有很大

优势。该技术无须任何巨额安装与维护费用，城市范围内除需要安装几块探测卡以外，几乎无须任何其他投入，不需要对终端进行改造，这一点对像我国这样的发展中国家是具有重大的意义。

④基于手机蜂窝小区切换移动定位技术的行程时间采集技术。

A. 基本原理：

移动通信系统将服务区分成许多小区（Cell），其形状类似蜂窝。Cell 也称基站区或辐射区，是指一个只有一套多信道基地站在运行的无线覆盖区。在业务量高的市中心采用较小的小区，在业务量低的郊区采用较大的小区[52]。我国的城市中在话务量密集的地方采用微微蜂窝，覆盖半径能达到 100 米。另外，在话务量高度密集的繁华商业中心还采用了多层的小区结构，处于多个小区的交叉覆盖区域，定位精度甚至可以小于 50 米。TA 的目的是为了扣除基站与移动用户之间的传输时延，因此，利用 TA 可以估计 MS 和 BS 之间的距离。时间提前量[46]通过 0 ~ 63bit/s 来表示，即使小区的半径约为 35km（实际上远小于这个值），其定位精度也在 550 米左右。而在城市区域，小区密集，这种情况下定位精度就更高。

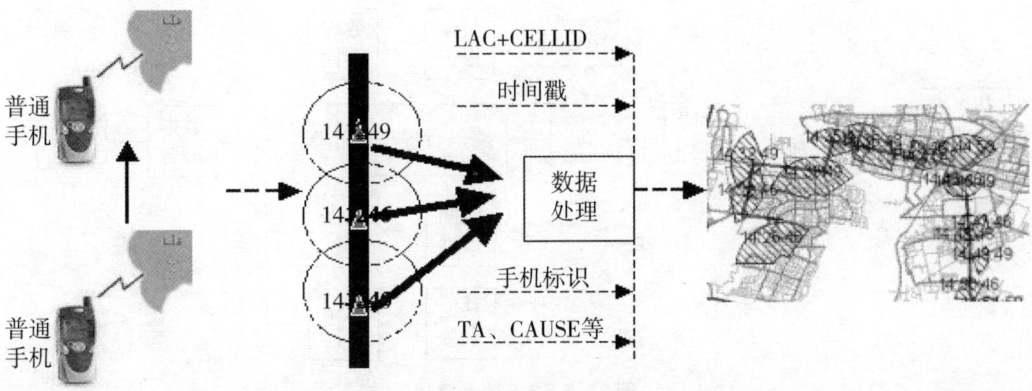

图 7 - 3 - 1　技术的基本原理

注：图中△指被测手机，圆形和扇形均表示移动网络的覆盖小区。

如图 7 - 3 - 1：大量的被测手机在道路上行驶，假设在开机状态下，当手机从一个位置区域进入一个新的位置区域时，移动系统将对蜂窝小区（以下简称小区）位置进行更新。移动系统中位置更新的目的是使手机总与网络保持联系，以便手机在网络覆盖的范围内的任何一个地方都能接入到网络内。另外手机在通话中（或发短信）为使呼叫能够继续进行，也会发生小区切换（Handover/hand - off），从而对实现小区位置更新。利用探测卡等设备在移动交换中心（MSC）实时采集得手机标识、LAC（Location Area Code）、基站控制台、小区更新/切换信息、时间戳（即从一个小区切换到另一个小区时间点）、时间提前量、切换原因等参数。结合电子地图，通过数据处理、地图匹配、数据融合等算法，从而计算车辆平均行程时间和行程车速值。利用探测卡实时采集的数据样本见表 7－3－4。

表 7－3－4　部分数据样本

IMSI	LAC	BSC	Cell_ ID	DATE_ TIME	TA	CAUSE
460004670921697	2564	9150	27499	2005－1－7 7：48：22	0	4
460001817921699	2564	9150	4160	2005－1－7 7：48：02	0	0
…	…	…	…	…	…	…
460004670921697	2564	9150	24798	2005－1－7 7：54：08	0	4
…	…	…	…	…	…	…
460004670921697	2564	9150	28469	2005－1－7 7：58：12	0	0

B. 技术路线：

基于小区切换的行程时间实时采集方法的技术路线见图 7－3－2。依据技术路线，下面将针对其重点模块部分进行介绍。

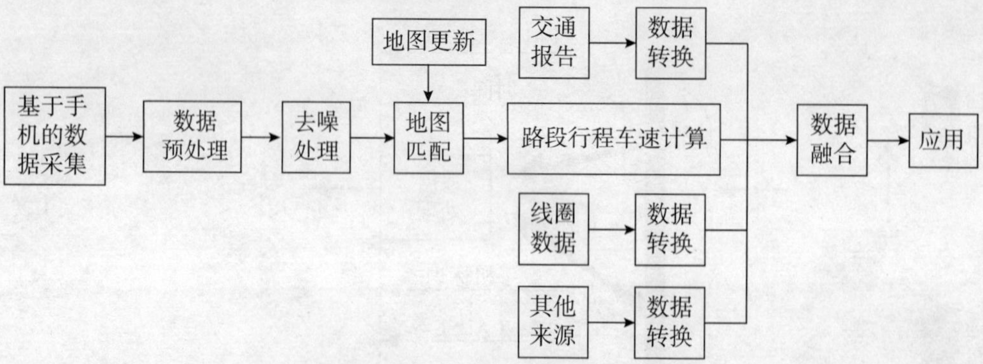

图 7－3－2　技术路线

C. 数据预处理与除噪：

利用探测卡实时采集到的原始海量数据需经过预处理与除噪才能得到用于计算的有效数据。图 7－3－3 中，左右扇形分别为 1 小区和 2 小区，中间虚线包围的区域为切换区，区域内的纵线为切换线，穿过切换区的横线为道路。当车辆在道路上行驶并先后跨越了 1 小区和 2 小区，信号强度如图所示，来自 1 小区基站的信号逐渐衰弱而来自 2 小区基站的信号逐渐增强，并在交叉点处信号强度变成一致从而发生切换/更新。这种切换，在从探测卡实时采集到的数据中表现为：同一手机标识的记录的 Cell_ ID 字段数据值的不断变化，手机标识为 460004670921697 的 Cell_ ID 字段数据值从 27499 变化到 24798 再到 28469 的过程。因此，可以说只有同一手机标识的，并发生了切换的记录组是有效的。根据该城市的实践，一个 MSC 范围内从探测卡直接抓取的数据流量约为 176M/h，每小时可产生 150000 条记录。有效记录占 55% 左右。

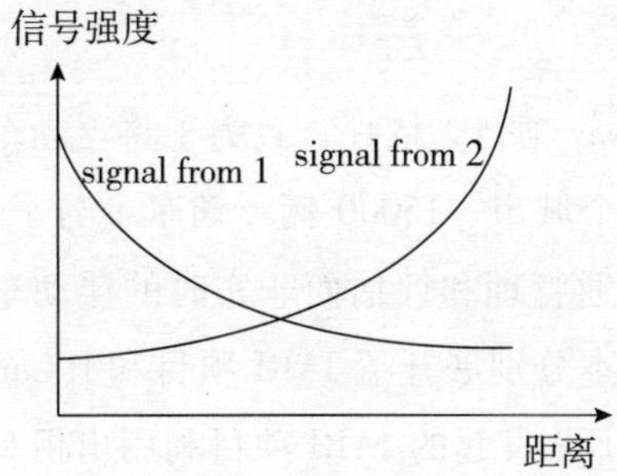

图 7-3-3　信号的增强与衰弱

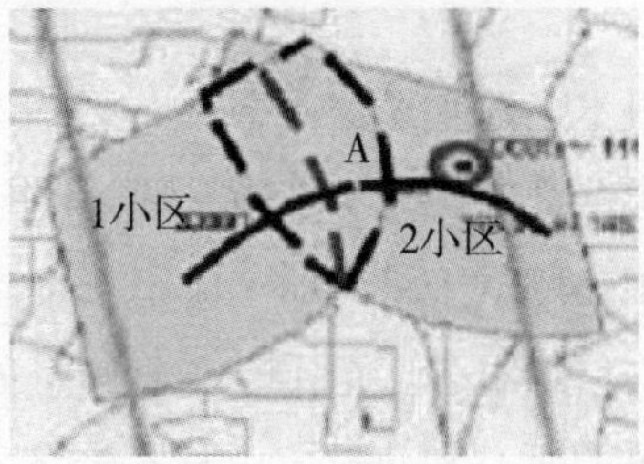

图 7-3-4　小区间的切换位置

手机蜂窝小区切换移动定位技术是一种新的不依赖于 GPS 的无线导航、定位技术，具有非常广阔的应用前景。目前，中国已经拥有巨大的手机保有量，这为基于手机定位的交通信息采集技术的发展提供了技术保障。信世界网讯（CWW）全球技术研究和咨询公司 Gartner 最新调查报告，中国手机用户总数在 2013 年首次超过 10 亿。Gartner 分析师预测，2014 年，中国市场上将销售 4.435 亿部手机，而使用中的手机将超过 10.75 亿部。对于手机蜂窝小区切换移动定位技术，这些海量移动电话都将是潜在的数据样本。其缺点是精度很容易受基础设施以及外界因素影响，很难满足城市主干道的交通信息采集要求。与一般的交通信息采集方式不同，本系统需要多个部门的联合协调运作，才能完成交通信息的顺利采集。同时，处理浮动车数据不能占用太多的容量，否则会影响手机的正常运营。

2. 国内外主要浮动车项目

（1）国外主要浮动车项目[53][54]

美国德州 Huston 地区的 TranStar 系统和芝加哥 Illinois 地区的 ADVANCE 项目是国际上研究较早的浮动车项目。其中，TranStar 系统采用典型的车辆自动识别（Automatic Vehicle Identification，AVI）技术，从 1994 年开始研究利用浮动车进行旅行时间采集，1996 年又进行了匝道控制和 OD 矩阵估计方面的研究。1994 年，ADVANCE 项目利用 GPS 浮动车和感应线圈数据的融合以检测交通事故、预测旅行时间，最终达到路线导航的目的。1998 年，Berkeley 大学在 I-880 高速公路上将巡逻车作为浮动车，融合感应线圈的数据应用于高速公路事件侦测和管理。2003 年开始的密尼苏达州 Ford Research 项目也包含了浮动车技术在交通事件检测、交通安全与维护、交通管理、紧急事件反应等方面的内容。在利用公交车作为浮动车应用方面，俄勒冈州和华盛顿州分别在 2000 年前后建成了 TriMet 系统（www. trimet. org）和 ProbeView 系统，这两种系统均基于 Web 技术，可得到根据 AVL 公交浮动车数据实时更新的道路交通状况。2003 年到 2005 年佛罗里达州交通部专门对利用各种 AVL/AVI 浮动车采集旅行时间的技术进行了专门的论证。加州 CCIT 项目组在 2004 年也开发研究了一种多功能的浮动车数据采集系统。

日本土地基建交通部从 1999 年开始以 Smartway 项目为依托，致力于将浮动车技术用于道路交通规划与管理，到 2004 年有超过 16 个城市、15000 辆浮动车参与了试验，这些工作侧重于将浮动车应用于中长期的道路交通管理和评估而非实时的浮动车数据处理与信息服务。在实时交通信息处理方面，日本分别展开了 JARI 项目和 IPCar 浮动车系统的研究和建设。由日本经济贸易工业部 METI 发起的 JARI 项目利用出租车集团车辆实现实时的浮动车信息处理。浮动车与信息中心之间通过 Internet 连接，主要应用于旅行时间信息服务、车辆管理、天气信息服务等方面。IPCar 浮动车系统利用出租车和公交车作为浮动车，2001 年 11 月和 2003 年分别在 Yokohama 和 Nagoya 进行了实验。该项目认为：通过车辆轨迹和车辆状态参数的分析可以准确区别出道路交通的状态模式，并可以根据出租车乘客起讫点数据估计出 OD 流量。另外，由建设省、警示厅和邮电省共同组织的 VICS（Vehicle Information and Communication System）项目中，开发了一种远红外车辆检测器。这种检测器也可以作为高带宽双向通信发射与接收器，向车辆提供实时车速等交通信息，并从装备了这种检测的车辆获取路段行程时间。

德国因拥有多个国际汽车集团而在浮动车技术领域走在世界前列。DaimlerChrysler 公司、BMW&VW 公司、Volkswagen 汽车集团均组织了相应的浮动车项目。BMW 的 DDG 项目使用了 25000 辆浮动车和 4000 个道路检测传感器，在试验的基础上该公司提出了第二代浮动车 XFCD（Extended Floating Car Data）的概念，即能通过车辆行为特性自动滤除错误数据；通过雨刷、速度、ABS 和车头灯信号反应出天气情况和路面情况；通过计算车辆速度和加速度得到交通状态。另外，柏林交通研究所从 2001 年 5 月到 2003 年 4 月研究了使用 2300 辆集团出租车作为浮动车的系统。柏林的 VMZBERLIN 系统采用感应线圈和浮动车相结合的形式出行者提供简单的定性交通信息服务。

英国最早于 1988 年开始进行了 Trafficmaster 项目的研究，后续又在 M4 高速路展开针对 AVI 浮动车项目的 Road Traffic Advisor 项目，目前以增加交通安全、降低污染为目的由 Atkins 公司参与建设的 PROBE - IT 项目正在进行中。瑞典的 OPTIS 项目的实验 2002 年 4 月到 9 月在 Gothenburg 路网上进行，共使用 223 辆出行距离最长的车辆作为浮动车；荷兰 Prelude 项目于 1998 年和 1999 年年初在荷兰港城 Rotterdam 进行，利用 60 辆采用匿名方式确定的差分 GPS 浮动车。另外，如法国、新加坡、韩国也都有相应的研究。

（2）国内主要浮动车项目[53][55]

目前，我国许多城市现代化交通管理已初具规模，智能交通产业发展迅速。而智能化的实时信息采集和处理成为智能交通系统的主体部分。我国一方面由于财力所限，不可能一次性投入巨额资金来重新建立庞大、完整的交通信息采集系统，另一方面许多大城市的交通管理在经历了近十年的引进、试验、开发与应用之后，已经有了一定的基础，因此有必要也有可能利用现有交通设施建立起集实用性、先进性和可扩展性为一体的交通信息采集系统。

在我国，车辆定位监控技术在危险品运输、物流管理、防盗报警等交通运输行业虽有广泛的应用，但使用浮动车服务于交通的例子还很少。目前，可查到的文献资料显示：国内已开展用浮动车采集交通信息方面研究的单位主要有北京交通大学交通运输学院、北京航空航天大学自动化学院、吉林大学交通学院、清华大学自动化学院和国家 ITS 研究中心；相关的浮动车项目有：2002 年开始由北京交通大学利用少量出租车进行的北京城市路网分析与评价项目，2003 年 10 月北京航空航天大学的“基于无线定位的道路交通信息实时采集与处理技术研究”项目，2005 年 8 月由科技部立项国家 ITS 研究中心承担的“动态交通信息采集系统关键技术的研究与开发”项目。另外，北京 2008 年奥运会中已确立将出租车作为实时交通信息采集单元；2010 年上海世博会和 2010 年的广州亚运会都将出租车作为浮动车采集城市道路交通状况以提供实时的交通信息服务。

由此可见，将浮动车技术应用于交通信息采集和城市交通基础数据的收集已被国际上多个国家所重视和应用，而在我国这方面的研究才刚刚起步。目前，我国对于实时车速随机算法和实时交通数据检测的研究还比较少，有待于进一步深入探讨。国内的城市交通管理尚处于初步的理论研究和技术引进阶段，实时交通数据的扩展应用和相关软硬件的开发还比较薄弱，尤其在理论算法的研究方面。但是由于拥有很大的发挥空间，也有利于向更加深入和广泛的领域发展。

3. 研究现状

（1）浮动车样本大小的确定[40][44][45][56][57][58][59]

从研究方法上，关于移动式检测器的交通信息采集技术[56]的最小样本量问题国内外主要有以下三类研究：①基于数理统计的理论分析方法；②基于交通仿真的分析方法；③基于实际检测数据的分析。目前的研究主要针对理想条件下的 GPS 浮动车数据进行建模。而没有考虑在实际数据采集情况下，模型的精度受定位误差、通信频率、道路类型以及处理算法等因素影响。在采样间隔增大及数据误差增大的情况下，模型不能完全适用，因而模型的应用条件并不成熟。目前国内外关于浮动车样本量的主要研究如下：

Shawn M. Turner 和 Douglas J. Holdener 以美国德州 Huston 地区的 AVI 系统为依托，论证了利用 AVI 数据获取旅行时间和平均速度的可能性，文中浮动车的数量为：

$$n = z^2 \cdot c.v.^2/e^2$$

其中，z 为标准正态系数（置信度为 95% 时 $z = 1.96$，置信度为 90% 时 $z = 1.845$），$c.v.$ 为旅行时间方差系数（平均旅行时间/标准偏差），e 为相对允许误差。实验结果表明：AVI 系统现有的浮动车数量能够满足在 95% 和 90% 的置信区间、10% 的允许误差条件下的平均速度估计。

与之类似，1998 年，基于中央极限定理，在样本标准偏差为 s，估计结果的置信水平为 $1-\alpha$，最大允许误差为 E 的条件下，浮动车采样样本需求公式[42]被提出。

$$S_n = \left(\frac{Z_{\alpha/2}S}{E}\right)^2$$

Quiroga，C. A. 和 Bullock，D. 等沿用定点速度调查中计算样本的方法给出估计路段平均速度的最小浮动车样本的计算公式：对于特定路段而言，若给定置信水平 β，速度估计误差 ε_β，采样标准差 S，则抽样大小 n 满足：

$$n \geqslant (t_{\beta/2,n-1}s/\varepsilon_\beta)^2$$

其中，$t_{\beta/2,n-1}$ 为 $1-\beta$ 的置信区间内 $n-1$ 自由度的 t 分布值。

Chen. M 在此基础上引入相对误差系数的概念 ε_r：

$$n \geqslant (t_{\beta/2,n-1}s/\varepsilon_r\bar{x})^2$$

其中，$\bar{x}$ 为由 n 个采样点得到的平均即时速度。

Srinivasan 和 Jovanis 在有限浮动车数量条件下，对加利福利亚 Sacranento 的交通网络进行了仿真研究，结果表明：在 10 分钟的计算间隔内为使 80% 的路段上保持至少 3 辆浮动车，则至少需要将所有车辆总体的 5% 装配成浮动车。

2004 年，Green 等人研究了不同路段和不同交通参数估计时间间隔对浮动车采样样本的影响，将此模型扩展到对样本尺寸的动态估计[43]上；在此基础上，YiQi 等提出了 n 的估算公式[44]：

$$n = \frac{T \times S_n}{D_t}$$

其中，T 是路段的平均行程时间，D_t 是估计的时间间隔。

同时，根据对交通仿真模型的分析研究[45][46]表明，在高速公路上，浮动车覆盖率应大于 3%，在一般道路上，覆盖率应大于 5%。Chen M 和 Chien S 的研究[47]指出，保证估计结果出错概率小于 5% 的情况下，车流中至少需要 3% 的浮动车，在高峰期，需要 12% 的浮动车；同时也指出，浮动车覆盖率由 3% 降低到 1% 后，估计精度仅下降了不到 3%。可见，在实际应用中，浮动车的覆盖率可以低于 3%，这一结论也被英国浮动车数据系统所证实[49]。

Hellinga 和 Fu 的研究[49]进一步指出当采用的 GPS 浮动车仅代表了路段车辆中的特殊类别时，浮动车的平均行程时间就与路段行程时间有差异，因而，采用求平均值法计算交通参数时，浮动车应包含道路车流中各种车辆类型；或者，采用特殊种类浮动车进行交通参数计算时，应考虑它们和道路车流的联系。在英国浮动车数据系统配置中也体现出了这一思想[48]。特别的是，对于道路事件检测，Ruey Long Cheu 等的研究指出，浮动车的覆盖率应在 20% ~30%[49]才能保证得到较高的检测率。

Rue 等以新加坡 Clementi 镇主要路段的历史行程时间为数据基础，以 INTERGATION 仿真软件测试了在浮动车比例为 3% ~ 18% 条件下，利用浮动车估计路段平均速度的情况。结果表明：在 DGPS 定位条件下，若路段平均速度的允许误差小于 5km/h，欲达到 $\bar{E} = 95\%$ 的估计准确率，则①路网范围内需浮动车比例需满足 4% ~ 5%；②同一时刻路段上行驶的浮动车数量需超过 10 辆。

Xiaowen Dai，Martin A. Ferman 和 Robert P. Roesser 利用 CORSIM 评估了以浮动车为工具向出行者提供速度、旅行时间、交通事故信息的数学模型，研究表明在高速路条件下浮动车的比例至少为 3%，在城市道路条件下应超过 5%。

Jean - Luc Ygnace，Chris Drance 在 San Francisco 地区进行了以蜂窝定位浮动车采集交通信息的实验，提出了浮动车比例与网络覆盖率之间的关系 $E = [1 - \exp(-\alpha \cdot \rho \cdot L)] \cdot 100$。其中，$E$ 为浮动车的网络覆盖率，α 为浮动车占网络中所有车辆的比例，ρ 为路段上的平均交通流密度，L 为路段平均长度。

近年来，浮动车数据采集常通过地图匹配与 GIS 系统结合，我国学者王力等研究并提出了在数据的误匹配率为 P，期望精度为 E 时，路网浮动车覆盖率 α 的估算公式[11][12]：

$$\alpha = \frac{-\ln(1-\bar{E})}{\rho \times L \times (1-\rho)}$$

其中，P 和 L 分别是路网交通流平均密度和平均路段长度。

（2）道路交通参数估计[45][18][19][31]

Sanwal 在文献中给出了已知浮动车瞬时速度的条件下，基于最小方差估计的路段行程速度估计方法。D. J. Dailey 和 F. W. Cathey 以华盛顿 King County 的 Metro Transit AVL 系统作为浮动车的数据来源，利用“虚拟”传感器获取其位置数据，用 Kalman 滤波将 AVL 数据转换成浮动车系统的状态变量，即包含车辆位置、平均速度和加速度的向量。

新加坡学者 Ruey Long Cheu，Der - Hong Lee 和 Chi Xie 以浮动车数据和感应线圈数据相融合的方式，利用三层反向前馈神经网络方法对新加坡主干道上的平均速度进行估计，输入层神经元分别为感应线圈数据计算的平均速度、浮动车平均速度和浮动车的样本量，其中浮动车的样本量用来确定浮动车估计值的权值。神经网络包含5个隐层，输出值为路段连续的速度融合估计。该神经网络对1032组数据进行了训练，采用自适应方法确定数据权值，结果表明：基于浮动车和固定交通传感器数据融合的速度估计精度比其中任何一种方式单独估计的精度高。

我国学者沙云飞、曹瑾鑫、史其信等研究了在不同的GPS返回数据量条件下的平均旅行速度的计算；王力、王川久、张海、范跃祖等从理论上探讨了浮动车样本大小的计算方法，通过引入定位误差因子改进了J. L. Ygnace的浮动车样本计算模型。将该模型应用到对路段平均速度的最小方差估计中，利用美国I－880高速公路的真实数据验证了改进模型的有效性。

MarcelWesterman等研究了基于浮动车数据的实时旅行时间估计算法，提出了多层速度模型，并用统计学的方法研究了旅行时间估计的可靠度和精度。模型建立在这样一个假定之上：即在自由流条件下，浮动车的瞬时速度服从以路段平均速度为均值的正态分布，在拥挤流条件下，浮动车的瞬时速度服从以路段平均速度为均值的Gamma分布。

VanAerde等，Srinivasan和Jovanis，Turner和Holdener，Boyce和Kirson论证了利用浮动车的旅行时间估计路段上所有车辆旅行时间的精确度。他们均假设浮动车数据是整个交通流数据中的独立随机样本，当采样周期内浮动车的样本量增加时，样本均值依概率接近总体均值。Sen等则基于对浮动车旅行时间的统计分析认为：浮动车并非整个交通流的独立样本，因而无论浮动车的样本量达到多少样本均值都是对总体均值的有偏估计。

Helligna和Fu在前人的基础上，统一了上述Van Aerde和Sen等人看似矛盾的结论：Van Aerde和Sen等人的结论都仅在特殊的交通状况和采样条件下适用，浮动车数据的偏差直接决定了样本均值不会随着样本量的增大而逼近样本总体的均值。在他们后期的文献中，进一步研究了利用分层抽样的办法对信号交叉口的不同路段上的浮动车进行抽样以降低样本本身的偏差，并且通过仿真论证了其方法的有效性。

Cesar A. Quiroga和Darcy Bullock利用GPS/GIS数据比较研究了基于路段的旅行时间估计和基于路径的旅行时间估计之间的差别，并且充分考虑了交叉口、红绿灯等对旅行时间估计的影响。Chen. M. &S. Chien研究了浮动车大小对旅行时间估计性能的影响。

Yanying Li和Mike McDonald根据路段上车辆的速度—时间曲线，按照浮动车旅行时间与路段平均旅行时间的相关关系将司机的驾驶行为模式进行模糊分类，其中浮动车的最大连续加速度（MCA）和平均速度作为模糊集合的输入量，其隶属度函数由路段的历史旅行时间得到。进而，路段的旅行时间根据浮动车的测量值和驾驶行为模式计算获得。

另外，交通参数的自动处理也有发展，包括理论、方法和应用的整合。美国发展一种基于交通流的随机特性，针对动态交通流模型的感应算法。模型用于估计交通参数（例如行程时间），直接用于动态交通管理中，但对于实时车速并没有给出完整的求解算法。动态诱导系统中不同数据源的数据整合和数据检测问题已经备受瞩目，美国咨询工程协会研究了一种用于整合行程时间数据的模型，但并没有考虑实时车速的数据整合问题。

（3）交通参数预测[57][58][59][60][61][62][63][64][65]

较早期的交通预测方法[60][61][62][63][64][65]主要有自回归滑动平均模型（ARMA）、自回归模型（AR）、滑动平均模型（MA）和历史平均模型（HA）等。这些线性预测模型考虑因素都较为简单，参数一般都用最小二乘法（LS）在线估计，具有计算简便，易于实时更新数据，便于大规模应用的优点；但是，由于这些模型未能反映交通流过程的不确定性与非线性，无法克服随机干扰因素的影响，所以随着预测时间间隔的缩短，预测精度就会变得很差。随着短时交通流预测研究的深入，人们又提出了一批更复杂的、精度更高的预测方法。从表现形式上分，可将它们分成基于确定的数学模型的方法和无模型算法两大类。前者包括多元回归模型、ARIMA 型、自适应权重联合模型、Kalman 滤波模型、基准函数指数平滑模型、UTCS－2（3）模型以及由这些模型构成的各种组合预测模型等；后者则包括非参数回归、KARIMA 算法、谱分析法、状态空间重构模型、小波网络、基于多维分形的方法、基于小波分解与重构的方法和多种与神经网络相关的复合预测模型等。

路段行程时间预测是交通流诱导系统和交通控制系统的重要研究内容。目前，关于行程时间预测的方法主要有：光谱分析（Spectral Analysis）、卡尔曼滤波（Kalman Filtering）、线性模型（Linear Models）、自回归综合移动平均模型（ARIMA Models）、聚类分析（Clustering Analysis）和人工神经网络（Artificial Neural Networks）等。上述模型基本可以分为两类：一类是综合模型，适应性强，但所需的交通参数较多；另一类是基于路段上的时间预测模型，其适应性弱，但模型简单而且易于标定。城市快速路是满足快速交通安全行驶、控制出入、连续通行的汽车专用道路。城市快速路具有汽车专用、大容量、连续快速、进出口间距较小等特点，这些因素决定了需要特定的模型方法来进行快速路的行程时间预测。Mei Chen 和 Steven I. J. Chien 以 New Jersey 为道路数据基础，采用 CORSIM 仿真软件和 Kalman 滤波技术模拟了高速公路环境下，基于浮动车仿真数据的动态旅行时间预测。Sanghoon Bae 和 Pushkin Kachroo 研究了基于 AVL 公交浮动车的到站时间预测。东南大学的张永强在其硕士论文《浮动车交通信息采集系统研究》中使用交通模拟工具 CORSIM 来模拟不同的交通环境，通过设定不同的参数进行分析，就可以得到参数各自之间的关系，从而选择最优的参数值，来估计对于可靠网络覆盖所需的最小浮动车覆盖率。同时阐述了在浮动车交通信息采集系统中旅行时间预测问题。

（4）交通事件判别[45][54][66][67]

最早开发并投入使用的交通事件判别算法[66][67]是 20 世纪 60 年代美国加利福尼亚运输部开发的加利福尼亚算法，其通过分析邻近检测线圈的占有率数据，对可能存在的交通事件进行判别。Persaud 等根据交通状态突变理论开发了 McMaster 算法，使用大量的拥挤和非拥挤状态下的流量和占有率历史数据，建立流量—占有率分布关系模板，通过将检测数据之间的关系与模板进行比较，判断是否发生了交通拥挤。莫尼卡算法开发于 1991 年，该算法以连续车辆之间车头时距的测量值和方差、连续车辆之间的速度差为基础，当上述参数超过设定的阈值时，则认为存在交通事件。Adeli 和 Karim 将模糊逻辑、小波分析和 RBF 神经网络综合应用于事件检测，利用小波分析方法消除检测数据中不期望的波动，用模糊 C 均值聚类算法提取数据特征，并减小数据维数，然后用 RBF 神经网络对数据进行分类和事件判别，取得较好的效果。Srinivasan 等对 3 种主要的神经网络模型：多层前馈神经网络模型、概率神经网络模型和改进概率神经网络模型进行了分析，结果表明，多层前馈神经网络模型的事件判别性能高于其他 2 种，而改进概率神经网络模型的适应能力最强。

K. F. Petty 算法采用 FSP 项目中 I－880 路段上的浮动车数据：任意时刻在测试路段有 2 ~4 个浮动车，各车每 1 秒钟记录一次浮动车的位置和速度。该算法的不足之处在于浮动车的数据量太少，不能说明浮动车的百分比对交通事故检测效率的影响。Sermons 采用 ADVANCE 项目的浮动车数据比较分析了三种不同的检测变量检验交通事故的检测效果，结果显示：车辆的旅行时间并不能提供足够的事故检测信息，利用车辆速度与加速度噪声的相关关系来检测交通事故更为合理。N. E. Thomas 将交通事件检测问题转化为基于 Bayesian 分数的多属性决策生成问题，以浮动车旅行时间、浮动车数据个数、车道占有率、流量四种数据的组合作为输入。近年来，国内部分学者在交通事件判别方面开展了研究，取得了一些研究成果。

（5）OD 矩阵估计[45]

Edward Chung 和 Majid Sarvi 以日本的 IPCar 为数据来源，通过对浮动车行进状态的分析，判断出浮动车出租车的 OD 分布。M. Van Aerde，B. Hellinga，L. Yu 和 H. Rakha 以安装了路径诱导系统 RGS 的车辆为浮动车，当车辆出行时已知其确切的 OD，根据浮动车占整个车辆系统总量的比例来估计不同 OD 量的大小。美国麻省理工学院的 K. Ashok 在其博士论文中建立了由路段交通流量估计动态 OD 矩阵的状态空间模型，浮动车作为路段流量估计的一种手段出现。董敬欣和吴建平在北京交通大学学报发表的文章《使用浮动车检测 OD 矩阵的算法及可靠性分析》中，回顾了国内外估算实时 OD 矩阵现状，提出了用浮动车检测实时 OD 矩阵的方法。采用最小二乘法给出了现有估算模型的证明过程，指出其存在的问题是估算模型假设浮动车与全部运营车辆比例为恒定的。为此，作者给出了浮动车与运营车辆比例随 OD 对变化的估算模型，并建立了求解该问题的算法，同时建立了求解估算 OD 矩阵可靠性的方法。

4. 基于低采样频率浮动车数据的行程车速/时间采集技术

（1）技术方案

GPS 浮动车[43]是目前国际上 ITS 领域中一种先进的道路交通信息采集技术。通过已安装的 GPS 车载装置和无线通信设备，将车辆信息（如时间、速度、坐标、方向等参数）实时地传送到浮动车信息中心，经过汇总、处理后生成反映实时道路路况的交通信息，并通过互联网和公众移动网络对外发布，为公众出行提供帮助，同时也为交通管理部门在交通控制、诱导等方面提供决策支持。其检测精度受到浮动车数量、定位精度、通信频率、道路条件、交通特性等多种因素的影响。

基于浮动车的交通信息采集系统[44]主要由车载设备、无线通信网络和交通信息中心等组成。车载设备主要包括 GPS 模块、无线通信模块等。GPS 模块接收卫星定位信号并运算出车辆的坐标和瞬时速度。无线通信模块负责将车辆坐标、速度等数据传送到交通信息中心，并接收交通信息中心发送的指令和数据。无线通信网络主要是指通信运营商提供的通信基站和数据传输服务。交通信息中心主要包括无线通信设备、基于 GIS 的交通信息处理系统及计算机设备等。

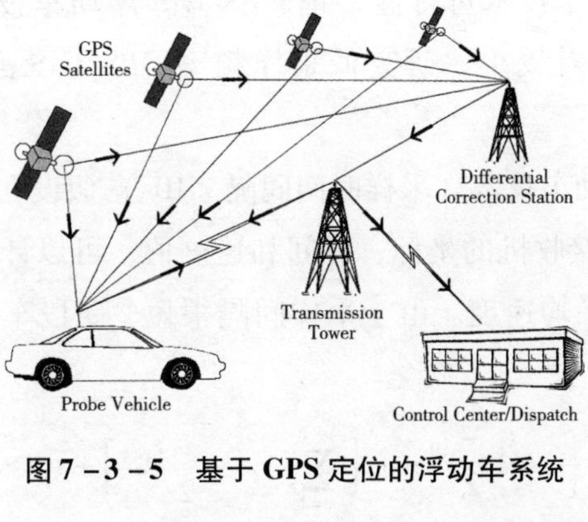

图 7-3-5　基于 GPS 定位的浮动车系统

车载设备向交通信息中心传输的数据主要包括：车载终端 ID 号、经纬度坐标、瞬时速度、方向、回传时间、有效性标识等字段。交通信息中心对车载设备上传的数据进行存储、预处理，结合地图利用相应的计算模型对交通参数如行程车速、行程时间等进行估计和预测，从而得到整个道路网的实时动态交通信息。

正如上文所述，浮动车技术数据采集成本低，能够获得持续不断的数据，而且能够直接反映交通流特点。本部分采用出租车车辆作为浮动车，利用已配备 GPS 设备的出租车的现有数据，大大降低了初期投入，而且其建设周期短、实用性强。增大采样间隔，降低通信、存储以及配置成本。另外，随着社会和经济发展，越来越多的车辆安装了 GPS 设备，利用先进的加密技术解决个人隐私问题。采用标准 GPS 定位数据格式，已备融合更多的浮动车数据，从而大大扩充系统的灵活性。

出租车的特点是出行率高、运行时间长、行驶范围广、占交通流比例较高。但是将出租车作为浮动车的缺点在于：首先，出租车在空驶状态时，其行驶速度有时不能准确放映交通流总体状态；其次，出租车在停靠、上下客时运行不规律，很难区分是因候客停车还是因交通信号、交通拥堵等原因停车，给数据处理带来了较大困难。因此针对以上问题，根据城市具体的特征，本文提出了全新的空车数据算法、地图匹配算法、行程车速/时间估计算法以及数据融合算法，通过算法的改进从而提高行程车速/时间估计的精度，使其达到交通流信息采集系统的要求。

（2）技术路线

全球定位系统（Global Positioning System）是于 1994 年全面建成，具有全方位实时三维导航与定位功能的卫星导航与定位系统。在我国交通运输和道路工程中，GPS 技术的运用已经开始得到重视和发展。许多城市的出租车、车辆租赁、物流配送等行业已经开始利用 GPS 技术对车辆进行跟踪、调度管理，以最快的速度响应用户的需求和节省运行成本。另外一个重要的应用就是在车辆导航方面。名古屋的浮动车动态交通导航系统是日本最大规模的该类技术的实验项目，该项目组从 2004 年开始探索低成本浮动车技术可行性。把 GPS/GIS 浮动车技术应用于行程车速/时间实时采集在国内却相对较少，研究低采样频率 GPS/GIS 浮动车技术的更是寥寥无几。

一般高采样频率浮动车技术（采样时间间隔 $<10s$）假设在一条路段上将得到很多个定位数据。利用 GPS 接收机的坐标、时间和速度值，可以计算得到行驶的距离，在此基础上计算路段车辆平均速度。由于采样间隔很短，路段车辆平均速度算法可以近似为：

$$v = \frac{1}{t_p - t_0}\left\{v_0\left(\frac{t_1 - t_0}{2}\right) + \left[\sum_{k=1}^{p-1} v_k \frac{t_{k+1} - t_{k-1}}{2}\right] + v_p\left(\frac{t_p - t_{p-1}}{2}\right)\right\}$$

t_0 代表车辆在该路段上的第一个数据的时间和 t_p 代表车辆在该路段上最后一个数据的时间。相对于高采样频率浮动车技术，而低采样频率浮动车技术由于时间采样间隔较长，为了达到较高的精度，不能采用近似算法，其技术路线如下文所示。

按一定间隔接收来自各出租车公司的车辆定位数据，数据格式见表 7－3－5。

表 7-3-5　　FCD 原始数据格式

字段名	数据类型	示例	含义
ID	Int（11）	13517206378	车辆唯一标识
日期	Int（8）	20051220	2005 年 12 月 20 日
时间	Char（6）	100012	10：00：12
经度	Numeric（9，6）	112.798472	以度为单位，保留 6 位小数
纬度	Numeic（8，6）	22.749859	以度为单位，保留 6 位小数
地点瞬时车速（下文简称瞬时车速）	Int（3）	45	45km/h
方位角	Int（3）	20	20 度
运行状态	boolean	0，1	0 空车，1 重车
可用性	boolean	0，1	0 不可用，1 可用

基于低采样频率浮动车数据的行程车速/时间实时采集技术的数据流程见图 7-3-6。

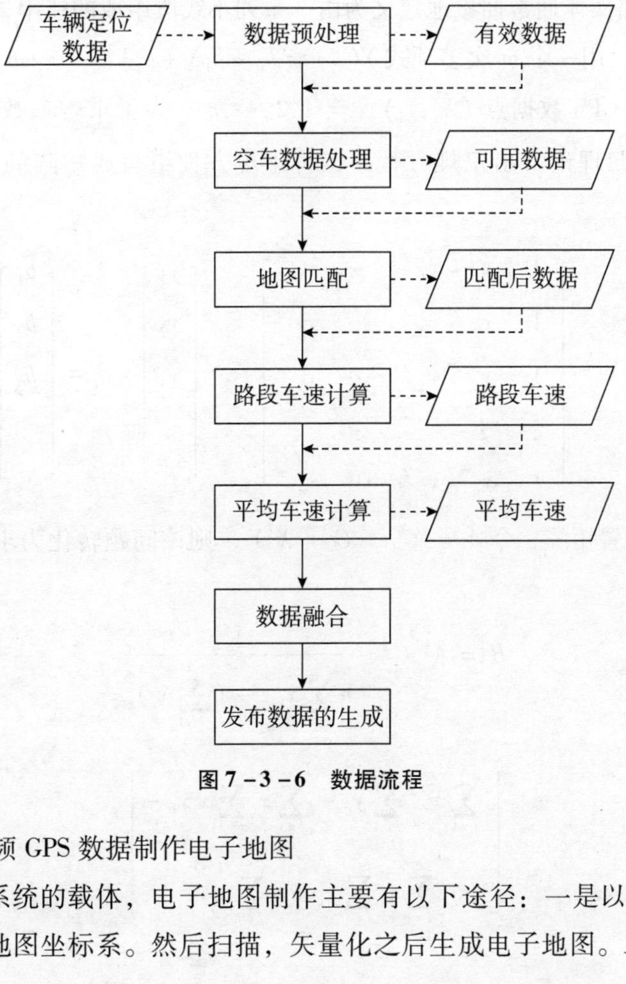

图 7-3-6　数据流程

（3）利用低频 GPS 数据制作电子地图

电子地图是系统的载体，电子地图制作主要有以下途径：一是以纸质地图为基础采集数据转换到地图坐标系。然后扫描，矢量化之后生成电子地图。二是利用 GPS 进行实地采集，自动记录下车辆行驶的路线生成电子地图，该方法具有数据采集迅速、精度高等优点，但实际操作过程中会有 GPS 在某些地段失效、硬件成本较高等问题。利用现有的出租车低频数据制作电子地图，主要是通过处理连续采集一段时间的大量出租车定位数据获得电子地图的过程（见图 7－3－7），该方法克服了一般 GPS 地图采集方法的数据失效和高成本的问题，原理如下。

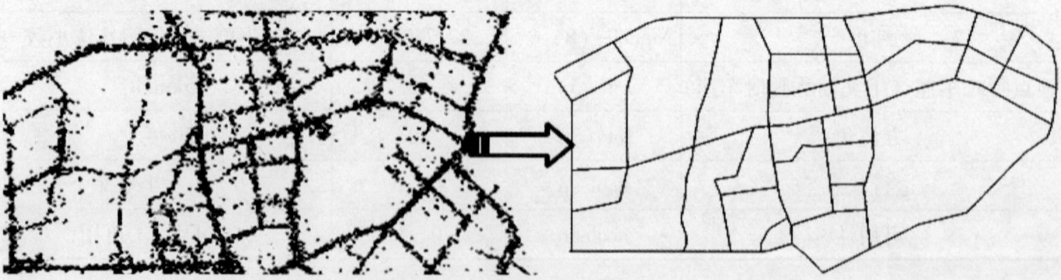

图 7－3－7　数据处理前后对比

GIS 中的道路实体通常抽象地定义为由一系列小线段组成的线串，首先将原始轨迹拆分成许多小段。用一个 m 次多项式 $Y(X) = b_0 + b_1X + b_2X^2 + \cdots + b_mX^m$ 拟合通过一段时间积累的 n 个 GPS 数据点 $(X_i, Y_i), i = 1,2,\cdots,n$ 。为了求解参数 $b_0, b_1, b_2, \cdots, b_m$ ，根据多元线性回归理论解出正规方程组，将正规方程组写成矩阵的形式为：$X^TXB = X^TY$

$$X = \begin{bmatrix} 1 & x_1 & x_1{}^2 & \cdots & x_1{}^m \\ 1 & x_2 & x_2{}^2 & \cdots & x_2{}^m \\ 1 & x_3 & x_3{}^2 & \cdots & x_3{}^m \\ \vdots & \vdots & \vdots & \vdots & \vdots \\ 1 & x_n & x_n{}^2 & \cdots & x_n{}^m \end{bmatrix} Y = \begin{bmatrix} y_1 \\ y_2 \\ y_3 \\ \vdots \\ y_n \end{bmatrix}, B = \begin{bmatrix} b_1 \\ b_2 \\ b_3 \\ \vdots \\ b_m \end{bmatrix}$$

X^T 为 X 的转置矩阵，令 $A = X^TX$, $C = X^TY$ ，则该问题转化为求解线性代数方程组：$AB = C$ 。

$$B = A^{-1}C = \frac{1}{n\sum_{i=1}^{n} x_i{}^2 - (\sum_{i=1}^{n} x_i)^2}$$

$$\begin{bmatrix} \sum_{i=1}^{n} x_i{}^2 \sum_{i=1}^{n} y_i - \sum_{i=1}^{n} x_i \sum_{i=1}^{n} x_iy_i - \\ \sum_{i=1}^{n} x_i \sum_{i=1}^{n} y_i + n\sum_{i=1}^{n} x_iy_i \end{bmatrix}$$

由此计算出参数，从而绘出这一小段数据。但是由于拟合产生的误差，在路段交接处还需要一些手工编辑，或者设置一些限值使其自动联结。

(4) 地图匹配

①常规算法。常规的地图匹配方法有：

a. 点到点的匹配方法：这种方法考虑 GPS 点与电子地图节点间的匹配关系，而没有考虑车辆的历史信息。它的精度与电子地图精度有很大关系，道路上的节点越多，匹配的效果越好。

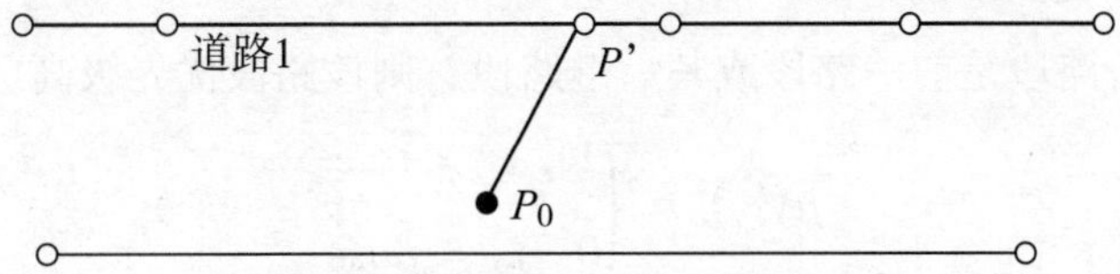

图 7-3-8　点到点的匹配算法

b. 点到线的匹配方法：这种方法是对点到点匹配方法的一种改进，它考虑 GPS 点到道路中心线的匹配关系，但同样没有考虑车辆的历史信息，结果不是很稳定。

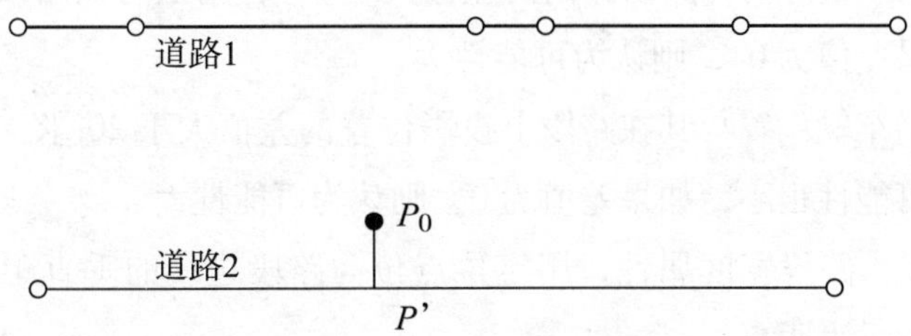

图 7-3-9　点到线的匹配算法

c. 线到线的匹配方法：这种方法考虑一系列 GPS 点确定的曲线同相近道路中心线之间的匹配关系，它对一些误差比较大的 GPS 点比较敏感，实现起来也比较复杂。

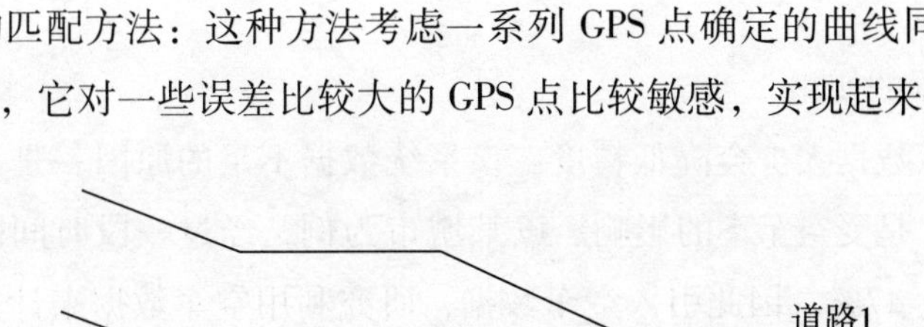

图 7-3-10　线到线的匹配算法

②算法流程改进。传统匹配算法就是把距车辆定位位置一定范围内的道路作为一个匹配道路选择集，在道路选择集中选择垂直距离最小的路段作为匹配路段。本部分

引进并考虑了道路连通性和拓扑关系的地图匹配算法，其基本流程如下：a. 把定位数据转换到电子地图所在的坐标系。b. 转换后的车辆位置根据道路网格划分原则确定道路网络分块。c. 计算定位点与候选道路网络分块内的所有路段/结点（结点是指有两条或多于两条路段经过的点）的距离。判断是否包含距离小于限值的结点，若包含，则匹配在最近的道路结点上，若不包含，则创建道路选择集，将所有距离小于限值的路段作为候选路段。d. 若有多条满足条件的候选道路，则进行相似路段判断。e. 确定匹配道路。

③其他有助于提高准确率的约束条件：

a. 规则1：若路段是前一路段或其后继路段，则该路段优先级高。

$$\mu(c_i) = \begin{cases} 1 & c_i = true \\ 0 & c_i = false \end{cases}$$

其中 c_i 为连通性。

b. 规则2：在备选的路径选择集中，验证当前定位点与前一定位点的实际路径长度除以两点时间差所得的速度是否超过限值。

c. 规则3：当车辆方向与路段方向的差值大于20°，则认为该路段成为匹配路段的可能性很小，如果差值为0°，则认为可能性大。

d. 规则4：当车辆位置与其在路段上投影位置的差值大于20米，一般认为该路段成为匹配路段的可能性很小，如果差值为0，则认为可能性大。

e. 规则5：引入路段宽度属性，用定位点位与路段边线的垂直距离值代替定位点位与路段中心线的垂直距离。

f. 规则6：利用历史数据库，分析各时段交通流模型特点，利用经验数据对动态数据进行补充。

（5）空车数据的使用

可利用的有效数据太少会降低精度。该系统数据不足的原因一是浮动车数量和采样间隔所限值；二是受空车率的影响。以某城市为例，经过一段时间的观察，工作日白天空车率平均为47%。因此引入空车数据，研究利用空车数据来计算路段行程车速以弥补重车数据不足是非常有意义的。

利用某城市交通信息采集系统项目之便，获得现有3000多辆出租车的GPS定位数据。本论文采用的试验数据是某城市市域范围的5个工作日的实测重空车浮动车数据，采样间隔为1分钟。采用算法优化和验证过程相结合的方法，在提出算法的过程中，分析并验证其精度。在验证精度的过程中，不断优化算法。首先对现有实测重空车浮动车数据进行分析，总结规律，提出利用采集到的浮动车数据中的地点瞬时车速信息判断单个空车浮动车数据的可用性的算法，从而筛选出可用的空车数据。利用处理前后空车数据和重车数据分别计算路段平均行程车速，并对三者进行比较，进而判断空车数据平均行程车速估计的精度。

空车数据的使用流程见图 7－3－11。图中，瞬时车速限值（v_L）的取值为各道路等级设计车速的 80%。停车处理和低速行驶是指判断空车车辆是否非正常停车或行驶，主要是剔除那些不在交叉口范围内，又与重车数据不符的数据。

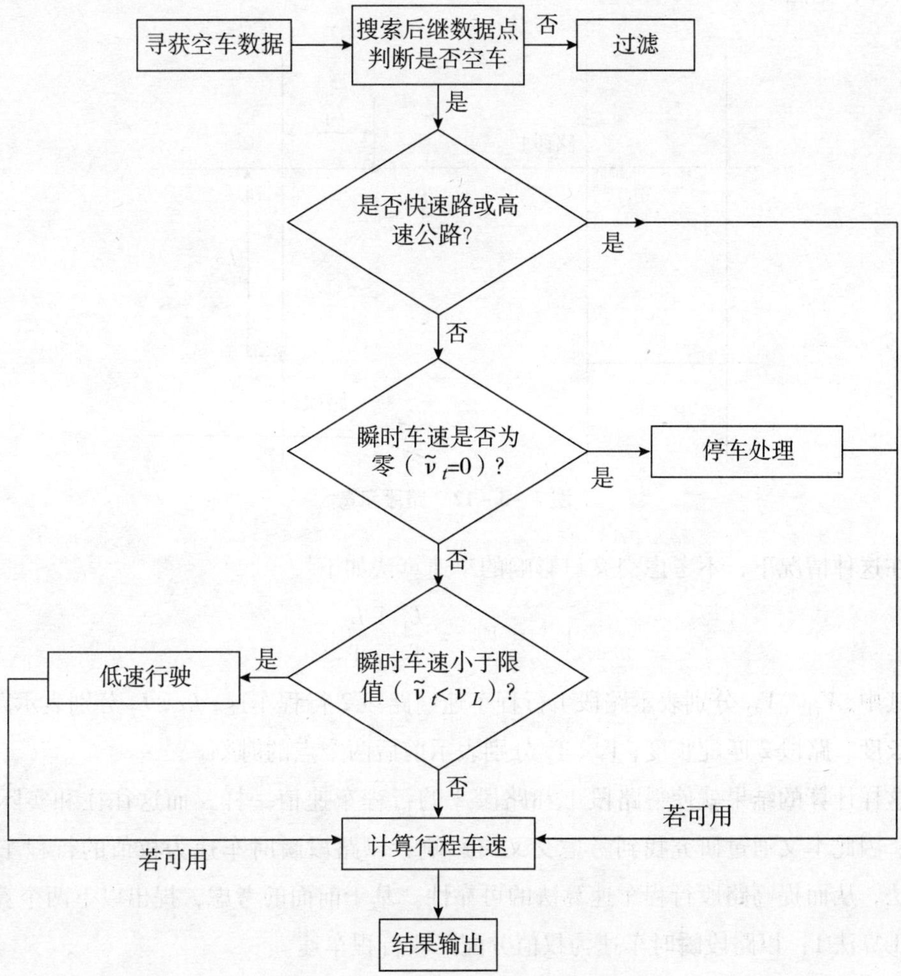

图 7－3－11　空车数据使用流程

据处理结果显示，各等级道路的空车数据比例从大到小分别是主干道、支路、次干道、快速路和高速公路。对于快速路和高速公路，无论空车数据地点瞬时车速大小，空车数据都较可靠，可以直接使用。经过算法处理后，支路、次干道和主干道这三个道路等级的空车数据的平均行程车速估计精度有了一定的提高，其中处理后支路、次干道和主干道数据同一时段内同一路段重空车平均行程车速差绝对值在 0 ~10km/h 的数据比例分别占 93%、96%、93%。与处理前空车数据相比，支路、次干道和主干道同一时段内同一路段重空车平均行程车速差绝对值在 0～10km/h 的数据比例分别提高了 10%、9%、11%。分析结果表明：该空车数据的使用算法能够满足一般交通信息发布需求，如城市道路车速分级显示。

（6）路段行程车速估计

由于低频数据时间采样间隔较大，就可能存在前后两个 GPS 数据点分别落在路段 1 和路段 2，见图 7－3－12。

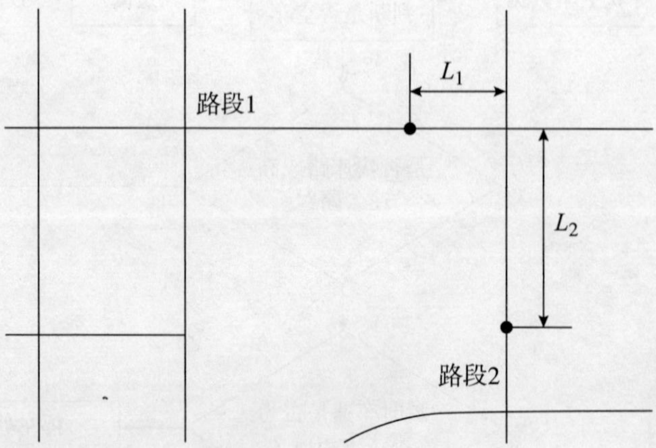

图 7－3－12　路段示意

在这种情况下，不考虑交叉口影响的车速算法如下：

$$V_{T1} = V_{T2} = \frac{L_1 + L_2}{\mathrm{T}_2 - \mathrm{T}_1}$$

其中，V_{T1}、V_{T2} 分别表示路段 1 行程车速、路段 2 行程车速；L_1、L_2 分别表示路段 1 匹配长度、路段 2 匹配长度；T_1、T_2 分别表示前后两个点的时刻。

这样计算的结果就使得路段 1 和路段 2 的行程车速值一样，而这往往和实际情况不符。因此本文通过研究找到考虑交叉口影响，以路段瞬时车速为权值的行程车速计算方法，从而提高路段行程车速算法的可靠性。基于前面的考虑，提出以下两个算法。

①算法 1：以路段瞬时车速为权值分配路段行程车速。

$$设\begin{cases}\dfrac{L_1}{V_{T1}} + \dfrac{L_2}{V_{T2}} = \mathrm{T}_2 - \mathrm{T}_1 \\[2ex] \dfrac{V_{T1}}{V_{T2}} = \dfrac{V_{S1}}{V_{S2}}\end{cases}$$

则有：

$$V_{T1} = \frac{(V_{S2} \times L_1 + V_{S1} \times L_2)}{V_{S2}(\mathrm{T}_2 - \mathrm{T}_1)}$$

$$V_{T2} = \frac{(V_{S2} \times L_1 + V_{S1} \times L_2)}{V_{S1}(\mathrm{T}_2 - \mathrm{T}_1)}$$

其中，V_{S1}、V_{S2} 分别表示路段 1 瞬时车速、路段 2 瞬时车速。其他符号同上。经验证该算法适用跨越单个交叉口、路段车流稳定的情况，提高了。

②算法 2：独立计算交叉口范围的行程车速，在此基础上，以路段瞬时车速为权值分配路段行程车速。

设 $\frac{L_1 - 0.5L_{交}}{V_{S1}} + \frac{L_{交}}{V_{T交}} + \frac{L_2 - 0.5L_{交}}{V_{S2}} = \mathrm{T}_2 - \mathrm{T}$

其中，$L_{交}$ 表示交叉口范围长度。$V_{T交}$ 表示交叉口范围的行程车速。则有：

$$V_{T交} = \frac{L_{交} V_{S1} V_{S2}}{V_{S1} V_{S2}(T_2 - T_1) - V_{S2}(L_1 - 0.5L_{交}) - V_{S1}(L_2 - 0.5L_{交})}$$

$$V_{T1} = \frac{L_{1全} - 0.5L_{交}}{L_{1全}} \cdot V_{S1} + \frac{0.5L_{交}}{L_{1全}} \cdot V_{T交}$$

$$V_{T2} = \frac{L_{2全} - 0.5L_{交}}{L_{2全}} \cdot V_{S2} + \frac{0.5L_{交}}{L_{2全}} \cdot V_{T交}$$

经验证，该算法大大降低了交叉口信号变化对相邻路段行程车速的影响，从而提高了数据精度。

（7）车速计算与数据融合

在前面工作的基础上，根据地图匹配结果，从而可以计算路段行程车速/时间。路段行程车速的计算公示如下：

$$\bar{v}_R = \begin{cases} \dfrac{3.6 \times L_{R1}}{t_{21} - t_{11}} & if m_j = 2, J = 1 \\ \displaystyle\sum_{j=1}^{J} \alpha_j \dfrac{3.6 \times L_{Rj}}{t_{m_j j} - t_{1j}} & if m_j > 2, J > 1 \end{cases}$$

其中，J 表示在路段 R 上的可定位车辆熟；m_j 表示第 j 辆定位车辆在路段 R 上的定位点最后一个定位点；t_{ij} 表示路段 R 第 j 辆车的第 i 个定位点的时间；L_{Rj} 表示第 j 辆在路段 R 的匹配路段长度；α_j 表示第 j 辆车车速的权值，与该数据的可信度成正比。

如前所述，在实际应用中，基于低频浮动车的数据采集方法具有成本低，信息不仅限于指定地点等优势。但同时在降低采样间隔和样本量的同时，数据精度也受到一定的折损，而定点监测器方法在数据来源方面则较有保证。浮动车和定点检测器这两种方法在技术上和成本上的互补，使得低频浮动车和定点检测器数据的数据融合变得非常重要。融合后的路段行程车速表示为：

$$T = \frac{w_1 T^{\det} + w_2 T^{FCD}}{w_1 + w_2}$$

其中，w_1、w_2指权重。

令其权重与其方差成反比，则有，

$$w_1 = \frac{1}{\sigma_1^{\ 2}},\ w_2 = \frac{1}{\sigma_2^{\ 2}}$$

令 $w_1 + w_2 = 1$，$w_2 = w$，上式则简化为：

$$T = (1 - w) T^{\det} + w T^{probe}$$

基于低采样频率浮动车技术的交通信息采集方法凭借其极其低廉的投入和技术优势，具有非常广阔的应用前景。

参考文献

［1］王赤风．走过百年的上海公交1908年—2008年［J］．上海公交百年庆典资料集——21世纪客车新技术展望论文集：9－12.

［2］朱霞，毕艳祥．上海轨道交通网络化对客流的影响研究［J］．城市轨道交通研究，2010，13（3）．

［3］孙玉敏．上海地铁穿越20年［J］．上海国资，2013（6）．

［4］石礼安，徐卫平，周鸿祥，等．上海第一条地铁工程［J］．上海党史与党建，2005（9）．

［5］刘滨，秦冰清，蒋祖华．轨道交通与上海城市空间结构的优化［J］．城市轨道交通研究，2004，7（5）．

［6］上海市城市交通运输管理处．上海出租汽车行业管理．

［7］王秀宝．坚持改革发展，引导出租汽车行业规范管理［J］．城市公用事业，2008，22（5）．

［8］赵巧珍．形形色色的出租汽车车型［J］．交通与运输，2013（4）．

［9］杨根生，孙耀昌．上海区域性出租汽车的发展［J］．交通与运输，2012，28（5）．

［10］傅斌．城市记忆——上海轮渡［J］．上海城市规划，2012（1）．

［11］傅斌．城市记忆——百年轮渡［J］．人民公交，2011（4）．

［12］吴娇蓉，陈义红，冯建栋．上海2010世博会越江轮渡停泊特征分析［J］．交通信息与安全，2010，28（1）．

［13］顾煜．上海综合交通发展和规划思路的一些转变［J］．交通与运输，2009，25（2）．

［14］王炜，徐吉谦，杨涛，等．城市交通规划理论及其应用［M］．南京：东南大学出版社，1998.

［15］廖莹，沈一．城市规划理论在我国实践中的运用——以卫星城理论为例［J］．安徽农业科学，2012（8）．

［16］魏立华．中国城市规划理论应立足国情［J］．城市规划学刊，2005（6）．

［17］王奕文，张芳瑜，李昊珂．主动时期的城市规划理论与实践［J］．山西建筑，2013（14）．

［18］施正伟．上海综合交通格局的构建与发展（一）［J］．交通与运输，2006，22（6）．

［19］施正伟．上海综合交通格局的构建与发展（二）［J］．交通与运输，2007，23（1）．

［20］施正伟．上海综合交通格局的构建与发展（三）［J］．交通与运输，2007，23（2）．

［21］深圳市交通运输委员会．深圳创建公交都市实施方案．

［22］薛博，胡刚．深圳建设公交都市的探索与实践［J］．城市公用事业，2011（4）．

［23］陆化普，赵晶．适合中国城市的 TOD 规划方法研究［J］．公路工程，2008（12）．

［24］陆化普．基于 TOD 的城市综合交通规划及其研究课题［J］．中国科学基金，2005（4）．

［25］杨东援．上海城市拓展过程中的综合交通体系调整［N］．2012－09－11．

［26］王伊丽，陈学武．TOD 交通走廊形成机理分析及经验借鉴——以美国阿灵顿县 R－B 走廊为例［J］．交通运输工程与信息学报，2008，6（2）．

［27］陈燕萍，彭科．公共交通与社区规划设计——以深圳为例［J］．规划师，2007，（12）．

［28］赖友兵．轨道线网环境下的道路公交线网和换乘枢纽规划布局研究［D］．西安：长安大学，2007．

［29］姚新虎．城市快速轨道交通与常规公交的线网协调研究［D］．西安：长安大学，2005．

［30］向谦楠，陈文华．轨道交通通达性与区域经济发展的相关研究［J］．铁路运输与经济，2010，32（11）．

［31］龚劬．图论与网络最优化算法［M］．重庆：重庆大学出版社，2009．

［32］重庆市规划局，重庆市城市交通规划研究所．2009 年重庆市主城区交通发展年度报告［R］．2010．

［33］彭国雄，莫汉康．城市公交停靠站设置常见问题及对策［J］．交通运输工程学报，2001（9）：77－80．

［34］王超，杨新苗．公共汽电车场站分类标准及建议［J］．城市公共交通，2006（11）．

［35］杨新苗，王超，马泽丹，等．公共汽电车枢纽建筑与建设用地标准研究［J］．城市公共交通，2006（7）．

［36］上海城市交通设计院．上海市大型居住社区公共交通专项规划［R］．2012.

［37］简艳．上海市大型居住社区规划设计有关指标的探讨［J］．上海城市规划，2009（6）．

［38］中国城市规划设计研究院．上海市郊区大型居住社区交通发展政策研究［R］．2012.

［39］刘映芳，刘光卫．参照香港：上海郊区新城建设的目标与对策［J］．城市开发，2009（1）：23－25.

［40］熊健．上海大型居住社区规划的实践和思考［J］．上海城市规划，2011（3）．

［41］王璞，黄智仁，龚航．大数据时代的交通工程［J］．电子科技大学学报，2013（6）．

［42］杨东援．面向特大城市未来发展的交通模型研究［J］．城市交通，2012，10（6）．

［43］张存保．基于浮动车的交通信息采集与处理理论与方法研究［D］．上海：同济大学交通运输学院，2006.

［44］张存保，杨晓光，严新平．基于浮动车的交通信息采集系统研究［J］．交通与计算机，2006，24（5）．

［45］范跃祖，王力，王川久，等．浮动车技术的发展及应用研究综述［C］．上海：第一届智能交通年会论文集，2005.

［46］吴伟．GSM/UMTS 移动位置业务的技术与实现［J］．电信网技术，2003，（4）．

［47］董敬欣，吴建平．使用浮动车检测 OD 矩阵的算法及可靠性分析［J］．北京交通大学学报，2005，29（3）．

［48］董敬欣．基于 GPS/GIS 的浮动车技术在城市路网分析与评价中的相关方法及应用研究［D］．北京：北京交通大学，2005.

［49］曾松，杨晓光．行程时间信息质量与接受水平关系分析［J］．中国公路学报，2002，4.

［50］王虎文．WGS－84 坐标系与任意坐标系坐标转换［J］．内蒙古石油化工，2004，5.

［51］吴伟．GSM/UMTS 移动位置业务的技术与实现［J］．电信网技术，2003（4）：14－19.

[52] 秦扬．定位业务的中国真相 [J/OL]．http：//cnw2005. cnw. com. cn/. 网络世界，2004.

[53] 王忠，任苏萍，雷礼平，等．移动电话定位系统的研究 [EB/OL]. http：//www：Sc－cic：Org：cn/xhlwj/2002－38：doc. 2004－06－20.

[54] 张存保，杨晓光，严新平．基于浮动车的高速公路交通事件自动判别方法研究 [J]．武汉理工大学学报，2006，80（6）.

[55] 裴玉龙．基于 ITS 的实时车速信息采集与处理研究 [D]．哈尔滨：哈尔滨工业大学，2001.

[56] 陈锋．基于 GPS/GIS 的浮动车技术在北京市路网评价中的应用 [D]．北京：北京交通大学，2005.

[57] 杨兆升，保丽霞，朱国华．基于 Fuzzy 回归的快速路行程时间预测模型研究 [J]．公路交通科技，2006，21（3）.

[58] 张若旗．数据融合技术在动态交通信息研究中的应用 [D]．吉林：吉林大学，2002.

[59] 王力，王川久，张海，等．基于浮动车的城市动态交通信息采集处理方法研究 [C]．上海：第一届智能交通年会，2005.

[60] 秦玲，朱玥季，王春燕．动态交通信息采集与处理系统设备开发及关键技术研究 [J]．公路交通科技应用技术版，2006（11）.

[61] 董均宇．基于 GPS 浮动车的城市路段平均速度估计技术研究 [D]．重庆：重庆大学，2006.

[62] 薛明，吕卫锋，诸彤宇．浮动车信息处理系统关键技术的研究 [J]．微计算机信息，2006，22（11）.

[63] 美国交通运输研究委员会．公共交通通行能力和服务质量手册 [M]．北京：中国建筑工业出版社，2010.

[64] 瑟夫洛 R. 公交都市 [M]．宇恒可持续交通研究中心，译．北京：中国建筑工业出版社，2007.

[65] 国务院法制办公室．城市公共交通条例（草案）（征求意见稿）[S]. 2007.

[66] 国务院．国务院办公厅转发建设部等部门关于优先发展城市公共交通意见的通知．国办发〔2005〕46 号. 2005.

[67] 梅长林，等．实用统计方法 [M]．北京：科学出版社，2002.

[68] 储浩，杨晓光，吴志周．交通移动采集技术及其适用性分析 [J/OL]. http：//www. cnki. net. 技术应用，2006，22（1）.

致 谢

本书的顺利出版，首先，要感谢行业主管部门上海市交通委员会全面的指导和支持，感谢委规划处、客运处、运管处、航务处、指挥中心、执法总队、公用事业学校、市统计局、交通卡公司、申通公司、交投集团、交运集团、各公交、出租公司等相关处室。其次，要感谢作者所在单位上海城市交通设计院有限公司，该设计院成立于1978年，历经了三十多年的发展历程，在交通规划设计方面经验丰富，在公共交通规划设计方面有着深厚的渊源。现具有城乡规划、市政公用、工程咨询、建筑设计、道路设计、节能减排等资质。该院秉承“诚信、品质、创新、卓越”的企业精神，立足上海、面向全国，为上海和全国各地的城市交通规划与建设做出了积极的贡献。

感谢董明峰院长的教导和培养，感谢张品立、姚瑶、吴明松、李永、陆磊、许佳、黄芸同志为本书编撰工作提供了大量宝贵资料，感谢张纯为本书绘图提供了支撑。

感谢杨东援教授，感谢国内外诸多专家、学者和专业人员长期以来的关心和帮助。